***ACCESO GRATIS* a la Lectura en la Nube**

Para visualizar el libro electrónico en la nube de lectura envíe junto a su nombre y apellidos una fotografía del código de barras situado en la contraportada del libro y otra del ticket de compra a la dirección:

ebooktirant@tirant.com

En un máximo de 72 horas laborables le enviaremos el código de acceso con sus instrucciones.

La visualización del libro en **NUBE DE LECTURA** excluye los usos bibliotecarios y públicos que puedan poner el archivo electrónico a disposición de una comunidad de lectores. Se permite tan solo un uso individual y privado

COLECCIÓN TIRANT 4.0

EL DERECHO DE ACCESO A INTERNET

Especial referencia al constitucionalismo español

COLECCIÓN TIRANT 4.0

El derecho de acceso a internet

Especial referencia al constitucionalismo español

Tamara Álvarez Robles

Prólogo I
Moisés Barrio Andrés
Prólogo II
María Esther Seijas Villadangos

tirant lo blanch
Valencia, 2024

En caso de erratas y actualizaciones, la Editorial Tirant lo Blanch publicará la pertinente corrección en la página web *www.tirant.com/mex*

Este libro será publicado y distribuido internacionalmente en todos los países donde la Editorial Tirant lo Blanch esté presente.

La presente obra ha sido sometida a la revisión de pares ciegos según el protocolo de publicación de la editorial a efectos de ofrecer el rigor y calidad correspondiente tanto en su contenido como en su forma, aplicándose los criterios específicos aprobados por la Comisión Nacional E 016 (BOE num. 286, de 26 de noviembre de 2016).

El presente libro se ha realizado dentro del Proyecto Cyberelections (21/23) "La ciberseguridad en los procesos electorales. Garantías frente a la desinformación y otros desórdenes informativos en plataformas" financiado en el marco de los Proyectos TED del Plan Estatal de Investigación Científica, Técnica y de Innovación financiados por la Unión Europea, Referencia: TED2021-130876B-100

EDITA: TIRANT LO BLANCH
C/ Artes Gráficas, 14 - 46010 - Valencia
TELFS.: 96/361 00 48 - 50
FAX: 96/369 41 51
Email: tlb@tirant.com
www.tirant.com
Librería virtual: www.tirant.es
Depósito legal: V-4516-2023
ISBN: 978-84-1197-738-8
MAQUETA: Disset Ediciones

Si tiene alguna queja o sugerencia, envíenos un mail a: atencioncliente@tirant.com.

En caso de no ser atendida su sugerencia, por favor, lea nuestro procedimiento de quejas en:
www.tirant.net/index.php/empresa/politicas-de-empresa

Responsabilidad Social Corporativa:
http://www.tirant.net/Docs/RSCTirant.pdf

Indice

CAPÍTULO III:

Prólogo I

La revolución tecnológica de las últimas décadas conlleva un impacto social y económico inédito en la historia de la civilización desde la generalización de Internet entre los ciudadanos, lo cual tuvo lugar a principios de 1990. Internet ha propiciado la consolidación de la sociedad de la información, que puede describirse como una sociedad avanzada cuyo progreso ya no está estrictamente relacionado con la producción y distribución de bienes materiales y servicios, sino que también es de naturaleza digital y produce información a partir de información. Los datos y la información son el combustible de la economía del nuevo siglo, por lo que los servicios digitales son clave para el desarrollo de la sociedad en su conjunto. Esta transformación no habría sido posible sin un canal de comunicación global como Internet, que ha promovido el cambio de paradigma de la dimensión analógica a la digital o, dicho de otro modo, de los átomos a los bits.

Desarrollada a partir del proyecto de investigación ARPANET de la Agencia de Proyectos de Investigación Avanzada de Estados Unidos (ARPA) y tras su fase intermedia de la NSFNET, Internet se extendió durante los años 90 gracias también a la creación de una arquitectura capaz de simplificar el uso de este canal de comunicación: la «World Wide Web», hoy la Web *a secas*. Desde un punto de vista técnico, Internet es un conjunto de redes interconectadas que forman una misma red lógica de alcance universal conocida por ello como la «Red de redes». Su funcionamiento es posible gracias a la utilización de un mismo lenguaje de telecomunicaciones que posibilita la familia de protocolos TCP/IP.

Así las cosas, la característica estructural de Internet es la de ser un sistema universal de comunicaciones capaz de acomodar la más absoluta diversidad tecnológica, permitiendo que equipos y dispositivos de cualquier índole, de todo tipo de fabricantes (por ejemplo, ordenadores con distintas versiones de Windows, MacOS, Linux, ordenadores portátiles, *smartphones*, sensores del Internet de las Cosas, electrodomésticos, máquinas, sistemas de protección contra intrusión, incendio o atraco, coches, drones, robots…), puedan comunicarse entre sí de forma transparente, mediante el empleo de cualquier modalidad de tecnologías y medios de telecomunicaciones (conexiones de fibra óptica, 5G, satelitales…).

El desarrollo de este nuevo escenario digital ha llevado a cuestionar el papel que desempeñan los actores públicos y privados en la gobernanza de Internet. Si, por una parte, los Estados han intentado, y no siempre lo han conseguido, mantener su poder soberano dentro de su propio territorio en relación con este nuevo espacio digital, los actores privados, por otra parte, en particular las organizaciones supranacionales y multinacionales tecnológicas, han ampliado su área de influencia mucho más allá de los confines de su sede. El Derecho de Internet –ahora denominado Derecho digital– es, pues, el resultado de una mezcla de influencias públicas y privadas que moldean los derechos y libertades en la era digital.

Hoy la protección de los derechos fundamentales en la era digital está cada vez más en el centro del Derecho digital. La utilización masiva de las tecnologías digitales y algorítmicas plantea cuestiones intrínsecamente constitucionales. Los derechos y libertades están expuestos a las oportunidades y desafíos de las tecnologías digitales, lo que da lugar a diferentes respuestas constitucionales. El debate no es, como ocurría en los orígenes del Derecho de Internet, si este espacio debiera ser o no regulado, sino el proceso de constitucionalización de Internet, en particular en lo que respecta a las declaraciones de derechos. Aquí se insertan aportaciones españolas tan relevantes como el título X de la Ley Orgánica 3/2018, de 5 de diciembre, de Protección de Datos Personales y garantía de los derechos digitales (LOPDGDD) o la Carta de Derechos digitales de España, de 14 de julio de 2021.

Éste ha sido sólo un primer paso que subraya la dimensión constitucional de Internet. La Red de redes ha llevado a la amplificación de los derechos y los valores democráticos, planteando así cuestiones iusfundamentales sobre el papel del constitucionalismo en la era digital. Precisamente aquí es donde se inserta la monografía de la profesora Álvarez Robles que tengo el honor de prologar, centrada en el derecho de acceso a Internet y que trae causa en la tesis doctoral de la autora, defendida en 2019 y titulada, precisamente, *El derecho de acceso a internet en el constitucionalismo español*.

Como bien desarrolla el libro que prologo, el acceso a Internet es un derecho de igualdad, y constituye una condición previa para asegurar el disfrute de otros derechos fundamentales que, como la educación, el empleo, la libertad de expresión o la libertad de información, entre otros, se encuentran intrínsecamente relacionados con la dignidad personal. De este modo, «dada su importancia como facilitador de derechos, libertades y principios y no únicamente desde su tradicional visión conflictiva con los mismos, se precisa de una nueva condición para que no sea regulado solo y exclusivamente como un medio, sino también como un ámbito».

En su momento, fui de los pocos autores[1] que defendía la necesidad de constitucionalizar el derecho de acceso a Internet como nuevo derecho fun-

---

[1] Así, primero en BARRIO ANDRÉS, M., «El acceso a internet como elemento cardinal del servicio universal de telecomunicaciones», en PAREJO ALFONSO, L. y VIDA FERNÁNDEZ, J. (coords.), *Los retos del Estado y la Administración en el siglo XXI: libro homenaje al pro-*

damental en los textos constitucionales. Más recientemente, la cuestión ha cobrado renovada actualidad tras la pandemia de *COVID-19* y los procesos de transformación digital. Por eso, resulta de máxima relevancia estudios como el presente, que profundizan en estas cuestiones. La autora examina como el ordenamiento jurídico actualmente en vigor no da un tratamiento adecuado al acceso a Internet, faltando asimismo un verdadero sistema de garantías normativas, jurídicas e institucionales robusto, y por eso concluye con la pertinente propuesta de reforma constitucional.

Por ello, coincido plenamente con la profesora Álvarez Robles en subrayar que la incorporación del derecho de acceso a Internet a la Constitución supondrá la vinculación del Estado a la garantía de los derechos y libertades y a la exigencia de límites y responsabilidades que han de ser desarrollados bajo el paraguas del Derecho constitucional en la vigente sociedad digital. Se trata de ir más allá de una mera garantía institucional a través de la «determinación de un contenido esencial y de un ámbito competencial específico y de evitar la excesiva dependencia de la imagen social, tiempo y lugar, que pueden ocasionar la privación e incluso la inexistencia del derecho de acceso a Internet, en tanto que queda determinado por la pluralidad normativa, principalmente ordinaria, que dan lugar al mismo».

Avanzar a la postre en la constitucionalización de Internet es la encomiable intención del libro de Tamara Álvarez, de cuya lectura derivan las reflexiones que he incluido en este prólogo. Por su esfuerzo clarificador y por la calidad de su contenido, es muy de agradecer el trabajo de la profesora Álvarez y francamente recomendable su lectura.

Mérida (México), agosto de 2023.

Moisés Barrio Andrés
Letrado del Consejo de Estado
Profesor de Derecho digital
Experto en políticas públicas digitales del Gobierno de España y otros Estados
Director del postgrado en Legal Tech y transformación digital (DAELT) de la Escuela de Práctica Jurídica de la Universidad Complutense de Madrid

---

fesor Tomás de la Quadra-Salcedo Fernández del Castillo, Tirant lo Blanch, Valencia, 2017, y luego en BARRIO ANDRÉS, M., «Hacia un nuevo derecho fundamental de acceso a Internet», en PENDÁS GARCÍA, B. (dir.), *España constitucional (1978-2018): trayectorias y perspectivas*, Centro de Estudios Políticos y Constitucionales, Madrid, 2018.

Prólogo II

Internet forma parte de nuestras vidas, pasando ya a instalarse en nuestro hipocampo donde cada vez va a ser más complicado hallar recuerdos en los que no esté presente la digitalización. Desde esta omnipresencia se advierte una asimetría con su tratamiento jurídico holístico. Encontramos muchos estudios puntuales, profundos y temáticos, pero abordar la consideración jurídico constitucional de internet era un reto al que este trabajo se entrega con rigor.

El derecho de acceso a internet. Especial referencia al constitucionalismo español es el trabajo con el que su autora, Tamara Álvarez Robles, evidencia y materializa su dominio sobre la cuestión. Desde estas líneas que avanzan su contenido queremos reparar en tres aspectos: la génesis del estudio, su problemática y la dimensión *lege ferenda* de la propuesta.

El origen de este trabajo es la tesis doctoral que tuve el honor de dirigir en la Universidad de León, donde desde el Área de Derecho Constitucional se nos articulaba un puente de plata a nuestra incorporación a un derecho dinámico, actual, tecnológico. El trabajo de la doctora Álvarez Robles fue un revulsivo y una apuesta por canalizar su creatividad, su potencial y su energía en un ámbito temático para el que la autora tenía un don. Su habilidad tecnológica requería maridar esa inquietud con el Derecho Constitucional y la opción fue un reto, al que supo responder con honores. Desde las primeras clases en el Grado de Gestión y Administración Pública su interés y aptitud fue destacada y su encaje en el Área de Derecho Constitucional enriqueció la convivencia y amplió nuestras inquietudes a terrenos hasta entonces inhóspitos para nosotros. La Universidad de León y el área de Derecho Constitucional fueron el espacio-laboratorio donde se fraguó este estudio.

Un segundo elemento de reflexión es la problemática subyacente en este trabajo, la conexión entre derecho e internet y, particularmente, entre Derecho Constitucional e internet. Si el Derecho Constitucional no quiere convertirse en un convidado de piedra en el mundo actual ha de abrirse en canal a la digitalización, a internet. El eslabón de esta conexión parece ser la inserción en la parte dogmática de nuestra Carta Magna de ese derecho a internet. Dejamos de lado nuestras preocupaciones sobre la supervivencia del Derecho Constitucional en un entorno global y ejerzamos un compromiso con lo inmediato, el Derecho Constitucional español. Lo primero a convenir es la necesidad de esa constitucionalización del derecho a internet. La Constitución no puede eludir esta realidad y por consiguiente el primer estadio ha de tener una respuesta afirmativa. En ese primer nivel, el discurso nos va a llevar a otro debate que va a aparecer y desaparecer, como los ojos del Guadiana, y que se conecta al papel que el Estado ha de desempeñar en la regulación del ciberespacio. Sobre la dialéctica entre ciberlibertarismo *versus* ciberregulación van ustedes a aprender mucho en este estudio. El Estado no puede inhibirse de esta regulación porque sería abandonar sus obligaciones con respecto a los ciudadanos, sobre cómo materializar la misma podemos distinguir entre su voluntad de actuar y su capacidad y la eficacia de sus actuaciones. En ningún caso puede hacer una dejación de la monitorización del derecho a internet, ni de la protección de los ciudadanos en este mundo digital.

Un segundo nivel nos lleva a precisar si son válidas las taxonomías tradicionales de los derechos para este nuevo derecho, valga la redundancia. No se trata solo de una cuestión generacional, sino, y, sobre todo, de una temática de las garantías que lleva aparejadas cada clasificación. ¿Habría que buscar un nuevo significante para un derecho facilitador de otros derechos, como en este trabajo se identifica? ¿sirven las categorías vigentes que pueden fluctuar entre un derecho prestacional, una garantía institucional o un derecho instrumental?

Un punto de partida embrionario podría resumirse en si estamos ante un derecho *ex novo*, con una morfología y con una entidad singular, o con un canal por el que se va a hacer navegar necesariamente a los demás derechos. La respuesta de este trabajo, sin ánimo de hacer un spoiler, se inclina por la primera vía, pero sin ignorar esa consideración como medio. Será ámbito y será medio, dirá la autora.

Otro dato a considerar, que aporta un *prius* a este trabajo, es la dimensión holística con la que se articula. Este derecho, quizá más que ningún otro, aparece integrado e imbricado en otros derechos. Adelanto al lector las interesantes propuestas que se formulan cuando se conecta el derecho a la educación y el derecho a internet.

El tercer nivel es el que he identificado como propuesta *lege ferenda*. Como en las Bodas de Caná, el mejor argumento se reserva para el último capítulo. En él se articula la morfología jurídica de este derecho de acceso a internet, un derecho constitucional de configuración legal.

Estamos ante un trabajo que será punto de referencia para otros estudios y del que se van a desgranar interesantes secuelas. Su lectura es agradecida y un indicador del buen hacer de su autora, a la que aprovecho a desear los mejores éxitos en su trayectoria académica y personal y que los podamos compartir.

Solo resta desear que el lector disfrute del mismo y que sus enseñanzas trasciendan un espacio acotado de pensamiento y contribuyan a divulgar los referentes constitucionales de la o el internet, a que nuestra vida sea mejor y a fortalecer una cultura constitucional, que no solo es analógica, sino también digital.

Villadangos del Páramo, 19 de agosto de 2023.

María Esther Seijas Villadangos
Catedrática de Derecho Constitucional

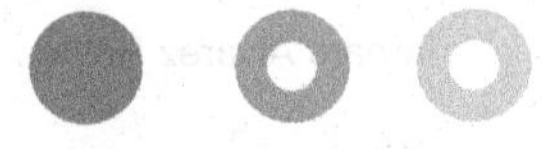

CAPÍTULO I:
EL ORIGEN DE INTERNET Y LA EVOLUCIÓN DEL DEBATE ENTORNO A LA PRESENCIA DEL ESTADO REGULANDO EL CIBERESPACIO: DESDE LAS TEORÍAS CIBERLIBERTARIAS AL CONTROL ESTATAL

Las tecnologías de la información y de la comunicación, especialmente aquellas que posibilitan el ciberespacio[2] como un todo e Internet como una parte, han permitido la entrada a una nueva época, a una nueva revolución.

Vivimos un período donde el protagonismo recae en los datos, la información, las imágenes, los símbolos, la cultura, la ideología y los valores[3], que actúan como catalizadores de esa transformación entre épocas. Estos factores, que han de ser vistos como fuente de conocimiento, y entre los que hemos de situar al ciberespacio, habrán de tenerse en consideración a la hora de revisar y/o transformar los parámetros preestablecidos que consolidarán la tercera revolución global-digital[4].

---

2 "Comenzando en la década de 1960 y continuando hasta la década de 1990, el idioma inglés vio una proliferación de palabras temporales o sueltas basadas en cibernética [(Norbert Wiener, 1947)] incluyendo cibercubículo, ciberamigo, cibernovio/a, *ciberesnob* e incluso adverbios como ciber-tímidamente. La creación de palabras más duradera de la década de 1960, sin embargo, fue ciertamente *cyborg*, que, combinando la cibernética de la cibernética con la organización u organismo, se refería a un ser hombre-máquina con la capacidad de autoadaptarse a nuevos entornos". "Aunque el ciberespacio ya llevaba más de dos décadas apegándose a otras palabras, el término ciberespacio sólo apareció en 1982, aparentemente acuñado por William Gibson en su novela de ciencia ficción "Burning Chrome"". COE, T., Where is the origin of 'cyber'?, *Oxford Dictionaries*, Oxford University Press. Oxford, 2015. Traducción propia.

3 DYSON E.; GILDER G.; KEYWORTH G. Y TOFFLER A., "Cyberspace and the American Dream: A Magna Carta for the Knowledge Age", *Future Insight*. Release 1,2, 1994. Traducción propia.

4 En concreto, nos sitúan en una etapa de transición entre la época industrial precedente y la época del conocimiento, que estaría aún por definirse, un cambio progresivo y no uniforme, en la que las sociedades civil y política cobrarán un gran protagonismo, no sólo porque van a ver redefinidos los principios, valores y pautas preexistentes, sino porque serán esas mismas sociedades quienes han de intervenir su revisión, modificación y/o creación.

Revolución, en la cual el ciberespacio y las tecnologías de la información y de la comunicación serán el factor principal de transformación[5] y los usuarios, los Gobiernos/Estados y empresas tecnológico-digitales serán los principales actores. Este cambio de era implicará profundas variaciones en la naturaleza, el significado y la protección de los derechos y libertades individuales y colectivas, que se verán moduladas e/o incrementadas por los denominados derechos de nueva generación, derechos tecnológico-digitales. Es en este contexto de transición en el que situaremos el debate en torno a la regulación de Internet[6].

En otras palabras, las tecnologías de la información y de la comunicación están comportando cambios estructurales, profundos y acentuados en las formas de socialización, en las estructuras de poder, en los propios comportamientos individuales y colectivos, despertando el interés en las diferentes ramas del conocimiento.

El ciberespacio, Internet y las tecnologías de la información y de la comunicación suponen el advenimiento de un nuevo poder que todos quieren tener. Internet, red posibilitadora de la comunicación mundial, facilitadora de información y medio de colaboración, es una esperanza para la evolución social, al reducir los factores tiempo y espacio, y a la vez es una preocupación, puesto que incide determinantemente en nuestro propio estatus de ciudadanía[7], en la garantía de derechos, y dado que puede ser utilizado como un medio de control social[8].

---

5 Ello dado que por primera vez en la historia se produce la unión en un factor disruptivo, el tecnológico-digital, de la alteración del sistema productivo (que a su vez repercute en el modelo social, de distribución del trabajo, de negocio) con los sistemas de transmisión de conocimiento. Como defiende el arqueólogo Genis Roca, el hecho digital ha alterado y altera el sistema productivo y el sistema de transmisión del conocimiento, siendo esta la primera vez que ocurre en la historia de la humanidad.

6 "A medida que la humanidad explora esta nueva "frontera electrónica" del conocimiento, debe enfrentarse nuevamente a cuestiones más profundas de cómo organizar el bien común. El significado de la libertad, las estructuras de autogobierno, la definición de la propiedad, la naturaleza de la competencia, las condiciones para la cooperación, el sentido de la comunidad y la naturaleza del progreso se redefinirán en la Era del Conocimiento". DYSON E., GILDER G., KEYWORTH G. Y TOFFLER A., "Cyberspace and the American Dream: A Magna Carta for the Knowledge Age" *op. cit.* Traducción propia.

7 Atendemos a una evolución cuasi paralela de la discusión doctrinal sobre la existencia de nuevos derechos y/o la modificación o alteración de derechos preexistentes, por las tecnologías de la información y la comunicación, y la propia evolución de estas tecnologías. Ello trae como consecuencia la apreciación de debates en torno a la normación o regulación de las tecnologías de la información y la comunicación en tanto que supongan un cambio de paradigmas en los valores y principios asentados, tal y como expondremos en el presente estudio.

8 Pongamos ejemplos de control por los Estados de la Red a fin de impedir la comunicación de sus ciudadanos y de evitar revueltas populares como es el caso del 12 y 13 de julio de

El ciberespacio, originariamente libre, anárquico, con la presencia de unas pocas comunidades (científicos y académicos) ha evolucionado exponencialmente necesitando una serie de instituciones que organicen técnica (estándares) y normativamente (normas jurídico-positivas) la convivencia de los sujetos presentes en dicho ámbito.

De modo tal que, vamos a poder observar cómo el diálogo preeminentemente técnico del origen del ciberespacio y de Internet (infraestructura: host, protocolos, etc.) evolucionará a un debate centrado en la regulación y la presencia formal de los Estados, hasta llegar a nuestros días, donde nos cuestionamos el poder cedido a los proveedores e intermediarios, prestadores de servicios de la información en tanto pueden llegar a hacer las veces de verdaderos intérpretes de las normas, usurpando el sistema de garantías constitucionales, incidiendo en derechos tan importantes como la libertad de expresión; a la vez que atendemos a economías de empresas tecnológicas que superan las generadas en muchos Estados al no contribuir proporcionalmente con sus sistemas impositivos[9]. Es pues el poder político y económico generado en el medio tecnológico-digital el que nos retrotrae a los viejos postulados ciberlibertarios que cuestionan el quién y cómo se ha de normar en el ciberespacio, y dentro de este la red de Internet.

1.1. EL ORIGEN DEL CIBERESPACIO: LA NATURALEZA TECNOLÓGICA MARCA LA ESENCIA DEL NUEVO ECOSISTEMA TECNOLÓGICO-DIGITAL

Entender esta situación en la cual los tres grandes sujetos presentes en Internet (usuarios-comunidades de internautas, Estados-instituciones intergubernamentales y empresas tecnológicas) tratan de autolimitarse, precisa del recordatorio del origen de este ecosistema tecnológico-digital, que tiene

2021 en Cuba, la "Primavera árabe" una década antes, 2011, o la problemática electoral estadounidense de 2016.

9 Como es el caso de Amazon, Alphabet, Apple, Meta o Microsoft frente al PIB de países como España Italia, Siuza, más allá de las dificultades que puedan observarse desde finales de 2022 e inicios de 2023. LÓPEZ BLANCO C.: «Big techs: la caída de los dioses, Blog Letras Libres. 1 de enero de 2023» [en línea],(2023), <https://letraslibres.com/revista/big-techs-la-caida-de-los-dioses/>. [Consulta: 5/06/2023.] LUENGO RAMOS. C.: «Las grandes empresas tecnológicas convertidas en países según su PIB, Computer Hoy. 11 de octubre de 2020» [en línea], (2020), <https://computerhoy.com/reportajes/industria/grandes-empresas-tecnologicas-convertidas-paises-pib-724985>. [Consulta: 5/06/2023.]

cuatro factores determinantes: la evolución tecnológica propiamente dicha, la infraestructura, la comercialización y el factor social[10].

A nadie se le oculta que Internet fue fruto de una colaboración público-privada (Gobiernos, universidades, académicos y científicos, empresas) que comenzaría en torno a principios de los sesenta y que aún en la actualidad continúa desarrollándose.

Un origen que, en clave estatal norteamericana, lo protagonizan las universidades[11], sus comunidades científicas, y la Administración de defensa, a la que se irán uniendo el resto de los sujetos interesados en el proyecto de la comunicación de redes mundiales, como a continuación expondremos; y que, sin embargo, parece recaer en el capital privado actualmente[12].

En febrero de 1958 surgiría la importantísima Agencia de Proyectos de Investigación Avanzada, comúnmente conocida como ARPA[13]. Esta agencia,

---

10 VARIOS «*Breve historia de Internet,* Internet Society» [en línea], (1997), <https://www.internetsociety.org/es/internet/history-internet/brief-history-internet/>. [Consulta: 5/06/2023.]

11 Entre ellas podemos señalar: la Universidad de California en Los Ángeles (UCLA) y su Centro de medidas de red (Network Measurement Center (NMC); Universidad de California en Santa Bárbara (UCSB) y en la Universidad de Utah, en el ámbito norteamericano e inicial; el University College of London en cuanto a la internacionalización; la Universidad de Illinois Urbana-Champaign, en cuyo Centro Nacional de Aplicaciones de Supercomputación (NCSA) se desarrolló NSFNET.

12 Es importante conocer que entorno al 97% del tráfico global de Internet se desarrolla en cables submarinos y que los principales actores, compañías del mercado de sistemas de cables submarinos son ZTT, The Okonite Company, TE Connectivity, SubCom, Saudi Ericsson, Prysmian Group, NKT A/S, Nexans S.A., NEC Corporation, JDR Cable Systems Ltd., Huawei Marine Networks Co., Ltd., Hexatronic Cables & Interconnect Systems, HENGTONG GROUP CO. Ltd., Corning Incorporated, Apar Industries, AFL, Alcatel Submarine Networks, Tele-fonika Kable, Cablel Group, Sumitomo Electric Industries, Norddeutsche Seekabelwerke GmbH, Hesfibel y Leoni Special Cables Gmbh. El mercado mundial de sistemas de cable submarino creció de 18,09 mil millones de dólares en 2022 a 23,25 mil millones de dólares en 2023 a una tasa de crecimiento anual compuesto (CAGR) del 28,5%; y se espera que crezca a 74,35 mil millones de dólares en 2027 a una CAGR del 33,7%. Según los datos proporcionados en el Informe Submarine cable systems Global Market Report 2023. Además, es relevante saber que entre estas compañías que despliegan y son titulares de la infraestructura de Internet se encuentran Google, Microsoft y Facebook (Meta). Interesante es ver como Meta y Microsoft se consorcian para crear infraestructura común entre USA y España (UE)- MAREA- siendo que es común el que las distintas empresas colaboren a fin de reducir costes. The National Bureau of Asian Research, Submarine Cables, Backgrounder from the Maritime Awareness Project (MAP). [en línea], <https://www.nbr.org/publication/submarine-cables/>. [Consulta: 5/06/2023.]

13 Por sus siglas en inglés: Advanced Research Projects Agency. Actualmente DARPA: Agencia de Proyectos de Investigación Avanzados de Defensa. El origen de la Agencia es, a cierto grado, consecuencia del lanzamiento del primer satélite espacial por la potencia rusa, apenas un año antes, en 1957, y de la Guerra Fría. Concretamente su origen se sitúa con la Ley Pública 85-325" y la directivea del departamento de defensa DoD Directive 5105.41 (32

íntimamente relacionada con el departamento de defensa militar estadounidense, sería una de las principales impulsoras de la investigación en las tecnologías de la comunicación, de computadores, al financiar investigaciones públicas y privadas estadounidenses que ayudasen en la comprometida defensa nacional en la época de la Guerra Fría, que darían lugar al surgimiento de ARPANET, precursora de Internet.

En 1962, JCR Licklider[14] describiría una de las primeras concepciones de lo que sería Internet, la Red Galáctica, Red de Computadoras Intergalácticas (Galactic Network-IGCN), una red informática mundial[15]. Esta idea, que comportaría una red de ordenadores distribuida, llamaría la atención de algunos de sus compañeros de forma que varias universidades tratarían de desarrollarla teórica y prácticamente[16].

Entre los intereses de Licklider estaría el crear una comunidad de conocimiento en la cual aquellos investigadores que se encontraban alejados geográficamente pudieran aprovechar el trabajo de los demás, su idea partía de poder basar las investigaciones en los trabajos previos de los demás compañeros, de forma que se hiciesen compatibles la creación de máquinas, lenguajes y software que ayudase en el avance de la investigación civil y militar[17].

CFR part 393): Public Law 85-325 "To authorize the Secretary of the Air Force to establish and develop certain installations for the national security, and to confer certain authority on the Secretary of Defense, and for other purposes". [en línea], <https://www.govinfo.gov/content/pkg/STATUTE-72/pdf/STATUTE-72-Pg11.pdf>. [Consulta: 5/06/2023.]

14 En octubre de 1962 fue nombrado jefe del grupo de Técnicas de Proceso de Datos en ARPA. Dos años más tarde, en 1964, asumió la gerencia de Ciencias de la Información, Sistemas y Aplicaciones en el Centro de Investigación Thomas J. Watson de IBM en Yorktown Heights. Desde allí impulsó la investigación del tiempo compartido y abrió el camino para los primeros programas avanzados en Informática impartidos en el MIT, Berkeley, UCLA, etc. En 1968, en su publicación "The Computer as a Communication Device", (El ordenador como dispositivo de comunicación), ilustró su visión de las aplicaciones de la red y predijo el uso del ordenador para las comunicaciones, el cual era hasta entonces una máquina matemática para acortar el tiempo de los cálculos. Sus ideas originales y con visión de futuro delinearon muchas de las características que ofrece Internet hoy en día. Información recogida del Foro Histórico de las Telecomunicaciones, [en línea], <https://forohistorico.coit.es/index.php/personajes/personajes-internacionales/item/licklider-joseph-carl-robnett >. [Consulta: 5/06/2023.]

15 Esta descripción sería realizada en una serie de notas, en un memorándum, Comunicación en línea entre el hombre y el ordenador, agosto de 1962.

16 En otras palabras, este conocimiento generado por Joseph Carl Robnett Licklider tendrían una aplicación directa en la aparición de ARPANet y subsecuentemente influirían en el origen de lo que hoy día denominamos Internet.

17 "Espero que, en nuestros esfuerzos individuales, haya una ventaja evidente en la programación y operación cooperativa que nos lleve a resolver los problemas y, por lo tanto, a hacer realidad la tecnología que los militares necesitan. Cuando los problemas surgen claramente en el contexto militar y parecen no aparecer en el contexto de la investigación, entonces ARPA puede tomar medidas para manejarlos de manera ad hoc. Sin embargo, como digo,

Abordó esta cuestión en un memorándum de 23 de abril de 1963 dirigido a los miembros y afiliados de la "Red Informática Intergaláctica"[18]. La solución consistía en facilitar enormemente el trabajo en común enlazando todos los ordenadores de tiempo compartido de ARPA en un sistema nacional. Escribió: "Si una red como la que preveo nebulosamente pudiera ponerse en funcionamiento, tendríamos al menos cuatro grandes ordenadores, quizás seis u ocho pequeños, y un gran surtido de archivos de disco y unidades de cinta magnética -sin mencionar las consolas remotas y las estaciones de teletipo-, todos trabajando"[19].

Casi paralelamente, la ARPA se encargaría de la financiación a la compañía RAND, que desarrollaría una investigación sobre las redes de comunicación entre ordenadores bajo la supervisión de Paul Baran, quien habría de desarrollar su importante investigación sobre "Redes de Comunicación Distribuida" (On Distributed Communication Networks)[20].

En 1964 el director del gabinete de estrategia de la RAND, Paul Brand, propondría la creación de una red distribuida de comunicaciones a fin de que

es de esperar que muchos de los problemas sean esencialmente tan importantes, en el contexto de la investigación como en el contexto militar". Traducción propia. LICKLIDER, J.C.R.: «Memorandum for members and affiliates of the intergalactic» [en línea], (2001), <https://www.kurzweilai.net/memorandum-for-members-and-affiliates-of-the-intergalactic-computer-network>. [Consulta: 5/06/2023.]

18 *Ibidem*.

19 MAYOR, D.: «History Computer, The history of computering» [en línea], (2022), <https://history-computer.com/people/joseph-carl-robnett-licklider/>. [Consulta: 5/06/2023.]

20 La serie de publicaciones sobre esta investigación desarrollada en la RAND durante los años 1960-1962 fue publicada en 1964. Entre las principales publicaciones encontramos:

- Paul Baran. On Distributed Communications: I. Introduction to Distributed Communications Networks 1963
- Paul Baran, Sharla P. Boehm. On Distributed Communications: II. Digital Simulation of Hot-Potato Routing in a Broadband Distributed Communications Network 1963
- J. W. Smith. On Distributed Communications: III. Determination of Path-Lengths in a Distributed Network 1963
- Paul Baran. On Distributed Communications: IV. Priority, Precedence, and Overload 1963
- Paul Baran. On Distributed Communications: V. History, Alternative Approaches, and Comparisons 1963
- Paul Baran. On Distributed Communications: VI. Mini-Cost Microwave 1963
- Paul Baran. On Distributed Communications: VII. Tentative Engineering Specifications and Preliminary Design for a High-Data-Rate Distributed Network Switching Node 1963
- Paul Baran. On Distributed Communications: VIII. The Multiplexing Station 1963
- Paul Baran. On Distributed Communications: IX. Security, Secrecy, and Tamper-Free Considerations 1963
- Paul Baran. On Distributed Communications: X. Cost Estimate 1963
- Paul Baran. On Distributed Communications: XI. Summary Overview 1963

Más información disponible [en línea]: https://www.rand.org/about/history/baran.list.html#B#.[Consulta: 5/06/2023.]

las autoridades norteamericanas no viesen comprometida su comunicación si caía el nodo principal de comunicación que conformaba la, hasta entonces, red centralizada. De este modo la red descentralizada concedería a todos los nodos de conexión la misma importancia (envío, transferencia y recepción de datos) asegurando que en caso de pérdida de uno de los nodos la comunicación entre las autoridades se mantuviese. "Para el posible desarrollo de esta red distribuida se proponía la utilización de diversos elementos de comunicación entre los que destacaba la utilización de la línea telefónica de impulsos, los enlaces de microondas, las emisoras de televisión y los satélites artificiales "[21].

Esta conexión a su vez preveía que el mensaje fuese enviado en forma de paquetes, de forma que el receptor pudiese unir todos los paquetes y tener la información completa. Cada paquete debería indicar quién lo enviaba, a quién iba dirigido, cuándo comenzaba y cuándo finalizaba, nace así la "red de comunicación de paquetes"[22].

En 1966 Dr. Lawrence G. Roberts[23] entró en DARPA para desarrollar el concepto de redes informáticas y rápidamente creó su plan para ARPANET (Advanced Research Projects Agency Network)[24]. Este trabajo sería dado a conocer al publicó en octubre de 1967 en el ACM Simposio sobre Principios Operativos en Gatlinburg, Tennessee. El año en el que presentó el artículo "Multiple Computer Networks and Intercomputer Communication" había otra ponencia sobre el concepto de redes de paquetes, que venía del Reino Unido, cuya autoría corresponde a Donald Watts Davies (introdujo el término "paquete") y Roger Scantlebury, del NPL (Laboratorio Nacional de Física- National Physical Laboratory- en Middlesex, Inglaterra). Scantlebury le comentó a Ro-

---

21 MARTÍNEZ DE VELASCO FARINÓS, A., "Los orígenes de Internet", *Hispania Nova Revista de Historia Contemporánea*, 2, 2002, p.3.

22 "Un sistema de comunicación que podría ser dudosamente eficaz desde el punto de vista convencional (sobre todo si se compara con la red telefónica ordinaria), pero que sería enormemente robusto frente a adversidades y fallos. El método de conmutación de paquetes, packet-switching, tenía dos ventajas importantes: por un lado, permitía que varios usuarios compartiesen la misma conexión al fragmentar los datos en unidades discretas que se podían enviar por separado y, por otro, permitía reconocer un mensaje incompleto, ya que ningún medio de transmisión es absolutamente seguro, y pedir el reenvío de los paquetes que falten". *Ibidem*, p.4.

23 Si bien, este habría sido instruido y/o influenciado por el conocimiento de Leonard Kleinrock, con quien coincidiría en 1963 en la universidad de California, en el Centro de medidas de red (Network Measurement Center, NMC). Es importante señalar a los efectos que en julio de 1961 Leonard Kleinrock obtuvo el grado de doctor en Ingeniería eléctrica en el MIT con una tesis doctoral sobre la teoría de conmutación de paquetes.

24 Larry Roberts lleva a cabo las negociaciones sobre el diseño de ARPANET en la asamblea ARPA IPTO PI en Ann Arbor, Michigan (abril). H'OBBES' ZAKON, R., *Cronología, hechos relevantes (1950 -2004). Cronología de Internet De Hobbes V8.2*, AUI-Asociación de Usuarios de Internet, 2006.

berts el trabajo del NPL y el de Paul Baran y otras personas de RAND, dando lugar a un intercambio de conocimiento.

Con ello podemos observar como a mediados de los años 60 existían en el ambiente universitario varios trabajos teóricos que en paralelo desarrollaban la primigenia idea de Licklider[25]: la teoría de la transmisión de paquetes de Kleinrock, la red descentralizada de Baran, el proyecto de Douglas Engelbart, que había inventado el ratón para el ordenador un lustro antes, sobre la conexión de ordenadores a través del hipertexto, la red de paquetes de Davies y Scantelebury. Estas se conocerían unas a otras en el mencionado congreso de Gatlinburg, Tennessee de 1967.

1968 será un año importante en el desarrollo de ARPANET. En este año se presenta la red conmutada por paquetes (PS - Network) ante la ARPA. En agosto se solicitan las propuestas para hacer posible ARPANET y en el mes de octubre le es otorgado a la Universidad de California Los Ángeles (UCLA) el contrato para el Centro de evaluación de Redes (MNC-Network Measurement Center). A Bolt Beranek y Newman, Inc. (BBN) se le concedería el contrato de conmutación por paquetes a fin de crear un procesador de mensajes de interface (Interface Message Processors-IMPs). Ese año el grupo de trabajo de redes (NWG-Network Working Group), liderado por Steve Crocker, se organiza a fin de desarrollar protocolos a nivel host para establecer comunicaciones en ARPANET.

En 1969, concretamente el 29 de octubre, un ordenador del Stanford Research Institute (SRI) y otro de la Universidad de California en Los Ángeles (UCLA), ambas en Estados Unidos, se conectaron a través de la primera red de conmutación de paquetes, la red de la mencionada ARPANET. Estos ordenadores fueron los dos primeros ordenadores centrales de lo que acabaría convirtiéndose en Internet. Dos meses más tarde, en diciembre de 1969, ARPANET tenía cuatro nodos: SRI, UCLA, la Universidad de Utah y la Universidad de California en Santa Bárbara[26].

---

25 MARTÍNEZ DE VELASCO FARINÓS, A. Los orígenes de Internet, *op. cit.*, p.5.

26 Cronología de 1969: "El Ministerio de Defensa designa a ARPANET para la tarea de investigación de redes. Se ponen en servicio los nodos a medida que BBN construye cada IMP [Honeywell DDP-516 con 12 K de memoria]; AT&T provee líneas de 50 kpbs.
Nodo 1: UCLA - Universidad de Los Ángeles, California. (30 de agosto). Función: Centro de evaluación de redes. Sistema, Sistema operativo: SDS SIGMA 7, SEX.
Nodo 2: Instituto de Investigaciones de Stanford. (SRI) (1 de octubre). Centro de Información de Redes (Network Information Center) (NIC). SDS940/Genie. Proyecto de Doug Engelbart sobre "Debate sobre el intelecto humano" ("Argumentation of Human Intellect").
Nodo 3: Universidad de California Santa Barbara (UCSB) (1 de noviembre). Matemática Interactiva de Culler - Fried. IBM 360/75, OS/MVT.
Nodo 4: Universidad de Utah. (diciembre). Gráficos. DEC PDP-10, Tenex". H'OBBES' ZAKON, R., *Hobbes' Internet Timeline 25*. 2018.

La implicación de la comunidad académica universitaria en la difusión del conocimiento y en la publicación de sus investigaciones de forma abierta, en los inicios de ARPANET, supondría una nueva forma de divulgación del conocimiento científico que superaría los problemas de los métodos tradicionales, formales y demasiado lentos para el ritmo rápido y dinámico de los investigadores.

"En 1969, S. Crocker (en UCLA en aquel momento) dio un paso esencial al establecer las series de Peticiones de comentarios (o Request For Comments- RFC). La idea de estos memorandos era que fuesen una forma de distribución informal y rápida para compartir ideas con otros investigadores de la red. Al principio, las RFC se imprimían en papel y se distribuían a través del correo ordinario. Cuando se empezó a usar el Protocolo de Transferencia de Archivos (FTP), las RFC se preparaban como archivos en línea y se accedía a ellas a través de FTP. Hoy en día, por supuesto, se accede a las RFC fácilmente a través de la World Wide Web[27] en numerosos sitios de todo el mundo. El SRI, en su papel de Centro de Información de Redes, mantenía los directorios en línea"[28].

El origen del correo electrónico podemos situarlo en 1971. Ray Tomlinson de BBN Technologies inventa un programa de correo electrónico para mandar mensajes en redes distribuidas, adoptaría el símbolo "@" para distinguir entre usuarios y ordenadores centrales de red[29]. El programa original es producto de otros dos: un programa interno de correo electrónico (SENDMSG) y un

27 A este respecto conviene diferenciar Internet, es una infraestructura de redes, que conecta a millones de computadoras, de la World Wide Web, conjunto de protocolos que permite de forma sencilla la consulta remota de archivos, y que utiliza Internet como medio de transmisión. Para ampliar información: GILLIES, J. AND CAILLIAU R., *How the Web was born*, Oxford University Press, Oxford, 2000.

28 "El efecto de las RFC fue crear un bucle de comentarios positivos, en el que las ideas y propuestas presentadas en una RFC desencadenaban otra RFC con ideas adicionales, y así sucesivamente. Cuando se conseguía un consenso (o al menos un conjunto coherente de ideas), se preparaba un documento de especificaciones. Después, varios equipos de investigación usaban esas especificaciones como base para las implementaciones. Con el tiempo, las RFC se han ido centrando más en los estándares de los protocolos (las especificaciones "oficiales"), aunque siguen existiendo RFC informativas que describen enfoques alternativos, u ofrecen información sobre los antecedentes de los protocolos y los problemas de ingeniería. Hoy en día, las RFC se conciben como "documentos oficiales" en la comunidad de ingeniería y estándares de Internet. El acceso abierto a las RFC (gratuito, si tiene cualquier tipo de conexión a Internet) promueve el crecimiento de Internet porque permite usar las especificaciones reales como ejemplos en clases y entre los emprendedores que desarrollan nuevos sistemas". VARIOS, Breve historia de Internet, Internet Society, *op. cit.* Para ampliar información: CROCKER, S.: «Host Software» [en línea], (1969), http://www.faqs.org/rfcs/rfc1.html>. [Consulta: 5/06/2023.]

29 El signo @ se traduce como "at" en inglés hablado, especifica un usuario en una máquina concreta y se utilizará para distinguir usuarios de ordenadores centrales.

programa experimental de transferencia de archivos (CPYNET)[30]. Unos meses más tarde, en marzo de 1972, Ray Tomlinson escribió la primera aplicación de envío y recepción de mensajes de correo electrónico (en ARPANET, desarrolló el protocolo experimental CYPNET)[31] y en julio, L. G. Roberts amplió esta utilidad haciendo posible configurar listas de mensajes, leerlos selectivamente, archivarlos, reenviarlos y responder a los mismos. A partir de ese momento, el correo electrónico comenzó a popularizarse y se convirtió en la aplicación de red más importante.

El mes de octubre de 1972 fue importante porque Robert E. Kahn llevaría a cabo la primera demostración pública de ARPANET, lo que atrajo el interés no sólo de la comunidad universitaria sino del resto de la sociedad presente en el Congreso Internacional sobre Comunicación de Ordenadores celebrado en Washington.

1973 sería uno de los años más trascendentes en tanto a la internacionalización de ARPANET, pues se realizan las primeras conexiones internacionales con el University College of London (Inglaterra) y el Royal Radar Establishment (Noruega). Este mismo año, de la tesis doctoral de Bob Metcalfe surge la idea de Ethernet[32].

En 1974 Vinton Cerf y Bob Kahn publican "Protocolo para Interconexión de Redes por paquetes" (A Protocol for Packet Network Interconnection) que especifica en detalle el diseño del Protocolo de Control de Transmisión (TCP)[33]. BBN abre Telenet Inc., el primer servicio público de paquetes de información, una versión comercial de ARPANET[34]. En 1975 John Vittal desarrolla MSG, el primer programa de correo electrónico realmente completo que incluye la posibilidad de contestar, reenviar y guardar mensajes[35]. En 1976 Kleinrock publicaría uno de los primeros libros sobre ARPANET.

En marzo de 1978 TCP se divide en TCP/IP[36] y se recibe el primer "spam" o correo no deseado Concretamente, el 3 de mayo de 1978 varios cientos de

30 H'OBBES' ZAKON, R., *Cronología, hechos relevantes (1950 -2004), op. cit.*

31 Pues el MIT (Instituto Tecnológico de Massachusetts) en 1962 ya había conseguido enviar un correo de forma local con un IBM y en 1965 creó la aplicación Mail para realizar el envío de mensajes.

32 Este concepto fue probado en las computadoras Xerox PARC's Alto y la primera red de Ethernet se denominó Alto Aloha System.

33 CERF, V. AND ROBERT E. KAHN, R., "Protocol for Packet Network Intercommunication", *IEEE*, Vol Com-22, 5, 1974.

34 H'OBBES' ZAKON, R., Cronología, hechos relevantes (1950 -2004), *op. cit.*

35 *Ibidem.*

36 "El primer intento de implementar TCP produjo una versión que solo permitía circuitos virtuales. Este modelo funcionó bien para aplicaciones de inicio de sesión remoto y transferencia de archivos, pero algunos de los primeros trabajos en aplicaciones de red avanzadas, en particular la voz por paquetes de los años 70, dejaron claro que en algunos casos la

usuarios de ARPANET recibieron el primer correo electrónico no solicitado, procedente de Gary Thuerk, director comercial de una empresa de informática estadounidense[37].

1980 TCP/IP se instituye como un estándar de Defensa. Ese mismo año, el día 27 de octubre ARPANET deja de funcionar por completo a raíz de una advertencia de virus propagada accidentalmente y también aparece el primer IMP con base C/30 en BBN.

1983 es también un año de cambios. Es un año en el cual podemos observar dos redes: DARPA-MILNET (se integra con la Red de información de Defensa) y ARPANET (dedicada preeminentemente a la investigación). El 1 de enero acaece un reto importante: la transición protocolo de host ARPANET de NCP a TCP/IP, se crea la Internet Activities Board (IAB), también se crea el sistema de dominios (DNS) por Jon Postel, Paul Mockapetris y Craig Partridge, probado por primera vez el 23 de junio de 1983 en la Universidad de Southern California, en Los Ángeles, de forma que unos meses más tarde, en octubre de 1984, se crearon siete nombres de dominio de nivel superior genéricos (gTLD), entre ellos: .com, .net, .org y .gov. Mientras que en 1984 se crearía la red británica JANET o la Japonesa JUNE, se comunican las universidades canadienses a través de la BITNET y se crea la red española FAENET[38].

---

pérdida de paquetes no podía ser corregida por TCP, y la aplicación debería encargarse de ella. Esto llevó a reorganizar el TCP original en dos protocolos, el IP simple, que solo dirigía y reenviaba paquetes individuales, y el TCP por separado, que se ocupaba de funciones del servicio como el control de flujos y la recuperación de paquetes perdidos. Para las aplicaciones que no querían los servicios de TCP, se añadió una alternativa llamada Protocolo de datagramas de usuario (UDP) para ofrecer acceso directo a los servicios básicos de IP". VARIOS, Breve historia de Internet, Internet Society, *op. cit.*

37 El mensaje y reacciones de los receptores está disponible en TEMPLETON B.: « Reaction to the DEC Spam of 1978 » [en línea], (1978), <https://www.templetons.com/brad/spamreact.html>. [Consulta: 5/06/2023.]

38 "Una las primeras iniciativas en este terreno fue la de los investigadores españoles en física de altas energías, quienes ya en 1984 crearon la red FAENET, cuyas primeras conexiones comenzaron a funcionar a finales de 1985, interconectando los grupos de las universidades de Cantabria, Zaragoza, Autónoma de Barcelona, Autónoma de Madrid, el IFIC (Instituto de Física Corpuscular de Valencia) y el CIEMAT (Centro de Investigaciones Energéticas Medioambientales y Tecnológicas). Dado que los ordenadores predominantes dentro de esta comunidad científica eran del tipo "VAX" (de Digital Equipment Corporation), la red FAENET utilizaba los protocolos propietarios de este fabricante (DECnet), siendo los servicios más importantes proporcionados el correo electrónico, la transferencia de ficheros, el terminal virtual y la entrada remota de trabajos. Como medio de transmisión se empleó el incipiente servicio de circuitos virtuales conmutados X.25 de Telefónica (Iberpac). Por medio de una conexión entre el CIEMAT y el CERN, la red FAENET estaba integrada dentro de la red internacional HEPNET/SPAN". SANZ, M. A., "Fundamentos históricos de la Internet en Europa y en España", *Boletín de RedIRIS,* 45, 1998.

1985 podría decirse que es un año de expansión y de fortalecimiento de lazos: se pone en funcionamiento la "Conexión electrónica de toda la Tierra" (Whole Earth 'Lectronic Link -WELL); "Dennis Jennings llegó desde Irlanda para pasar un año en la NSF, liderando el programa NSFNET[39]. Trabajó con la comunidad para ayudar a la NSF a tomar una decisión muy importante: que TCP/IP fuese obligatorio para el programa NSFNET. Cuando Steve Wolff asumió la responsabilidad del programa NSFNET en 1986, reconoció la necesidad de una infraestructura de red de área amplia para dar cobertura a toda la comunidad académica e investigadora, además de la necesidad de desarrollar una estrategia para establecer esa infraestructura de manera que, en último término, fuese independiente de la financiación federal directa. Se adoptaron políticas y estrategias para conseguir ese fin"[40]. En 1986 NSF establece 5 centros de supercomputadoras para proveer alto poder de cómputo: JVNC@ Princeton, PSC@Pittsburgh, SDSC@UCSD, NCSA@UIUC, Theory Center@ Cornell.

Finales de los ochenta, 1988, se convierte en una época clave para la comercialización y privatización de la Red[41], y por ende uno de los puntos inicia-

---

39 Red de Fundación Nacional para la Ciencia (National Science Foundation Network. NSF-NET), creada en Estados Unidos con el propósito de establecer unas redes dedicadas a la comunicación de la investigación y de la educación. Remplazó a ARPANET y, al igual que esta, sería precursora de Internet.

40 "Internet ya estaba bien establecida como tecnología que daba cobertura a una amplia comunidad de investigadores y desarrolladores, y empezaba a ser usada por otras comunidades para comunicaciones informáticas diarias. El correo electrónico se usaba ampliamente entre varias comunidades, a menudo con diferentes sistemas, pero la interconexión entre diferentes sistemas de correo demostraba lo útil que era una amplia comunicación electrónica entre la gente". VARIOS, Breve historia de Internet, Internet Society, *op. cit.*

41 "En la red troncal de NSFET (el segmento a escala nacional de NSFET), la NSF impuso una "Directiva de uso aceptable" (AUP) que prohibía el uso de la red troncal para fines "ajenos a la investigación y la educación". El resultado predecible (y buscado) de alentar el tráfico de redes comerciales a nivel local y regional, mientras se negaba el acceso al transporte a escala nacional, era estimular la aparición y crecimiento de redes "privadas", competitivas y de largo alcance, como PSI, UUNET, ANS CO+RE y (más adelante) otras. Este proceso de aumento financiado por empresas privadas para usos comerciales fue muy criticado desde 1988 en una serie de conferencias iniciadas por la NSF en la Escuela de Gobierno Kennedy de Harvard acerca de "La comercialización y privatización de Internet", y en la propia lista de la red "com-priv". En 1988, un comité del Consejo Nacional de Investigaciones, presidido por Kleinrock y con Kahn y Clark como miembros, presentó un informe encargado por la NSF titulado "Hacia una red de investigación nacional". Este informe influyó en el entonces senador Al Gore, y marcó el comienzo de las redes de alta velocidad que fueron la base de la futura autopista de la información". *Ibidem.* Recordamos aquí los datos actuales respecto de la titularidad privada de los cables submarinos que concentran el 97% del tráfico de Internet (vid. supra nota 12).

les de las discusiones en torno a su regulación. Además, somos testigos de la aparición de los primeros softwares dañinos (malware): el gusano "Morris"[42].

ARPANET deja de existir en 1990[43], año en el cual World se pone en línea (world.std.com) y de esta manera se convierte en el primer proveedor comercial de acceso telefónico a Internet. En este año llega Internet a España, donde utilizando la red paneuropea IXI se conectaron algunos investigadores.

En enero de 1992 se crea ISOC, Internet Society (Sociedad de Internet): organización no gubernamental formada por expertos, profesionales de Internet encargados de evaluar las políticas, las prácticas, de supervisar organizaciones presentes en la Red, compuesta por una pluralidad de organizaciones representando a distintas nacionalidades y regiones del globo. Sus pilares son: las normas, las políticas públicas, la educación y la membresía[44].

En 1993[45] en el Centro Nacional de Aplicaciones de Supercomputación (NCSA) de la Universidad de Illinois Urbana-Champaign, comenzó a desarrollar

---

42 El 2 de noviembre de 1988, aproximadamente 6000 de los 60 000 servidores conectados a la red fueron infectados por este gusano informático, lo que motivó que se creara el Equipo de Respuesta ante Emergencias Informáticas (CERT, por sus siglas en inglés) en respuesta a las necesidades expuestas durante el incidente. SPAFFORD, E. H.: «*The Internet Worm Program: An Analysis. Purdue Technical Report CSD-TR-823*, Department of Computer Science» [en línea], (1998), <https://spaf.cerias.purdue.edu/tech-reps/823.pdf>. [Consulta: 3/06/2023.].
Cierto es que, existen precedentes en los años 70 como Creeper también considerado como el primer gusano, software que se autorreplica, pero a diferencia del anterior este no causa daños a sistema por lo que no se considera *malware*; Wabbit, un primer intento de malware que se autorreplica generando una denegación de servicio o Animal con Pervade a modo de troyano. Estos primeros softwares no son sin embargo considerados malware. RODRÍGUEZ R.J.: «A brief history of malware (part 1)» [en línea], (2023), https://reversea.me/index.php/a-brief-history-of-malware-part-1/>. [Consulta: 5/06/2023.]

43 Esta desaparición de ARPANET es debida además por el éxito NSFNET, como recoge: BARRIO ANDRÉS, *Fundamentos del Derecho de Internet*, Centro de Estudios Políticos y Constitucionales, Madrid, 2020, p.89. Para conocer más sobre este punto nos remitimos a varias referencias de recursos webs:
«ARPANET, Digital Guide IONOS» [en línea], (2023),
<https://www.ionos.com/digitalguide/websites/web-development/arpanet-definition-history-of-the-internet-predecessor/>. [Consulta: 5/06/2023.]
«ARPANET» [en línea], (2023),
<https://wiki.edunitas.com/IT/en/114-10/Advanced-Research-Projects-Agency-Network_5740_eduNitas.html#cite_note-Abbate-26>. [Consulta: 5/06/2023.]

44 ISOC es una organización mundial sin fines de lucro que empodera a las personas para que mantengan a Internet como una fuerza para el bien: abierta, conectada de manera global, segura y confiable.

45 En 1993 la Casa Blanca se crea su web http://www.whitehouse.gov/#B#, el Presidente Bill Clinton y su Vicepresidente Al Gore también se encuentran presentes en la Red, así como la ONU. Ese año también se creó Aliweb, un motor de búsqueda para la World Wide Web, que fue seguido rápidamente por otros tales como Yahoo! y AltaVista en 1995. Google apareció en 1998.

NSFNET. Siendo el primero en mostrar imágenes en línea con el texto, y ofreciendo otras normas gráficas de interfaz de usuario que utilizamos hoy en día, como la barra de direcciones URL del navegador y las opciones de retroceder / avanzar / volver a cargar para ver páginas web. En 1995 NSFNET modificó su política de uso para uso comercial creando puntos de acceso a la red que permitieron desarrollar Internet en el entendimiento actual.

De 1994 podemos destacar el informe "Haciendo realidad el futuro de la información: Internet y después", del Consejo Nacional de Investigaciones, con Kleinrock (presidente) y Kahn y Clark (miembros) en el que se plantean problemas sobre los derechos de propiedad intelectual, ética, precios arquitectura y regulación de Internet. Comenzamos a presenciar el desarrollo de la Red comercial, la época de la liberación del sector de las telecomunicaciones.

"El 24 de octubre de 1995, FNC pasó una resolución unánime para definir el término Internet. Esta definición se desarrolló consultando a los miembros de las comunidades de Internet y propiedad intelectual. Resolución: El Consejo federal de redes (FNC) acuerda que la siguiente descripción refleja nuestra definición del término «Internet». «Internet» se refiere al sistema de información global que: (i) esta enlazado lógicamente a un espacio global de direcciones únicas basadas en el Protocolo de Internet (IP) o sus subsecuentes extensiones/añadidos; (ii) puede soportar la comunicación usando el conjunto Protocolo de control de transmisión/Protocolo de Internet (TCP/IP) o sus subsecuentes extensiones/añadido y otros protocolos compatibles con IP; y (iii) provee, usa o da accesibilidad, ya sea de manera pública o privada a servicios de alto nivel superpuestos en las comunicaciones y las infraestructuras relacionadas ya descritas"[46].

En 1996 surge el proyecto de ley US Communications Decency Act (CDA) (Ley de Decencia en las comunicaciones), que tras su aprobación se transforma en la Ley de los Estados Unidos encargada de prohibir la distribución de material obsceno a través de la Red. En 1997 el Tribunal Supremo de Estados Unidos, por unanimidad, la decreta inconstitucional en su mayor parte.

El 25 de noviembre de 1998 el Departamento de comercio estadounidense suscribe un contrato con la Corporación de Internet para la Asignación de Nombres y Números (Internet Corporation for Assigned Names and Numbers-ICANN) a fin de establecer un proceso para el paso de DNS de manos del Estado a manos industriales[47].

---

46 VARIOS, Breve historia de Internet, Internet Society, *op. cit.*

47 Creada el 18 de septiembre de 1998 ICANN "es una organización sin fines de lucro que opera a nivel internacional, responsable de asignar espacio de direcciones numéricas de protocolo de Internet (IP), identificadores de protocolo y de las funciones de gestión [o administración] del sistema de nombres de dominio de primer nivel genéricos (gTLD) y

En España un hito de Internet será la tarifa plana, conseguida, no sin poco esfuerzo, en octubre de 1999 y que comenzaría a acercar la Red a los ciudadanos, a los hogares.

En el año 2000 estarían conectados a la Red en torno a 361 mil internautas, mientras que en el año 2023 superamos los 5 billones de internautas a nivel mundial (5.16 billones, 64.4% de la población mundial)[48].

Con todo ello hemos podido comprobar cómo desde la universidad la comunidad científica plural[49] fue determinante en el origen de la Red, siendo, alguno de los padres de Internet: Licklider, teórico de la red distribuida; Tim Berners-Lee quien creó la World Wide Web (Web); Larry Roberts ideó el prototipo de red de conmutación de paquetes y participó en el inicio de la creación de la red ARPANET; Vinton Cerf y Robert Kahn quienes desarrollaron el protocolo de comunicaciones TCP/IP usado por Internet.

La Red de redes no sólo despertó el interés de la comunidad científica, quienes se irían sumando a la misma, sino que también atrajo el interés de los Estados y por ende de las organizaciones en las que participan.

El desconocimiento inicial sobre el influjo que podía tener el ciberespacio en las sociedades dio lugar a la creación de una Comisión de expertos sobre la sociedad de la información por parte de la Comisión Europea[50] que trataba de ver cómo se podían paliar los efectos devastadores que podría producir Internet en la sociedad, en la política y en la cultura, pues se tenía una visión negativa que derivaba en una reacción defensiva frente a esta novedad a la

---

de códigos de países (ccTLD), así como de la administración del sistema de servidores raíz. Aunque en un principio estos servicios los desempeñaba Internet Assigned Numbers Authority (IANA) y otras entidades bajo contrato con el gobierno de EE.UU., actualmente son responsabilidad de ICANN. Como asociación privada-pública, ICANN está dedicada a preservar la estabilidad operacional de Internet, promover la competencia, lograr una amplia representación de las comunidades mundiales de Internet y desarrollar las normativas adecuadas a su misión por medio de procesos "de abajo hacia arriba" basados en el consenso".

48 El citado informe nos da los datos de distintos organismos así: la ITU arroja 5.31 billón de usuarios (66.3% de la población mundial),Worls Banck 4.8 billones de usuarios (59.9% de la población mundial), CIA World Factbook establece que somos 5.05 billones (63% de la población global) y Internetworldstats contabiliza 5.47 billones de usuarios de Internet (68% de la población mundial). Informe WE ARE SOCIAL Y HOOT SUIT: «Digital 2023: La guía definitiva para un mundo digital en evolución» [en línea] , (2023), <https://wearesocial.com/es/blog/2023/01/digital-2023/>. [Consulta: 5/06/2023.]

49 Pues se hizo posible gracias a la participación de personas originariamente diversas: Baran es polaco, estadounidenses Licklider, Dr. Lawrence G. Roberts, Leonard Kleinrock y Larry Roberts, Berners-Lee británico, etc.

50 Comisión de las Comunidades Europeas. Comunicación al Consejo, Parlamento Europeo, Comité Económico y Social y Comité de las Regiones sobre las implicaciones de la sociedad de la información en las políticas de la Unión Europea. Preparación de las próximas etapas. Bruselas, 24.07.1996 COM(96) 395 final.

vez que apostaban por la implementación de "una aldea planetaria de la investigación". En tanto que Europa necesitaría redes de investigación de alta velocidad que se integrasen completamente en el mundo internacional de la investigación y que mejorasen la colaboración transfronteriza entre los institutos de investigación nacionales y europeos[51].

En esta Comisión de expertos se encontraba Manuel Castells[52] quien mostró una postura proactiva defendiendo la Red a través de la argumentación en siete ideas, algunas de ellas ya apuntadas, relacionadas con su origen y evolución.

La primera lección sobre Internet, que da Castells, es que la Red se desarrolla a partir de la interacción entre la ciencia, entre la investigación universitaria fundamental, los programas de investigación militar en Estados Unidos y la contracultura radical libertaria (los ciberlibertarios para nosotros). De este modo el autor resalta que la financiación del departamento militar, a la que hemos aludido, no derivó en una aplicación militar de Internet. En suma, la cultura de los movimientos libertarios, contestatarios, que buscaban en ello un instrumento de liberación y de autonomía respecto al Estado y a las grandes empresas terminan de diseñar el marco teórico del ciberespacio.

La segunda lección sobre Internet, en clara conexión con lo antedicho, se centra en mostrar la colaboración público-privada y en resaltar la financiación mayoritariamente pública en tanto que sostiene que el mundo de la empresa no fue en absoluto la fuente de Internet[53].

Por su parte la tercera lección, y quizá la más importante, es que Internet se desarrolla a partir de una arquitectura informática abierta y de libre acceso desde el principio, esto es nos muestra la neutralidad tecnológica y de Internet[54]. "Los protocolos centrales de Internet TCP/IP, creados en 1973-78,

---

51 Ello puede observarse también en la literalidad de la Constitución Española de 1978 en cuyo precepto 18.4 se recoge la "limitación de la informática".

52 CASTELLS, M.: «*Internet y la Sociedad Red*. Lección inaugural del programa de doctorado sobre la sociedad de la información y el conocimiento. Universidad Oberta de Cataluña» [en línea], (2001), <http://www.uoc.edu/web/cat/articles/castells/castellsmain2.html>. [Consulta: 03/06/2023.]

53 Sin embargo, en la actualidad esta situación se ha invertido como hemos podido demostrar con la titularidad privada de las empresas de cables submarinos (vid. supra nota 11).

54 Es importante conocer que la arquitectura de Internet se estructura en varias capas organizadas jerárquicamente, de forma que cada capa se construye sobre su predecesora. Siguiendo el modelo TCP/IP podemos esquematizarlo del siguiente modo:
1° Capa de acceso al medio: esta capa en realidad engloba la capa de enlace de datos, donde está el protocolo Ethernet, y la capa física, que es propiamente la transformación de datos lógicos a datos físicos, es en la que los paquetes se convierten en impulsos eléctricos, radioeléctricos u ópticos y se transmiten en forma de bits (las unidades de información más pequeñas posibles) a través de cables u ondas de radio.

son protocolos que se distribuyen gratuitamente a cuyo código fuente tiene acceso cualquier tipo de investigador o tecnólogo"[55].

Derivado de esa apertura llegamos a la cuarta lección que se centra en la contribución de los usuarios de las tecnologías de la información y de la comunicación, en los desarrolladores del ciberespacio: "los productores de la tecnología de Internet fueron fundamentalmente sus usuarios, es decir, hubo una relación directa entre producción de la tecnología por parte de los innovadores pero, después, hubo una modificación constante de aplicaciones y nuevos desarrollos tecnológicos por parte de los usuarios, en un proceso de feed-back, de retroacción constante, que está en la base del dinamismo y del desarrollo de Internet"[56].

La quinta lección incide en la colaboración internacional, plural de la red de científicos: "Internet se desarrolla desde el principio a partir de una red internacional de científicos y técnicos que comparten y desarrollan tecnologías en forma de cooperación, incluso cuando Internet era algo que estaba dentro del Departamento de Estado estadounidense. La tecnología clave de Internet, la conmutación de paquetes, el packet switching, la inventan en paralelo, y sin establecer comunicación alguna durante mucho tiempo, Paul Baran en Rand Corporation en California y Donald Davies, en el National Physics Laboratory de Gran Bretaña". "Se desarrolla en paralelo entre Europa y Estados Unidos. El desarrollo de los protocolos TCP/IP se hace por Vinton Cerf, en Estados Unidos colaborando estrechamente con Gérard Lelan del grupo francés Cyclades. El caso más interesante es que el World Wide Web, que es el programa de navegador que permite la navegación que hoy practicamos todos, lo creó Tim Berners-Lee, un británico, en el CERN de Ginebra". "Los grupos libertarios que se organizaron a través y en torno a las redes de Internet" "eran desde el principio -es decir, desde 1978 y 1980, que es cuando empezó USENET- internacionales y se desarrollaron de forma aún mucho más inter-

---

2° Capa de Internet: que es donde está el protocolo IP, gestiona el enrutamiento y el envío de datos entre diferentes nodos, de direccionamiento lógico, se encarga del fujo de datos de la red desde la salida hasta el destino y entre los protocolos más importantes está el IP, aunque también encontramos al ICMP.
3° Capa de transporte: que proporciona los medios de transmisión de datos entre las dos partes, los protocolos utilizados en esta capa son el TCP y UDP. Los protocolos de esta capa pueden proporcionar mecanismos de control de errores, control de congestión, y control de calidad de servicio, entre otros.
4° la capa de aplicaciones: que se conforma de datos generados y utilizados por las aplicaciones de software siendo alguno de los protocolos más conocidos HTTP, DNS, o DHCP.

55 CASTELLS, M., *Internet y la Sociedad Red. op. cit.*

56 *Ibidem.*

nacional precisamente en la medida en que Arpanet pertenecía al gobierno norteamericano"[57].

La sexta lección muestra el espíritu ciberlibertario, la autonormación inicial de la Red que da paso a cierta institucionalización del ciberespacio a fin de responder al crecimiento del, por entonces, novedoso ecosistema tecnológico-digital: "desde el principio Internet se autogestiona, de forma informal, por una serie de personalidades que se ocupan del desarrollo de Internet sin que el Gobierno se meta demasiado con ellos. Nadie le dio mucha importancia a Internet y se creó una especie de club aristocrático, meritocrático, que, todavía hoy, ha generado instituciones absolutamente únicas. El gobierno de Internet lo tiene hoy una sociedad de carácter privado apoyada por el Gobierno norteamericano y por gobiernos internacionales pero que es privada, se llama ICANN"[58].

La séptima y última observación sobre la historia de internet es la reiteración de la apertura de la Red, su razón de ser, el espíritu que originó ese ámbito innovador, y que está siendo amenazado: "el acceso a los códigos de Internet, el acceso a los códigos del software que gobierna Internet, es, ha sido y sigue siendo abierto, y esto está en la base de la capacidad de innovación tecnológica constante que se ha desarrollado en Internet"[59].

Esta última reflexión de Castells aludiendo al principio de neutralidad, cuyos máximos exponentes son Wu, Lessig[60] y Marsden[61], es la preocupación que subyace desde el crecimiento de Internet y que se potencia, como a continuación mostraremos, tras la comercialización del servicio, la presencia de cientos de miles de personas online. El interés de las tecnológicas y de los Estados en incidir en el ciberespacio recibirán la contestación de un grupo de personas, los ciberlibertarios.

1.2. EL ORIGEN DE LAS DISCUSIONES DOCTRINALES SOBRE LA REGULACIÓN DEL CIBERESPACIO

Del surgimiento de un nuevo escenario, el ciberespacio, en el que se potencia el proceso social de la globalización y el cambio de era, surge la nece-

---

57 CASTELLS, M., *Internet y la Sociedad Red, op. cit.*

58 *Ibidem.*

59 *Ibidem.*

60 WU, T. Y LESSIG, L., "Ex Parte", Submission in *CS Docket, 2003 pp.*02-52. Así como, WU, T., "Network Neutrality, Broadband Discrimination", *Journal of Telecommunications and High Technology Law*, 2, 2003, pp.141-179.

61 Marsden quien en 1999 ya estudió el citado principio que podemos encontrar en MARSDEN, CH. T., "Neutralidad de la Red: Historia, regulación y futuro", *Revista de los Estudios de Derecho y Ciencia Política de la Universidad Oberta de Cataluña*, 13, 2012, pp.24-43.

sidad de reflexionar sobre las instituciones precedentes que se ven afectadas por el mismo.

Así, si analizamos el Estado moderno en su evolución al Estado post-moderno y transnacional, que trata de ser un Estado tecnológico-digital, observaremos el intento de presencia, regulación y control de la Red. En este orden de ideas, la revisión del concepto de soberanía puede derivar en una "cibersoberanía"[62] que pretende limitar el poder de los Estados, de las organizaciones trans y supra estatales e intergubernamentales, e incluso confrontar el poder privado de los medios de comunicación y de los grandes clusters empresariales tecnológicos a fin de mantener en la población, en los individuos y las comunidades cibernéticas una cuota mínima de poder. Junto a ello, la revisión de la institución democrática, que se pide participativa y de calidad, a través de la influencia de las tecnologías de la información y de la comunicación para acercar al ciudadano la toma de decisiones, suponen algunas de las consideraciones ante este nuevo marco cibernético y tecnológico complementario al analógico.

La consciencia de una evolución cuasi paralela entre la discusión doctrinal de la existencia de nuevos derechos y/o la modificación o alteración de derechos preexistentes, por las tecnologías de la información y la comunicación, por su propia evolución, así como por la aparente aterritorialidad del ciberespacio, trae como consecuencia la apreciación de debates en torno a la normación o regulación de las tecnologías de la información y la comunicación en tanto que supongan un cambio de paradigmas en los valores y principios aceptados y asentados.

De este modo, lo que en los inicios del ciberespacio podría calificarse como una anarquía ciberespacial en la actualidad reviste de una necesaria reflexión derivada del exponente crecimiento y desarrollo de este[63]. Es en el

---

62 En este sentido, la soberanía digital podría ser entendida como la defensa de intereses nacionales a través de la protección de datos, del intento de regular Internet, del establecimiento de la inteligencia nacional en el ciberespacio. MAXEY, L. "The Worldwide Struggle to Claim Cyber Sovereignty", *The Cipher Brief*, 26 de septiembre, 2017. Junto a este término podemos situar el de "soberanía digital" entendida como esa influencia o dependencia estratégica que puede crearse respecto de empresas de un determinado Estado o región que crean productos o desarrollan servicios tecnológico-digitales creando una dependencia estratégica en el ecosistema tecnológico-digital. De este modo si estas empresas no prestan su servicio o no proveen de una tecnología a otra de un Estado no amigo pueden paralizar su crecimiento. Sirva de ejemplo USA con China y/o Rusia.

63 Cabe señalar que actualmente los debates doctrinales que vamos a poder observar sientan sus bases en las mismas premisas que las teorías que vamos a exponer en este punto. Vemos así que llevamos 25 años realizándonos las mismas preguntas que se trasladan a las tecnologías emergentes en cada momento y ello debido a la necesidad de encontrar valores y principios que operen en este ecosistema tecnológico-digital global y que se centren en el humanismo tecnológico más que en las economías de las distintas regiones.

ciberespacio, y dentro de este en Internet, donde se desarrolla gran parte de las relaciones sociales, más aún en los países desarrollados, y a través de los cuales se posibilita el mercado mundial, la economía, y por ende el Estado.

A partir de esas ideas debemos comenzar a plantear la afectación del ciberespacio y de las tecnologías de la información y de la comunicación a los derechos humanos, a los derechos fundamentales, a la posible creación de derechos digitales, al mismo tiempo que debemos estudiar el ejercicio efectivo de derechos y la garantía de los mismos.

Pero ¿qué es el ciberespacio?

Hemos apuntado brevemente cómo se crea el mismo, el origen de Internet como parte de éste, sin llegar a definirlo, y hemos señalado que esta tecnología de la información y de la comunicación se ha convertido en un poder querido por internautas, Gobiernos y empresas.

Habiéndonos referido en varias ocasiones al mismo, cabe ahora realizar una breve explicación sobre el ciberespacio, el cual, podría ser definido como un "ámbito artificial creado por medios informáticos"[64], una red virtual o digital, no física (aunque con infraestructura física); como un ecosistema, un ambiente bioelectrónico y universal habitado por los datos, que se conecta al mundo físico a través de portales que permiten, a los usuarios, el acceso, la incorporación, la modificación y/o la obtención de la información que allí reside. El ciberespacio es, idealmente, la tierra del conocimiento, un lugar diverso y plural, que se organiza en torno a grupos de interés común y no por el territorio o la geografía[65]. El "Ciberespacio es una maravillosa palabra pluralista para abrir más mentes al potencial civilizador de la Tercera Ola. En lugar de ser una fuerza centrífuga que ayuda a desgarrar a la sociedad, el ciberespacio puede ser una de las principales formas de unión de una sociedad cada vez más libre y diversa"[66].

La concepción del ciberespacio junto al desarrollo de las tecnologías de la información y de la comunicación posibilitan la evolución social hacia una época donde el protagonismo recae en los datos, la información, las imágenes, los símbolos, la cultura, la ideología y los valores, que actúan como catalizadores de esa transformación entre épocas. Estos factores, que han de ser vistos como fuente de conocimiento, y entre los que hemos de situar al ciberespacio, habrán de tenerse en consideración a la hora de revisar y/o

---

64 Diccionario de la Lengua Española. Real Academia Española.

65 Cierto es que la infraestructura y la normativa aplicada a esta, a los contenidos, etc. va a poner esa nota de territorialidad que nos va a dar consciencia de que existen diferencias geográficas o territoriales.

66 DYSON E.; GILDER G.; KEYWORTH G. Y TOFFLER A., "Cyberspace and the American Dream: A Magna Carta for the Knowledge Age", *op. cit.*

transformar los parámetros preestablecidos dando lugar a esa tercera revolución global-digital[67].

En concreto, nos situamos en una época de transición entre la época industrial precedente y la época del conocimiento, del ciberespacio, que estaría aún por definirse y en la cual la sociedad civil y la política cobrarán un gran protagonismo al ver redefinidos los valores y pautas preexistentes, siendo ellos mismos quienes han de intervenir en su modificación y/o creación[68]. Advertimos, por tanto, ese carácter reflexivo característico de la post-modernidad, en esta ocasión en clara relación con el ámbito cibernético, que supone que "a medida que la humanidad explora esta nueva "frontera electrónica" del conocimiento, debe enfrentarse, nuevamente, a las preguntas más profundas sobre cómo organizarse en aras al interés común, al bien de todos. El significado de la libertad, las estructuras de autogobierno, la definición de propiedad, la naturaleza de la competencia, las condiciones para la cooperación, el sentido de comunidad y la naturaleza del progreso se redefinirán para la era del conocimiento"[69].

Esta tercera era, en la cual el ciberespacio será un factor principal, implicará profundas transformaciones en la naturaleza y el significado de las libertades individuales y colectivas, que se verán incrementadas y limitadas; supondrá la transformación de la organización burocrática del Estado; afectará no sólo a la forma en la cual se desarrolla la actividad política sino incluso al propio concepto de "soberanía"[70]; dará forma a códigos de conducta que "incidirán en cada organismo e institución (familia, barrio, confesión religiosa, empresa, Gobierno, Nación) más allá de la estandarización y centralización, así como más allá de la obsesión materialista con la energía, el dinero y el control"[71]; "deletreará la muerte del paradigma institucional central de la vida

---

[67] En concreto, nos sitúan en una etapa de transición entre la época industrial precedente y la época del conocimiento, que estaría aún por definirse, un cambio progresivo y no uniforme, en la que las sociedades civil y política cobrarán un gran protagonismo, no sólo porque van a ver redefinidos los principios, valores y pautas preexistentes, sino porque serán esas mismas sociedades quienes han de intervenir su revisión, modificación y/o creación.

[68] Esa necesidad de intervención ciudadana en la creación de las pautas, valores, principios, que dan sustento a la comunidad y devienen en derechos políticos constitucionales tiene su razón de ser en la evolución misma del Derecho, a quien se le exige, presencia en el cambio social y en ocasiones ser el propio instrumento de cambio social.

[69] DYSON, E.; GILDER, G.; KEYWORTH, G. AND TOFFLER, A., Cyberspace and the American Dream: A Magna Carta for the Knowledge Age, *op. cit.*

[70] PERRITT JR. H. H., "The Internet as a Threat to Sovereignty? Thoughts on the Internet's Role in Strengthening National and Global Governance", *Indiana Journal of Global Legal Studies,* 5, 2, 1998.

[71] DYSON, E.; GILDER, G.; KEYWORTH, G. AND TOFFLER, A., Cyberspace and the American Dream: A Magna Carta for the Knowledge Age, *op. cit.* Traducción propia.

moderna, la organización burocrática"[72] y derivará en un cambio "profundo y probablemente traumático"[73] para los Gobiernos y para sus ciudadanos.

Con todo ello, podemos plantearnos la evolución del ciberespacio, y de las tecnologías de la información y de la comunicación en el marco de un debate que se generaría en torno a principio de los años 90[74] y que aún en la actualidad tiene importancia. Esta discusión se concentra en la necesidad y extensión su regulación, en cuanto a que lo que sucede allí afecta a los derechos humanos, a los derechos fundamentales y a la seguridad del Estado. Siendo a partir del entendimiento de este cuando podremos iniciarnos en el estudio de la afectación de los derechos fundamentales tradicionales y la posibilidad de determinar nuevos derechos con origen tecnológico, así como el concepto de seguridad en el marco constitucional actual[75].

Empero, para poder entender en la actualidad el debate sobre el alcance de su regulación, la injerencia del Estado en el mismo, debemos acercarnos al origen de la propia controversia, dialéctica, lo que nos lleva a su estudio a través de la siguiente tabla[76] comparativa entre el ciberespacio y la infraestructura de la información:

Infraestructura de la información	**Ciberespacio concepción inicial**
Propiedad estatal	Propiedad del conjunto de usuarios
Empresas, clientes	Asociaciones, usuarios
Centralizado	Descentralizado
Burocracia	Empoderamiento
Conocimiento Limitado	Conocimiento Ilimitado
Movimiento en red	Movimiento espacial

72 *Ibidem.* Traducción propia.

73 *Ibidem.* Traducción Propia.

74 Posteriormente al origen y evolución tecnológicas apuntadas en el apartado precedente, con la comercialización del servicio de Internet y el aumento en la usabilidad de la Red.

75 La afectación a los sistemas constitucionales, por el ciberespacio, ya sería una cuestión que preocupaba en los inicios de los años noventa, es así que, Laurence, profesor de Derecho Constitucional de Harvard, se encargaría de analizar algunas de las afecciones del mismo con motivo de la revisión espacio-temporal "physical place" y "temporal proximity" que inciden en los "universos sociales, legales y políticos" en el marco constitucional estadounidense. TRIBE, L. H.: «*The Constitution in Cyberspace: Law and Liberty Beyond the Electronic Frontier*» [en línea], (1991), <http://groups.csail.mit.edu/mac/classes/6.805/articles/tribe-constitution.txt>. [Consulta: 3/06/2023.]

76 Tabla de elaboración propia, basada en la recogida en: DYSON, E.; GILDER, G.; KEYWORTH, G. AND TOFFLER, A., Cyberspace and the American Dream: A Magna Carta for the Knowledge Age, *op. cit.*

Territorialidad	Aterritorialidad
Culminación de la época industrial	Desarrollo en la nueva época

Por tanto, si analizamos su concepción a partir de la tabla anterior, podemos observar una distinción entre la propia institución del ciberespacio y la infraestructura que posibilita su existencia. Es esta distinción la que nos permitiría analizar las posiciones sobre el cómo de la regulación del ciberespacio, desplazando el discurso sobre la necesidad o no de regular este ecosistema.

Junto a la dualidad previamente descrita y a los efectos de entender los comportamientos que se dan en el entorno virtual, es relevante conocer la esquematización de los tipos de control que en el mismo se advierten[77]:

CONTROLADOR	**NORMAS SUSTANTIVAS**	**SANCIONES**
El actor mismo	Ética personal	Autosanación
Controlador de segundo grado	Disposiciones/cláusulas contractuales	Varios mecanismos de autoayuda
Fuerzas sociales organizadas no jerárquicamente	Normas sociales	Sanciones sociales
Organizaciones no gubernamentales organizadas jerárquicamente	Normas de la organización	Sanciones de la organización
Gobiernos	Ley	Ejecución Estatal; Sanciones coercitivas.

Consecuencia de esta esquematización sería no sólo el debate en torno a la necesidad de regulación o no, sino también de quién puede regular y quien exigir algún tipo de sanción ante el no acatamiento de las normas planteadas en Internet.

77 Tabla basada en Ellickson realizada por Post, traducción propia. En POST, D. G.: «*Anarchy, State and the Internet: An Essay on Law-Making in Cyberspace*» [en línea], (1995), <http://www.temple.edu/lawschool/dpost/Anarchy.html>. [Consulta: 3/06/2023.]

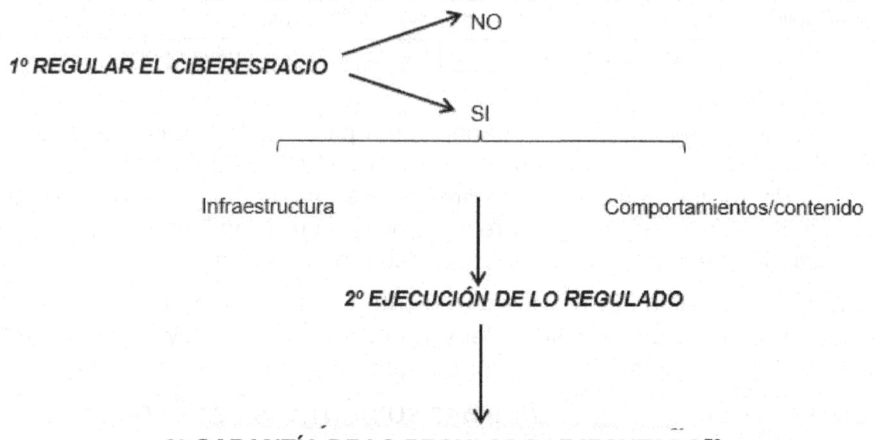

Es por tanto a partir de la consideración de ambas tablas que podemos llegar al entendimiento del ciberespacio en atención no sólo a su configuración sino también a las pautas de comportamiento que se reproducen en él y que harían que, en un primer momento, atendemos a la existencia dos tendencias, a saber: los ciberlibertarios[79], quienes confían en la autorregulación, en el desarrollo libre y sin presencia estatal en el ciberespacio; y aquellos que defienden la intromisión de los Estados en aras a fijar las reglas básicas, las pautas de actuación, las normas y valores de convivencia.

1.3. CIBERLIBERTARISMO: LA NATURALEZA LIBRE DEL CIBERESPACIO Y LA NO INJERENCIA DEL ESTADO EN SU REGULACIÓN

Ante la innegable existencia del ciberespacio, algunos autores, plantean en los inicios de los años noventa, la naturaleza pública o privada que ha de

---

78 Diagrama de realización propia.

79 El término ciberlibertario es traducción del término "cyberlibertarian" de Winner quien lo define como "una colección de ideas que enlaza al extático entusiasmo por las formas de vida mediadas por la electrónica con ideas libertarias radicales, de extrema derecha, respecto de las propias definiciones de la libertad, la vida social, la economía y la política en los años venideros". Sin embargo, no vamos a entenderlo en el sentido del propio autor "extrema derecha", "radical" sino como la defensa por los distintos autores de la no intervención del Estado en la regulación del ámbito cibernético. WINNER, L., "Cyberlibertarian Myths and the Prospects for Community", *ACM SIGCAS Computers and Society*, 27, 3, 1997, pp.14-19. Traducción propia.

tener el mismo[80], la concepción del conocimiento como un bien público y su relación con los derechos de propiedad intelectual, industrial, autoría, así como el papel de los Gobiernos regulando y/o afectando las libertades personales, comenzando a mostrar su postura ciberlibertaria[81], no intervencionista estatal[82], al menos en esta ocasión.

La naturaleza libre del ciberespacio y la no injerencia del Estado en su regulación se enfrentará al crecimiento exponencial de usuarios y al surgimiento de múltiples conflictos que terminarán en la claudicación de parte de los integrantes de este movimiento ciberlibertario frente a la presencia estatal. El Estado regulará y controlará la Red en la medida en que sea necesario para garantizar los derechos fundamentales de los internautas.

La tendencia ciberlibertaria, que en un primer momento se situaría en la anarquía cibernética, en la no presencia del Estado, en una evolución de sus ideales podrían aceptar que los Estados se desarrollen en el ámbito cibernético en la medida que sea necesario para el desempeño de las funciones esenciales siempre y cuando, o a condición de que, no lo regulen en su totalidad ni

---

80 Hemos de recordar en todo caso que nos encontraríamos en la era Pc y que dista mucho de la actual era donde las webs 3.0, 4.0 configuran una idea del ciberespacio que trasciende mucho la concepción o intuición originaria.

81 "El lema del ciberlibertario es "Live & Let Live/vive y deja vivir" y "Hands Off the Internet! /las manos fuera de Intrenet". El ciberlibertario tiene como objetivo minimizar el alcance de la coerción estatal en la solución de problemas sociales y económicos y busca soluciones voluntarias y acuerdos basados en el consentimiento mutuo. Los ciberlibertarios creen que la verdadera "libertad de Internet" es la libertad de la acción del Estado; no libertad para que el Estado reordene nuestros asuntos para supuestamente mejorar a ciertas personas o grupos o para mejorar un "interés público" amorfo -una fachada conveniente detrás de la cual las élites inexplicables pueden imponer su voluntad al resto de nosotros". THIERER, A. AND SZOKA, B.: «*Cyber-Libertarianism: The Case for Real Internet Freedom.* The technology liberation Front. 12 de agosto de 2009» [en línea], (2009), <https://techliberation.com/2009/08/12/cyber-libertarianism-the-case-for-real-internet-freedom/>. [Consulta: 3/06/2023.]

82 "Las instituciones del momento -burocracias corporativas y gubernamentales, enormes administraciones civiles y militares, escuelas de todo tipo- reflejaron estas prioridades. La libertad individual sufrió, a veces solo un poco, a veces mucho: en un mundo de Segunda Ola, podría tener sentido para el gobierno insistir en el derecho de mirar dentro de cada computadora al requerir que cada una contenga un "chip de clipper" especial. En un mundo de Segunda Ola, podría tener sentido que el gobierno asuma la propiedad del espectro de transmisión y exija pagos masivos de los ciudadanos por el derecho a usarlo. En un mundo de Segunda Ola, podría tener sentido que el gobierno prohíba a los empresarios ingresar a nuevos mercados y proporcionar nuevos servicios. Y, en un mundo de Segunda Ola, dominado por unas pocas "redes" anticuadas y unidireccionales, podría incluso tener sentido para el gobierno influir sobre qué puntos de vista políticos se transmitirían por las ondas". "Pero, ya sea que tuvieran sentido antes o no, estas y literalmente miles de otras infracciones a los derechos individuales que ahora se dan por descontados no tienen ningún sentido en absoluto en la Tercera Ola". DYSON, E.; GILDER, G.; KEYWORTH, G. AND TOFFLER, A., Cyberspace and the American Dream: A Magna Carta for the Knowledge Age, *op. cit.*

creen perjuicios a los ciudadanos derivados de esa regulación. De este modo, los Estados[83], que estarían presentes en el ámbito ciberespacial, reducirían su tamaño en relación con el ámbito analógico a la garantía de los derechos de los usuarios del ámbito digital, o en tanto en cuanto no les afecten.

Es así que Post se pronuncia sobre su regulación a través de dos ideas principales: en primer lugar, considera "la perspectiva de una elección individual relativamente libre entre conjuntos de reglas en competencia [que] es seguramente una perspectiva atractiva, en la medida en que lo que emerge representa las reglas que las personas voluntariamente han elegido adoptar en lugar de las reglas impuestas por otros"[84] y, en segundo lugar, se fija en que "las reglas que gobiernan el comportamiento en redes individuales pueden generar externalidades negativas con respecto a los participantes en otras redes de forma muy similar a las leyes de una comunidad geográfica individual"[85] para concluir con su postura libertaria aun reconociendo la producción del "*dilema del prisionero*"[86], que se traduce en un mínimo de interferencia con la libertad de las personas para elegir las reglas bajo las cuales desean operar para resolver el problema de coordinación que se puede presentar.

Esta idea ciberlibertaria de principios de los noventa sería planteada por Barlow a través de su concepción del ciberespacio como "*the new home of Mind*"[87] en el cual los Estados no tendrían soberanía. Plantea un ciberespacio libre de privilegios o perjuicios derivados de la raza, del poder económico, de la fuerza militar, o de la situación de nacimiento; sería un lugar en el que se po-

---

83 "El gobierno debe ser tan fuerte y tan grande como debe ser para cumplir sus funciones centrales de manera efectiva y eficiente. La realidad es que un gobierno de la Tercera Ola será mucho más pequeño (tal vez en un 50 por ciento o más) que el actual: esta es una implicación inevitable de la transición de las estructuras de poder centralizadas de la era industrial a las instituciones dispersas y descentralizadas. Pero un gobierno más pequeño no implica un gobierno débil; ni los argumentos a favor de un gobierno más pequeño requieren estar "en contra" del gobierno por razones estrictamente ideológicas". "En 1964, el ícono libertario Ayn Rand escribió: "Es la tarea propia del gobierno proteger los derechos individuales y, como parte de ello, formular las leyes por las cuales se deben implementar y adjudicar estos derechos. Es responsabilidad del gobierno definir la aplicación de los derechos individuales a una esfera de actividad determinada: definir (es decir, identificar), no crear, inventar, donar o expropiar. La cuestión de definir la aplicación de los derechos de propiedad ha surgido con frecuencia, a raíz de los derechos petroleros, los derechos espaciales verticales, etc.". *Ibidem.*

84 POST, D. G., *Anarchy, State and the Internet: An Essay on Law-Making in Cyberspace, op. cit.*

85 *Ibidem.*

86 *Ibidem.*

87 BARLOW, J. P.: «A Declaration of the Independence of Cyberspace", *Electronic Frontier Fundation,* Davos, Switzerland, 8 de febrero de 1996» [en línea], (1996), <https://www.eff.org/es/cyberspace-independence>. [Consulta: 03/06/2023.]

dría expresar libremente los pensamientos, sin miedo a la coerción estatal; un espacio donde las personas, la población, forman su propio "contrato social".

Barlow es consciente de que su idea de ciberespacio dista de la realidad al advertir que algunos Estados comienzan a crear "guardias fronterizas" que impiden esa teórica libertad, motivo por el cual se atreve a declarar su independencia, la no soberanía de los Estados en el ciberespacio, en la conocida "Declaración de Interdependencia del Ciberespacio de 1996[88].

También criticaría, en su conferencia de Oakland titulada: "Is There a There in Cyberspace?"[89], la carencia de diversidad en el ciberespacio, dado que en esta época la mayor parte de los cibernautas estaría constituida por "hombres blancos menores de 50 años"[90]. Barlow mantendría que la diversidad es tan esencial para la comunidad como para los ecosistemas y defendería un cambio de cosmovisión respecto de los conceptos legales de propiedad, expresión, identidad y movimiento debido a que estos no son aplicables de igual modo en el ciberespacio que en el entorno físico, puesto que cambia su contexto[91].

La corriente ciberlibertaria, que defendería la autonormación del ciberespacio y la necesidad de aproximarnos al mismo desde un nuevo paradigma, es igualmente seguida por Johnson y Post, quienes proponen la creación de un ciberespacio que necesita y puede crear sus propias leyes e instituciones legales. "Estas nuevas reglas desempeñarán el papel de ley al definir la personalidad jurídica y la resolución de disputas sobre la propiedad y al cristalizar una conversación colectiva sobre los valores fundamentales de los participantes en línea"[92]. Ciberespacio que altera las relaciones entre las personas y los Gobiernos "socava radicalmente la relación entre los fenómenos legalmente

---

88 *Ibidem.*

89 BARLOW, J. P.: «Is There a There in Cyberspace? » [en línea], (1996), <https://www.utne.com/community/isthereathereincyberspace>. [Consulta: 03/06/2023.]

90 *Ibidem.* Traducción propia.

91 Barlow en estrecha relación con las ideas de Dyson, Gilder, Keyworth y Toffler quienes establecen cuatro ideas que han de definir la relación gobierno ciudadanía en esta "Third Wave" y que marcarían ese cambio que reivindican respecto de la etapa anterior: primero que no se base en el modelo industrial de estandarización y la producción en masa, sino que estimule la singularidad; la segunda idea supondría la descentralización del poder en aras a que el poder esté cerca de quien toma las decisiones; tercera relativa la no concentración geográfica a las ideas del trabajo desde casa; y por último tomando la diversidad no como una amenaza sino como una oportunidad. Para ello hemos de liberarnos de las reglas, leyes, regulaciones de la "Second Weve" y crear posteriormente la "Third Wave", una nueva civilización. DYSON, E.; GILDER, G.; KEYWORTH, G. AND TOFFLER, A., Cyberspace and the American Dream: A Magna Carta for the Knowledge Age, *op. cit.* Traducción propia.

92 JOHNSON, D. R. Y POST, D. G., "Law and Borders. The Rise of Law in Cyberspace", *Stanford Law Review*, 48, 1996, p.1367. Traducción Propia.

significativos (en línea) y la ubicación física"[93]. Ello deriva, para los autores, en que "el aumento de la red informática mundial está destruyendo el vínculo entre la ubicación y: (1) el poder de los Gobiernos locales para ejercer control sobre el comportamiento en línea; (2) los efectos del comportamiento en línea en individuos o cosas; (3) la legitimidad de los esfuerzos de un soberano local para regular los fenómenos globales; y (4) la capacidad de la ubicación física para notificar qué conjuntos de reglas se aplican"[94]. Siendo, estas afecciones, consecuencia de la carencia de fronteras territoriales, de ahí que propongan que las normas que se creen sean sobre la propia actividad y no desde la base del principio de territorialidad.

Si bien, señalan la inquietud de los Estados por regular e incluso limitar las transferencias de datos, información que cruza por sus territorios/jurisdicción, en vez de dejar a los usuarios del ciberespacio que se autorregulen, siendo esa injerencia, por parte de los Gobiernos, mayor a medida que la información online comienza a ser más importante para sus ciudadanos, alcanzando incluso a la privacidad de los mismos[95]. Ante esta situación, afirman que la regulación territorial de las actividades en línea no sirve ni para la legitimidad ni para la justificación de tal acto, dado que "no existe un conjunto geográficamente localizado de constituyentes con un reclamo más fuerte y legítimo para regularlo que cualquier otro grupo local. El reclamo más fuerte por el control proviene de los propios participantes, y podrían estar en cualquier parte"[96], más aún cuando las normativas en base a principios de territorialidad/jurisdicción pueden generar disfunciones en tanto que la norma existente en un lugar no tiene porqué existir en otro y ante la conexión online no se ha de ser conocedor de las normativas de todos los Estados por los que se accede desde el ciberespacio, "dado que los fenómenos son novedosos y porque cualquier soberano territorial local no puede controlar fácilmente los actores y acciones relevantes, globalmente dispersos"[97].

---

93 *Ibidem.* Traducción propia.

94 *Ibidem.* Traducción Propia.

95 En este sentido la Declaración de los Derechos del Ciberespacio propone una serie de limitaciones, derechos y libertades, que serán estudiados más adelante, pero que podemos mencionar: la libertad de información sólo se aplica a la información como valor, la accesibilidad de la información, la igualdad de oportunidades en la producción y difusión de información, el derecho a la inviolabilidad de la información o la protección del patrimonio cultural en el ciberespacio.

96 JOHNSON, D. R. Y POST, D. G., Law and Borders - The Rise of Law in Cyberspace, *op. cit.*, p.1375. Traducción propia.

97 *Ibidem.* Idea igualmente recogida en POST, DAVID, G., *Anarchy, State and the Internet: An Essay on Law-Making in Cyberspace, op. cit.*

En suma, la confrontación que mantienen los ciberlibertarios sobre la hegemonía de determinados Estados[98] en la pretensión de regular la Red es apoyada por Johnson y Post quienes afirman que "las instituciones legales de una nación no deben monopolizar la elaboración de reglas para toda la Red"[99].

Así, razonan que el ciberespacio puede desarrollar sus propias instituciones y reglas, que serán significativas y ejecutables sólo si los ciudadanos del ciberespacio ven a quienquiera que tome estas decisiones como un órgano de gobierno legítimo. Esa legitimidad la relacionan con los sujetos presentes en el mismo, con los administradores y los usuarios, quienes habrían comenzado a reconocer explícitamente que formular y aplicar dichas reglas debería ser un tema de discusión de principios, no un acto de voluntad de quien tenga el control del interruptor de encendido, esto es en contraposición al poder coercitivo o soberano del Estado.

Ante esta situación, sostienen que los propios prestadores de servicios, los usuarios, se dan un marco de referencia que aceptan al entrar en una web, en un foro, y que limita de algún modo la comisión de aquellas actitudes que se entienden mal vistas en la comunidad de la que participan, a la vez que mantienen una limitación a esa libertad que supondría el interés vital del resto, "si los administradores y usuarios que habitan colectivamente y controlan un área particular de la red quieren establecer reglas especiales para gobernar las conductas allí, y si ese conjunto de reglas no afecta al interés vital de otros que nunca visitan este nuevo espacio, entonces la ley de los soberanos en el mundo físico debería someterse a esta nueva forma de autogobierno"[100]. En todo caso, ante ese intento de los Gobiernos de querer aplicar un marco normativo propio los autores nos confieren un principio que ha de regir ante esa relación gobierno-ciberespacio "la necesidad de preservar el flujo libre de información"[101].

---

98 Fundamentalmente los Estados Unidos de América.

99 "Aun así, las autoridades establecidas probablemente continuarán afirmando que deben analizar y regular los nuevos fenómenos en línea en términos de algunas ubicaciones físicas. Después de todo, argumentan, las personas involucradas en la comunicación en línea aún habitan en el mundo material, y las autoridades legales locales deben tener autoridad para remediar los problemas creados en el mundo físico por aquellos que actúan en la red". JOHNSON, D. R. AND POST, D. G., Law and Borders - The Rise of Law in Cyberspace, *op. cit.*, p.1390. Traducción propia.

100 *Ibidem.* Traducción propia.

101 "Si hay un principio central sobre el cual todas las autoridades locales dentro de la red deben estar de acuerdo, debe ser que las reivindicaciones territoriales locales de un derecho a restringir las transacciones en línea (en formas no relacionadas con los intereses vitales y localizados de un gobierno territorial) deben ser resistidas [...] deja claro que la necesidad de preservar un flujo libre de información a través de la red es tan vital para los intereses de la red como la necesidad de proteger a los ciudadanos locales contra la información no deseada puede aparecer a un soberano territorial local. Para que la red cumpla sus prome-

Johnson y Post afirmarían que "el ciberespacio puede ser un foro importante para el desarrollo de nuevas conexiones entre individuos y mecanismos de autogobierno mediante los cuales los individuos adquieren un sentido de comunidad"[102] creado "sobre la erosión de la soberanía nacional en el mundo moderno y sobre el fracaso del sistema Estado-nación para cultivar una conexión moral entre el individuo y la comunidad (o comunidades) en la que está incrustada"[103] y que supondría la alteración de derechos y deberes preestablecidos al ser relacionados con los conceptos de igualdad y no discriminación.

Sin embargo, frente a esa postura inicial, a consecuencia del crecimiento del ciberespacio, de Internet, estas teorías ciberlibertarias de los años noventa se verían obligadas a aceptar la presencia Estatal normando, controlando y vigilando el citado ecosistema tecnológico-digital a fin de garantizar la paz y los derechos de sus comunidades.

Estas teorías han evolucionado[104], al igual que las sociedades, hacia posturas de ciber-activismo y ciber-hacktivismo, posturas moderadas que abogan por el control gubernamental en aquello que sería función propia del Estado[105], como la garantía de derechos humanos y fundamentales, y en un estado de mínimos y siempre y cuando se garanticen los principios básicos de la red, a saber: neutralidad de la red; privacidad de las comunicaciones y actividades; libertad del flujo de datos y organización de las comunidades digitales.

En la actualidad, la presencia estatal e incluso supra e intergubernamental en el ciberespacio se da por supuesta, esto es, no es negada la misma pese a que pueda encontrar cierta oposición (generalmente relacionada en torno al cómo o al alcance de las regulaciones).

---

sas, las autoridades de elaboración de normas en línea no deben respetar los reclamos de los soberanos territoriales para restringir las comunicaciones en línea cuando no están relacionadas con cuestiones gubernamentales vitales y localizadas". *Ibidem.* pp.1394-1395. Traducción propia.

102 *Ibidem.* Traducción propia.

103 *Ibidem.* Traducción propia.

104 GERBAUDO, P., "From Cyber-Autonomism to Cyber-Populismo: An Ideological History of Digital Activism", *Journal for a Global Sustainable Information Society, Triple C.*, 15, 2, 2017.

105 "Estamos, en este momento, marchando por un camino que producirá ciberespacio de forma muy similar al espacio real, zonificado y racionalizado, desarrollando estructuras alternativas para dirigir nuestra marcha de forma diferente". LESSIG, L., "Reading the Constitution in Cyberspace", *Emory Law Review,* 45, 1996, pp.43. Traducción propia.

1.4. CIBERREGULACIÓN: LA GARANTÍA DE LOS DERECHOS DESDE EL ESTADO

Frente a la posición de los ciberlibertarios[106], que apuntamos anteriormente, y como consecuencia del aumento de usuarios y tecnologías relacionadas con Internet, surgiría una mayor demanda de la ley y el orden desde dentro del ciberespacio.

De este modo, Mefford consideraría que "cuando la Red era mucho más pequeña, los académicos, "mente noble/de buenas intenciones", podían fomentar una ética comunitaria que sustituía la cooperación por la ley obligatoria. A medida que Internet se expande, sin embargo, habrá un aumento en los usuarios que son mucho menos idealistas o de mente abierta y, por lo tanto, es mucho más probable que traten el ciberespacio como un campo de juego donde las gracias y el comportamiento del mundo físico pueden ser desechados"[107]. Se haría, por tanto, necesaria cierta regulación del ciberespacio para proteger a las personas, a los usuarios, que desarrollan su vida social y económica en Internet frente a los posibles peligros o amenazas.

Sin embargo y, en palabras de Mefford "lo que no está claro es cuál será esta ley, quién tendrá la oportunidad de escribirla y quién la hará cumplir"[108]. Es por ello que propone una "Lex Informática"[109] que cubra las necesidades

---

106 Siendo uno de los autores más críticos con las posiciones ciberlibertarias Winner quien, tras la argumentación enfrentada fundamental pero no exclusivamente, a la "Carta Magna del Ciberespacio" (Cyberspace and the American Dream: A Magna Carta for the Knowledge Age) sugeriría que "no es que necesitamos una filosofía ciber-comunitaria para confrontar los excesos de las obsesiones ciberlibertarias. En su lugar, recomendaría tener en cuenta las complejas preocupaciones comunitarias cuando nos enfrentamos a opciones personales, políticas y sociales que tengan que ver con la innovación tecnológica. Los usos superficialmente atractivos de la nueva tecnología se vuelven mucho más problemáticos cuando son vistos como las semillas de prácticas de largo alcance. Esas prácticas, según sabemos, eventualmente se vuelven parte de relaciones sociales. Esas relaciones eventualmente se solidifican como instituciones duraderas. Y, por supuesto, esas instituciones son las que proveen mucho del marco de referencia que determina cómo vivimos juntos. Esto sugiere que aún las aplicaciones más inconsecuentes y los usos de las innovaciones en redes computarizadas deben ser escrutados y juzgados a la luz de lo que podrían ser sus consecuencias morales y políticas más importantes". WINNER, L., Cyberlibertarian Myths and the Prospects for Community, *op. cit.*, pp.14-19. Traducción propia. E igualmente Goldsmith quien en su obra "Regulation of the Internet: Three Persistent Fallacies" se enfrentaría a Post, Jhonson, Burk y Perrit. GOLDSMITH, J. L., "Regulation of the Internet: Three Persistent Fallacies". *Chicago-Kent Law Review*, Symposium on the Internet and Legal Theory Art. 7, 73, 4,1998.

107 MEFFORD, A., "Lex Informatica: Foundations of Law on the Internet", *Indiana Journal of Global Legal Studies*, 5, 1, 1997, p.212. Traducción propia.

108 *Ibidem*, p.213.

109 "Específicamente, la mera extensión de las leyes del mundo físico y la jurisdicción del gobierno al Ciberespacio finalmente resultará ineficaz debido a la naturaleza rápida y única de

legales de los cibernautas al responder, en cierta medida, a los desafíos que enfrenta la ley mundial física cuando se trata del ciberespacio, mediante la implementación de los principios encarnados por esa Lex Informática.

Esa Lex Informática alcanzaría toda la red, capturando, reflejando, los efectos de los comportamientos ofensivos y comportaría terminar con uno de los problemas principales, la jurisdicción. Mefford sostiene que las personas en el ciberespacio no son conocedoras de la jurisdicción física mundial en la que se encuentran cuando actúan en el ciberespacio, sin embargo, sí saben cuándo ingresan al ciberespacio, por lo que "los límites virtuales, si los hay, pueden y deben notificar que se pueden aplicar reglas especiales en forma de mensajes de advertencia que se muestran cuando uno ingresa al área restringida"[110].

Según el autor, los cibernautas reconocerían la Lex Informática como una ley más legítima en tanto que refleja sus costumbres, lo que funciona en el ciberespacio y dado que supone la participación por aquellos en la creación de las "leyes cibernéticas", frente a las leyes físicas mundiales. La *"Net law"*, por lo tanto, tiene el consentimiento de los gobernados, "los cibernautas sienten una conexión más fuerte con el ciberespacio que con una jurisdicción extranjera que intenta ejercer control sobre la disputa"[111]. En suma, esa ley respondería a las necesidades reales del ciberespacio, "se engrana en términos de velocidad, flexibilidad y operación a las realidades de una Internet en constante evolución. La ley estatal, por el contrario, opera muy lentamente para el *cybertime*, está vinculada a la rigidez de los precedentes, y contiene doctrinas formadas antes de la red que no se ajustan a los aspectos especiales de los negocios en el ciberespacio. La Lex Informática es superior ya que representa la suma total de opiniones de aquellos que tienen experiencia con los aspectos legales y las necesidades de Internet"[112].

Mefford[113], que defiende la voluntariedad de esta normativa en un primer momento, afirma que esta voluntariedad puede no ser tal en tanto que los

---

este medio global. Saliendo de este caos, habrá un cuerpo de ley autónomo desarrollado en la red. Esta Lex Informatica cubrirá las necesidades legales de los cibernautas, al igual que Lex Mercatoria evolucionó para satisfacer las necesidades de los comerciantes que encontraron leyes nacionales incapaces de lidiar con la realidad de las transacciones comerciales". *Ibidem*, p.213. Traducción propia.

110 *Ibidem*, p.236. Traducción propia.

111 *Ibidem*, p.236. Traducción propia.

112 *Ibidem, p.236.* Traducción propia.

113 Mefford estaría en línea con los códigos éticos y de conducta actuales y, en cierto grado, con las condiciones generales de la contratación de las tecnológicas siempre que respetasen esa posición paritaria con los cibernautas.

Estados "no encuentren nuevas formas de lidiar con los problemas en expansión presentados por los ciberataques" [114].

Plantear la defensa de la regulación del ciberespacio, de Internet, en los años noventa, en base a la realidad de los Estados, dejando atrás la concepción de la Ley Informática, supondría acudir a la revisión de la soberanía en el caso de Perritt[115], quien a través de la reflexión de la misma se enfrentaría al análisis de dos corrientes: la primera, aquella que entiende Internet como una amenaza y, la segunda, aquella que la sitúa en el marco de la cooperación internacional, como fortalecimiento. Mientras, y en la misma línea de pensamiento, Goldsmith, iría más allá de esa mera anotación y desde la perspectiva de la jurisdicción y la elección de la ley, defendería "que la regulación territorial de Internet no es menos factible y no menos legítima que la regulación territorial de transacciones que no son de Internet"[116].

Perritt, entendería que Internet desarrolla o tiene un potencial de fortalecimiento del gobierno, de la soberanía, en un doble sentido: nacional y global. Respecto al ámbito nacional establece que Internet podría ser aprovechado para promover e impulsar el imperio de la Ley, "Rule of Law". Mientras que en la esfera global contribuiría a mejorar la cooperación internacional a partir de la consecución o en advertencia con las siguientes posibilidades: "fortalecimiento de la normativa global; fortalecimiento de la interdependencia económica; empoderamiento de las organizaciones no gubernamentales y mejora de las habilidades para contribuir productivamente al desarrollo de los regímenes internacionales diseñados para responder a los problemas globales; y apoyo o mantenimiento de los mecanismos de seguridad internacional"[117].

El autor, al revisar la doctrina relacionada con el entendimiento de Internet como amenaza, reconoce que esa amenaza supondría o devendría de la "no susceptibilidad del mismo tipo de control[118] físico y regulatorio"[119] de Internet. Esa dificultad de ejercer un control por los diferentes Gobiernos habría

---

114 MEFFORD, A., Lex Informatica: Foundations of Law on the Internet, *op. cit.*, p.237. Traducción propia.

115 PERRITT, JR. H. H., The Internet as a Threat to Sovereignty? Thoughts on the Internet's Role in Strengthening National and Global Governance. *op. cit.*

116 GOLDSMITH, JACK L., "The Internet and the Abiding Significance of Territorial Sovereignty", *Indiana Journal of Global Legal Studies,* 5,2, 1998.

117 PERRITT, JR. H. H., The Internet as a Threat to Sovereignty? Thoughts on the Internet's Role in Strengthening National and Global Governance, *op. cit.*, p.424.

118 Perritt advierte que el entendimiento de la amenaza a la soberanía supone entender este concepto como la "capacidad de los gobiernos de ejercer su poder de control" y ello lo une con la afectación a las funciones propias del Estado, a saber: seguridad nacional, regulación de las actividades económicas, establecimiento de normas, principios y valores, referidos a la "moralidad". *Ibidem,* pp.426-428.

119 *Ibidem*, p.426. Traducción propia.

de ser relacionada también con la creación de una" *"cultura cibernética* que celebraría la libertad y desconfiaría de las instituciones políticas tradicionales, enfrentándose con las profundas implicaciones de la revolución tecnológica electrónica"[120].

Mientras, al considerar que Internet supondría un fortalecimiento de la soberanía, en tanto que se potencia la cooperación internacional, acepta que la regulación de Internet es un problema global, dado que ningún Estado podría enfrentarse por sí solo adecuadamente a ese problema, lo que desemboca en la tan necesaria cooperación internacional. En suma, la dificultad que observa en cuanto al enfrentamiento de los distintos sistemas legales, a la jurisdicción, supondría la armonización de la normativa estatal relativa a Internet, siendo contemplado un doble ámbito en función de la dificultad que ello comporta: de un lado, el marco que pareciera apuntar a la infraestructura de Internet, a la prestación del servicio, que no supondría un gran reto u oposición y; de otro lado, el relativo a los derechos fundamentales propios de cada sistema constitucional, siendo el entendimiento de estos el que mayores dificultades comporta.

Por último, la consideración de Perritt con respecto a los derechos humanos supondría que Internet fuese un factor de incidencia en la consecución de la incorporación de los derechos humanos a los sistemas constitucionales, produciendo "una unidad legal entre la normativa doméstica y la internacional"[121]; en el control y garantía de su cumplimiento. Y ello, en tanto que supondría un empoderamiento de las ONG´s "consecuencia de la participación en la creación de los tratados, por la habilidad de las ONG´s de monitorizar el cumplimiento estatal con la normativa internacional y de exponer públicamente sus transgresiones"[122]; e igualmente con respecto a la resolución de conflictos mediante la "diplomacia virtual"[123] interactiva, rápida, eficiente y eficaz gracias a las tecnologías, a Internet.

En estrecha correlación con las ideas de Perritt se pronuncia Goldsmith, quien desde el concepto de "soberanía territorial"[124] observa la relevancia de Internet y del ejercicio de la autoridad dentro de un determinado territo-

---

120 *Ibidem,* p.427. Traducción propia.

121 *Ibidem,* p.437. Traducción propia.

122 *Ibidem,* p.439.Traducción propia.

123 *Ibidem,* p.438.

124 Esta concepción de soberanía territorial, en la cual la nación posee soberanía territorial en sentido de que ejerce como principal autoridad dentro de un determinado territorio, tiene relevancia para Goldsmith en tanto que "las organizaciones no gubernamentales y los factores extraterritoriales influyen significativamente en las opciones gubernamentales y en los acontecimientos dentro del territorio, y esas personas y empresas pueden eludir su regulación al evitar una presencia territorial". *Ibidem,* p.476. Traducción propia.

rio. Afirma que "la soberanía territorial respalda la regulación nacional de las personas dentro del territorio desde el que usan Internet"[125]. Es así que, si bien el autor, no termina de defender la regulación de Internet con relación al territorio, tampoco defiende la armonización de la normativa como solución definitiva.

Respecto a la primera de las ideas, la regulación territorial de Internet, basa su escepticismo en tres argumentos, a saber: primero, "no es factible porque la fuente de las transacciones de Internet puede localizarse fácilmente fuera del territorio del soberano regulador"[126]; en segundo lugar, podría conducir a una regulación "superpuesta o solapada y a menudo inconsistente de la misma transacción"[127]; y, por último, "produce efectos indirectos significativos y normalmente problemáticos"[128]. En este orden de ideas establece la regulación indirecta como forma de regular Internet relacionada con la presencia, con el principio de territorialidad, que se suma a los efectos secundarios de las regulaciones.

Concluye con la afirmación de que, si bien la armonización normativa internacional supondría la solución a los problemas de la regulación territorial, local, esta tampoco sería perfecta, puesto que su consecución sería difícil de lograr, e incluso podría producir lo que denomina "armonización marginal"[129], así como porque, la misma, en caso de conseguirse, "anula los beneficios de la legislación nacional descentralizada"[130]. Por ello mantiene que "la regulación territorial seguirá siendo un componente central de la regulación de Internet"[131] y defiende la "legitimación de las naciones para regular por razones paternalistas"[132], el ciberespacio.

Con todo ello podemos advertir que la normatividad, la presencia de los Estados en Internet es un hecho que a nadie se le oculta y que encuentra, sin embrago, oposición en cuanto a la profundidad de su presencia, no a la

---

125 *Ibidem*, p.476. Traducción propia.

126 *Ibidem*, p.478. Traducción propia.

127 *Ibidem*. Traducción propia.

128 *Ibidem*. Traducción propia.

129 En este sentido el autor confronta varios supuestos en los cuales existen diferentes sistemas normativos y/o jurisdiccionales, tratando de advertir las influencias que se podrían producir de un sistema respecto a otro. GOLDSMITH, J. L., Regulation of the Internet: Three Persistent Fallacies, *op. cit.*, pp.1191. Traducción propia.

130 GOLDSMITH, J. L., The Internet and the Abiding Significance of Territorial Sovereignty, *op. cit.*, p.491. Traducción propia. Y en GOLDSMITH, J. L., Regulation of the Internet: Three Persistent Fallacies, *op. cit.*, pp.1127-1131.

131 GOLDSMITH, J. L., The Internet and the Abiding Significance of Territorial Sovereignty, *op. cit.*, p.491. Traducción propia.

132 GOLDSMITH, J. L., Regulation of the Internet: Three Persistent Fallacies, *op. cit.*, pp.1121. Traducción propia.

presencia en sí. Es así que, el discurso, el problema inicialmente planteado en torno a la presencia o no se transformará en la redacción propia de la norma y el control que sobre ella se ejercite. En suma, podríamos plantear en este momento la regulación del ciberespacio en una doble dimensión, señalada con anterioridad: de un lado, la infraestructura y la prestación del servicio y, de otro lado, en cuanto a la regulación de derechos humanos, fundamentales, a su ejercicio y garantía.

En otras palabras, el desarrollo y utilización exponencial de las tecnologías de la información y de la comunicación, de Internet, han provocado y están provocando un cambio en las pautas de comportamiento social y en el diálogo sociedad- Estados que a su vez afectan y afectarán a la normatividad, al constitucionalismo tradicional. Es por ello que, se puede observar la existencia de dos tendencias estatales en la globalización digital, tecnológica: de un lado la globalización cibernética supondría la pérdida de control del Estado por su naturaleza transnacional; de otro, supone la capacidad del Estado para controlar el ciberespacio y para replicarse en él[133].

El ciberespacio se configura como un auditorio global y comporta el surgimiento de comunidades digitales, sociedades digitales, que presentan una importante dinámica estructural cuya comprensión equivale a comprender la metamorfosis de la sociedad moderna en la era digital.

El impacto o influencia que la adjetivación digital mantiene en la ilación población-Estado lo advertimos no sólo en el reclamo de los ciudadanos a participar directamente de los asuntos públicos, e-democracia, sino también en la afectación a los derechos constitucionalmente reconocidos. La garantía y defensa, por parte principalmente de los Estados, de un núcleo indisponible de derechos y libertades, que se ven alterados ante esta nueva dimensión; el impacto de Internet, del mundo cibernético, de la informática, de las tecnologías de la información y de la comunicación en la sociedad a través de la afectación de los derechos humanos tradicionales y/o fundamentales pueden ser en su visión negativa relacionados con cuestiones como: derechos a la intimidad, la propia imagen, la dignidad y el honor, derechos relacionados con la libertad sexual y delitos de difusión de imágenes, informaciones, en relación con la propiedad intelectual, industrial, consumo, la seguridad del Estado, el orden público. En su vertiente positiva podemos conectarlo con derechos como, libertad de expresión, información, la diversidad y libertad cultural, como un canal de participación pública, canal inclusivo para quienes sufren discapacidades, dispersión geográfica, etc. Ello hace que el Estado sea uno de los actores principalmente interesados en la regulación y control del ciberespacio.

---

133 Y es ello lo que va a acondicionar la normación del ecosistema tecnológico-digital.

A ello hemos de sumarle la dualidad social percibida en el ámbito cibernético de la siguiente forma: la sociedad digital se enfrentaría al Estado digital, a la ciudadanía digital, en algún momento, de este modo, la primera, la sociedad digital, configura un tipo de sociedad que marca quiénes somos y lo que hacemos en el marco de una libertad de pertenencia a una comunidad que da como resultado la creación de una realidad social ad hoc configurada por distintas identidades digitales; mientras el Estado digital supone el deber ser y deber hacer en el ámbito cibernético en el cual uno es ciudadano nacional del Estado y posee una única identidad digital (DNI digital). Esta idea trasciende en el discurso que mantenemos hacia la revisión de derechos, la afectación y/o configuración de nuevos, el diálogo Estado-ciudadano.

La importancia de los medios de tecnológico-digitales en la era de la información como fuente de poder, deriva no sólo de la tenencia o posesión de datos e información, sino también de la capacidad de procesarla y difundirla a fin de que se convierta en conocimiento que, a su vez, se relaciona con la aptitud de organización de movimientos sociales, con la instrumentalización de los medios de información y comunicación, motivo por el cual se pretende la regulación del ecosistema tecnológico-digital.

Con todo ello podemos observar como hoy en día, el debate, que se inició hace décadas continúa más presente que nunca, se centra en establecer unos controles a las grandes tecnológicas, principalmente a las plataformas digitales/ en línea por cuanto a la moderación de contenidos[134] y a los prestadores del servicio de Internet en lo relativo a los precios a la posibilidad de crear monopolios que impidan la entrada de competidores y la innovación[135]. Cierto es que se pone menor atención en los Estados e instituciones intergubernamentales que tratan de limitar en el entorno ciberespacial las libertades comunicativas[136].

---

134 Pensemos en Reglamento (UE) 2022/2065 del Parlamento Europeo y del Consejo de 19 de octubre de 2022, relativo a un mercado único de servicios digitales y por el que se modifica la Directiva 2000/31/CE. (Reglamento de Servicios Digitales) (*Tol 9.264.851*).

135 A modo de ejemplo el Reglamento UE sobre la Internet abierta: Reglamento (UE) 2015/2120 del Parlamento Europeo y del Consejo, de 25 de noviembre de 2015, por el que se establecen medidas en relación con el acceso a una Internet abierta y se modifica la Directiva 2002/22/CE relativa al servicio universal y los derechos de los usuarios en relación con las redes y los servicios de comunicaciones electrónicas (*Tol 5.567.625*); y el Reglamento (UE) 531/2012 del Parlamento Europeo y del Consejo, de 13 de junio de 2012, relativo a la itinerancia en las redes públicas de comunicaciones móviles en la Unión (*Tol 2.571.152*).

136 Como puso de relieve el Relator Kaye: "Los gobiernos intentan controlar el entorno en el que las empresas moderan los contenidos, mientras que las empresas defienden el acceso individual a sus plataformas mediante acuerdos de uso con condiciones de servicio que determinan qué se puede expresar y cómo se puede expresar" Este control se lleva a cabo mediante restricciones de contenidos ilegales que no respetan la legalidad, la necesidad o la proporcionalidad, así como mediante la censura, el uso del poder regulador o los ins-

En otras palabras, el debate recae sobre el establecimiento de controles a las grandes tecnológicas y a los Estados o instituciones intergubernamentales a fin de conseguir cierta libertad intrínseca al ciberespacio y en aras a mantener la neutralidad, la innovación del ecosistema cibernético. Y a la vez trata de encontrar ese equilibrio con la regulación que posibilite la garantía de nuestros derechos fundamentales en un ecosistema global y privatizado.

En todo caso, parece haberse recuperado el interés en el debate sobre la normación del ciberespacio y de las distintas tecnologías/sistemas que se relacionan con él y, del mismo modo que a finales de los años noventa, advertimos la tensión entre los defensores (Unión Europea) y detractores (Estados Unidos de América) de establecer más regulación en el ecosistema tecnológico-digital. Este nuevo interés es el que nos acerca a las nuevas concepciones sobre un "constitucionalismo digital"[137].

CONCLUSIONES

Entender la situación en la cual los tres grandes sujetos presentes en Internet (usuarios-comunidades de internautas, Estados-instituciones intergubernamentales y empresas tecnológicas) tratan de autolimitarse, precisa del recordatorio del origen de este ecosistema tecnológico-digital, que tiene cuatro factores determinantes: la evolución tecnológica propiamente dicha, la infraestructura, la comercialización y el factor social.

A nadie se le oculta que Internet fue fruto de una colaboración público-privada (Gobiernos, universidades, académicos y científicos, empresas) que comenzaría en torno a principios de los sesenta y que aún en la actualidad continúa desarrollándose. Un origen que, en clave estatal norteamericana, lo protagonizan las comunidades científicas universitarias y la Administración

trumentos de desinformación, a veces justificados por legítimas preocupaciones estatales como el derecho a la intimidad y la seguridad nacional. La regulación, comprensible y deseable en la mayoría de los casos, entraña a veces "riesgos para la libertad de expresión y ejerce una presión considerable sobre las empresas que puede llevarlas a eliminar incluso contenidos lícitos en un esfuerzo excesivo por evitar responsabilidades". También suponen la delegación de funciones reguladoras en agentes privados sin que existan instrumentos básicos de rendición de cuentas. La exigencia de una retirada rápida y automática de contenidos conlleva el riesgo de nuevas formas de censura previa que ya amenazan los esfuerzos creativos en el contexto de los derechos de autor". KAYE, D. (2018) Report of the Special Rapporteur on the promotion and protection of the right to freedom of opinion and expression. A/HRC/38/35.

137 Uno de los autores que ha trabajado el concepto de "constitucionalismo digital" es CELESTE, E., *Digital Constitutionalism. The Role of Internet Bills of Rights*, Routledge, London, 2022.

de defensa, a la que se irán uniendo el resto de los sujetos interesados en el proyecto de la comunicación de redes mundiales.

La distinción entre la propia institución del ciberespacio y la infraestructura que posibilita su existencia nos permitiría analizar las posiciones sobre el cómo de la regulación del ciberespacio, infraestructura y/o comportamientos, desplazando el discurso de la necesidad o no de regular a quién puede regular y quién exigir algún tipo de garantía y sanción ante el no acatamiento de las normas planteadas en Internet.

La existencia de dos posturas frente a la regulación del ciberespacio: ciberlibertarios y ciberreguladores. La corriente ciberlibertaria que defendería la autonormación del ciberespacio y la necesidad de aproximarnos al mismo desde un nuevo paradigma, anarquía cibernética. La corriente ciberreguladora defiende la necesidad de regular el ciberespacio para proteger a los usuarios.

Evolución de las teorías ciberlibertarias hacia posturas de ciber-activismo y ciber-hacktivismo, posturas moderadas que abogan por el control gubernamental en aquello que sería función propia del Estado, como la garantía de derechos humanos y fundamentales, y en un estado de mínimos y siempre y cuando se garanticen los principios básicos de la red, a saber: neutralidad de la red, privacidad de las comunicaciones y actividades, libertad del flujo de datos y organización de las comunidades digitales.

La normatividad, la presencia de los Estados en Internet es un hecho que a nadie se le oculta y que encuentra, sin embrago, oposición en cuanto a la profundidad de su presencia, no a la presencia en sí. Es así que, el discurso, el problema inicialmente planteado en torno a la presencia o no se transformará en la redacción propia de la norma y el control que sobre ella se ejercite. En suma, podríamos plantear en este momento la regulación del ciberespacio en una doble dimensión, de un lado la infraestructura y la prestación del servicio; y de otro en cuanto a la regulación de derechos fundamentales (en ocasiones humanos), a su garantía y ejercicio.

El ciberespacio se configura como un auditorio global y comporta el surgimiento de comunidades digitales, sociedades digitales, que presentan una importante dinámica estructural cuya comprensión equivale a comprender la metamorfosis de la sociedad moderna en la era digital.

El impacto o influencia que la adjetivación digital mantiene en la ilación población-Estado lo advertimos no sólo en el reclamo de los ciudadanos a participar directamente de los asuntos públicos, e-democracia, sino también en la afectación a los derechos constitucionalmente reconocidos. La garantía y defensa, por parte principalmente de los Estados, de un núcleo indisponible de derechos y libertades, que se ven alterados ante esta nueva dimensión; el impacto de Internet, del mundo cibernético, de la informática, de las tecnologías de la información y de la comunicación en la sociedad a través de la afectación de los derechos humanos tradicionales y/o fundamentales pueden ser en su visión negativa relacionados con cuestiones como: derechos a la intimidad, la propia imagen, la dignidad y el honor, derechos relacionados con la libertad sexual y delitos de difusión de imágenes informaciones, en relación con la propiedad intelectual, industrial, consumo, la seguridad del Estado, el orden público. En su vertiente positiva podemos conectarlo con derechos como, libertad de expresión, información, la diversidad y libertad cultural, como un canal de participación pública, canal inclusivo para quienes sufren discapacidades, dispersión geográfica, etc. Ello hace que el Estado sea uno de los actores principalmente interesados en la regulación y control del ciberespacio.

BIBLIOGRAFÍA

BARRIO ANDRÉS, M., *Fundamentos del Derecho de Internet*, Centro de Estudios Políticos y Constitucionales, Madrid, 2020.

BARLOW, J. P.: «A Declaration of the Independence of Cyberspace", *Electronic Frontier Fundation,* Davos, Switzerland, 8 de febrero de 1996» [en línea], (1996),

<https://www.eff.org/es/cyberspace-independence>. [Consulta: 03/06/2023.]

BARLOW, J. P.: «Is There a There in Cyberspace? » [en línea], (1996),

<https://www.utne.com/community/isthereathereincyberspace>. [Consulta: 03/06/2023.]

CASTELLS, M.: «*Internet y la Sociedad Red.* Lección inaugural del programa de doctorado sobre la sociedad de la información y el conocimiento. Universidad Oberta de Cataluña» [en línea], (2001),

<http://www.uoc.edu/web/cat/articles/castells/castellsmain2.html>. [Consulta: 03/06/2023.]

CELESTE, E., *Digital Constitutionalism. The Role of Internet Bills of Rights*, Routledge, London, 2022.

CERF, V. AND ROBERT E. KAHN, R., "Protocol for Packet Network Intercommunication", *IEEE*, Vol Com-22, 5, 1974.

COE, T., "Where is the origin of 'cyber'?", *Oxford Dictionaries*, Oxford University Press, Oxford, 2015.

CROCKER, S.: «Host Software» [en línea], (1969),

<http://www.faqs.org/rfcs/rfc1.html>. [Consulta: 5/06/2023.]

DYSON E.; GILDER G.; KEYWORTH G. Y TOFFLER A., "Cyberspace and the American Dream: A Magna Carta for the Knowledge Age", *Future Insight*. Release 1,2, 1994.

GERBAUDO, P., "From Cyber-Autonomism to Cyber-Populismo: An Ideological History of Digital Activism", *Journal for a Global Sustainable Information Society, Triple C.*, 15, 2, 2017.

GILLIES, J. AND CAILLIAU R., *How the Web was born*, Oxford University Press, Oxford, 2000.

GOLDSMITH, J. L., "Regulation of the Internet: Three Persistent Fallacies". *Chicago-Kent Law Review*, Symposium on the Internet and Legal Theory Art. 7, 73, 4,1998.

GOLDSMITH, JACK L., "The Internet and the Abiding Significance of Territorial Sovereignty", *Indiana Journal of Global Legal Studies*, 5,2, 1998.

H'OBBES' ZAKON, R., *Cronología, hechos relevantes (1950 -2004). Cronología de Internet De Hobbes V8.2*, AUI-Asociación de Usuarios de Internet, 2006.

H'OBBES' ZAKON, R., *Hobbes' Internet Timeline 25*. 2018.

JOHNSON, D. R. Y POST, D. G., "Law and Borders. The Rise of Law in Cyberspace", *Stanford Law Review*, 48, 1996.

LESSIG, L., "Reading the Constitution in Cyberspace", *Emory Law Review*, 45, 1996.

LICKLIDER, J.C.R.: «Memorandum for members and affiliates of the intergalactic» [en línea], (2001),

<https://www.kurzweilai.net/memorandum-for-members-and-affiliates-of-the-intergalactic-computer-network>. [Consulta: 5/06/2023.]

LÓPEZ BLANCO C.: «Big techs: la caída de los dioses, Blog Letras Libres. 1 de enero de 2023» [en línea],(2023),

<https://letraslibres.com/revista/big-techs-la-caida-de-los-dioses/>. [Consulta: 12/06/2014.]

LUENGO RAMOS. C.: «Las grandes empresas tecnológicas convertidas en países según su PIB, Computer Hoy. 11 de octubre de 2020» [en línea],(2020),

<https://computerhoy.com/reportajes/industria/grandes-empresas-tecnologicas-convertidas-paises-pib-724985>. [Consulta: 5/06/2023.]

MARSDEN, CH. T., "Neutralidad de la Red: Historia, regulación y futuro", *Revista de los Estudios de Derecho y Ciencia Política de la Universidad Oberta de Cataluña*, 13, 2012, pp.24-43.

MARTÍNEZ DE VELASCO FARINÓS, A., "Los orígenes de Internet", *Hispania Nova Revista de Historia Contemporánea*, 2, 2002.

MAYOR, D.: «History Computer, The history of computering» [en línea], (2022),

<https://history-computer.com/people/joseph-carl-robnett-licklider/>. [Consulta: 5/06/2023.]

MAXEY, L. "The Worldwide Struggle to Claim Cyber Sovereignty", *The Cipher Brief*, 26 de septiembre, 2017.

MEFFORD, A., "Lex Informatica: Foundations of Law on the Internet", *Indiana Journal of Global Legal Studies*, 5, 1, 1997.

PERRITT JR. H. H., "The Internet as a Threat to Sovereignty? Thoughts on the Internet's Role in Strengthening National and Global Governance", *Indiana Journal of Global Legal Studies,* 5, 2, 1998.

POST, D. G.: «*Anarchy, State and the Internet: An Essay on Law-Making in Cyberspace*» [en línea], (1995),

<http://www.temple.edu/lawschool/dpost/Anarchy.html>. [Consulta: 3/06/2023.]

RODRÍGUEZ R.J.: «A brief history of malware (part 1)» [en línea], (2023), <https://reversea.me/index.php/a-brief-history-of-malware-part-1/>. [Consulta: 5/06/2023.]

SANZ, M. A., "Fundamentos históricos de la Internet en Europa y en España", *Boletín de RedIRIS,* 45, 1998.

SPAFFORD, E. H.: «*The Internet Worm Program: An Analysis. Purdue Technical Report CSD-TR-823*, Department of Computer Science» [en línea], (1998), <https://spaf.cerias.purdue.edu/tech-reps/823.pdf>. [Consulta: 3/06/2023.]

TEMPLETON B.: « Reaction to the DEC Spam of 1978 » [en línea], (1978),

<https://www.templetons.com/brad/spamreact.html>. [Consulta: 5/06/2023.]

THIERER, A. AND SZOKA, B.: «*Cyber-Libertarianism: The Case for Real Internet Freedom*. The technology liberation Front. 12 de Agosto de 2009» [en línea], (2009), <https://techliberation.com/2009/08/12/cyber-libertarianism-the-case-for-real-internet-freedom/>. [Consulta: 3/06/2023.]

TRIBE, L. H.: «*The Constitution in Cyberspace: Law and Liberty Beyond the Electronic Frontier*» [en línea], (1991),

<http://groups.csail.mit.edu/mac/classes/6.805/articles/tribe-constitution.txt>. [Consulta: 3/06/2023.]

VARIOS «*Breve historia de Internet,* Internet Society» [en línea], (1997),

<https://www.internetsociety.org/es/internet/history-internet/brief-history-internet/>. [Consulta: 03/06/2023.]

WE ARE SOCIAL Y HOOT SUIT: «Digital 2023: La guía definitiva para un mundo digital en evolución» [en línea] , (2023),

<https://wearesocial.com/es/blog/2023/01/digital-2023/>. [Consulta: 5/06/2023.]

WINNER, L., "Cyberlibertarian Myths and the Prospects for Community", *ACM SIGCAS Computers and Society*, 27, 3, 1997.

WU, T. Y LESSIG, L., "Ex Parte", Submission in *CS Docket, 2003 pp.*02-52.

WU, T., "Network Neutrality, Broadband Discrimination", *Journal of Telecommunications and High Technology Law*, 2, 2003, pp.141-179.

CAPÍTULO II
EL DERECHO DE ACCESO A INTERNET EN EL MARCO CONSTITUCIONAL ESPAÑOL

La importancia que el ciberespacio tiene en la configuración del status de ciudadanía, en la eliminación de desigualdades, en una sociedad que transita desde la sociedad de la información, sociedad afectada por las tecnologías de la información y de la comunicación, hacia una sociedad digital, una sociedad que se desarrolla en el entorno tecnológico-digital, hace necesario el estudio del derecho de acceso a Internet desde sus inicios hasta la actualidad[138]. Derecho que, con una clara influencia supra e internacional, vinculado preeminentemente a las libertades de expresión e información, influye directamente en ámbito nacional constitucional, circunscrito al contexto de los denominados derechos digitales.

Actualmente vivimos en un mundo desigual pero mayoritariamente digitalizado. El informe We are Social y Hoot Suit: Digital 2023[139] afirma que somos 5.16 billones de internautas, 64.4% de la población mundial utiliza Internet[140]. Pasamos una media diaria de 6 horas y 37 minutos en búsqueda de información, noticias y eventos y contactando con familiares y amigos. El medio preferido para navegar por la red es el *smartphone*, el 92.3% de los usuarios de Internet utilizan este dispositivo, según el mismo informe. Empero, la presencia de usuarios de Internet por porcentaje total de población difiere en los distintos territorios: las regiones con mayor presencia de usuarios de Inter-

---

138 Para entender esta evolución podemos fijarnos en las capacidades o potencialidades de las tecnologías de la información y de la comunicación. Pongamos por ejemplo el teléfono móvil que podríamos tener a inicio de los años 2000, cuando el término que utilizábamos era "sociedad de la información", este dispositivo podía utilizarse básicamente para llamar por teléfono, mandar mensajes de texto cortos (sms) tenía algún juego, si acaso una cámara de baja resolución. Si nos fijamos en los smartphones actuales estos son verdaderos ordenadores, con capacidades que no tenían algunos de los pc's de los años 90, tienen cámaras de gran resolución, contienen juegos y otras aplicaciones, podemos acceder a Internet, etc., esto muestra el avance a la "sociedad digital".

139 Conforme a los datos del Informe de WE ARE SOCIAL Y HOOT SUIT: «Digital 2023: La guía definitiva para un mundo digital en evolución» [en línea] , (2023), <https://wearesocial.com/es/blog/2023/01/digital-2023/>. [Consulta: 5/06/2023.]

140 El citado informe nos da los datos de distintos organismos así: la ITU arroja 5.31 billón de usuarios (66.3% de la población mundial), Worls Banck 4.8 billones de usuarios (59.9% de la población mundial), CIA World Factbook establece que somos 5.05 billones (63% de la población global) y Internetworldstats contabiliza 5.47 billones de usuarios de Internet (68% de la población mundial).

net son el norte de Europa (97.4%), Europa Oriental (93.5%) y Norteamérica (92%); mientras que las que tienen una menor penetración son África Oriental (23.1%) y África Central (27.9%).

Además de la presencia de los internautas hemos de considerar las diferencia que se dan en las experiencias de estos derivadas de las desigualades en la infraestructura y la calidad del servicio de Internet, pues no es igual la navegación mediante conexión de fibra óptica que con satélite (por la menor latencia, mayor velocidad de la primera), ni se mide de igual manera la banda ancha en España que en Chile (teniendo en cuanta que la banda Ancha en Latinoamérica es considerada con 20Mbps, frente a los 100 Mbps en Europa)[141]. Esta diferencia podemos observarla en los ámbitos geográficos montañosos, insulares, rurales (a nivel global el porcentaje de población rural que usa Internet es de un 45.8%), que suelen tener conexión satelital frente a las grandes urbes bien conectadas con fibra (en este caso la presencia de internautas es de un 78.3%)[142]. Estamos aludiendo en este momento a la denominada brecha de acceso a Internet *stricto sensu*.

También debemos tener en cuenta las diferencias derivadas de las tecnologías con las que accedemos a Internet. Los dispositivos con los que accedemos (smartphone, ordenador, Tablet)[143] y su antigüedad condicionan nuestra actividad en este campo. Pensemos en realizar un trámite administrativo con un dispositivo antiguo seguramente nos dará un error motivado o relacionado con cuestiones de seguridad, porque no es compatible con las versiones del java, con el navegador o con el sistema operativo que tenemos instalado, con la propia e-administración. También podemos probar la experiencia de utilizar un smartphone para realizar una redacción o trabajo que hemos de entregar a través de la plataforma de la universidad que nos demanda un profesor. Estas diferencias van a derivar en la presencia de desigualdades, en brechas de acceso a la tecnología.

---

141 La media global de velocidad móvil de bajada, conforme a los datos ofrecidos por el citado Informe We are Social y Hoot Suit de 2023: Digital 2023: La guía definitiva para un mundo digital en evolución; es de 33.97MBPS. Los primeros países en el ranquin son UAE (139.41 MBPS) y Noruega (131.54 MBPS) muy alejados de Colombia (10.82 MBPS) y Ghana (7.9 MBPS). España se sitúa en 36.07 MBPS de media pasando por poco la velocidad media global. Mientras que la fija de bajada es de 74.54 MBPS, situando en los primeros puestos a Chile (216.46 MBPS) y a China (214.58 MBPS) siendo Kenia (9.6 MBPS) y Nigeria (11.84 MBPS) los últimos. España se sitúa en 166.78 MBPS en la primera parte del gráfico.

142 El informe arriba mencionado establece que en Europa occidental hay una brecha de desconexión del 12.6 % mientras que en el norte de Europa es del 2.8%.

143 En el informe antedicho los datos que se nos arrojan globalmente respecto al porcentaje de usuarios en edades comprendidas entre los 16 a los 64 años que acceden a Internet y el dispositivo que usan son: 91% vía smartphone y 65.6% vía pc y un 27.3 usan la Tablet.

Junto a ello influyen las competencias digitales, esto es el uso, las capacidades que tenemos para desarrollarnos en este ecosistema digital, y que pueden ir desde las básicas, como chatear con amigos o mandar un e-mail, hasta otras más avanzadas, como puedan ser realizar trámites administrativos vía electrónica, realizar compras online o trámites con nuestro banco. A este respecto las personas mayores son las que suelen tener peores resultados en cuanto a competencias digitales, a veces por carecer de ellas, no saben cómo usar las tecnologías o conectarse a Internet. Esta fue una de las primeras causas que esgrimieron el 61.4% de las personas encuestadas en Informe elaborado por la Unión Democrática de Pensionistas y Jubilados de España (UDP) sobre brecha digital de 2021, dedicado a las personas mayores[144]. En el marco europeo al Informe DESI del año 2022[145] que sostiene que los factores sociodemográficos influyen en los niveles de competencias digitales. Así, por ejemplo, el 71% de los adultos jóvenes (entre 16 y 24 años), el 79% de las personas con educación formal alta y el 77% de los estudiantes de educación superior tienen al menos competencias digitales básicas. En cambio, sólo el 35% de las personas de 55 a 74 años y el 29% de los jubilados y las personas inactivas tienen al menos competencias digitales básicas. Adicionalmente, el informe mantiene que la brecha entre las zonas rurales y las urbanas son considerables en lo que respecta a las competencias digitales de la población, pues, sólo el 46% de las personas que viven en zonas rurales tienen al menos competencias digitales básicas, frente a las personas que viven en zonas predominantemente urbanas (61%). Cierto es que en el informe se advierte que "ser joven no determina las competencias digitales, ya que crecer en un mundo digital no te convierte necesariamente en un experto digital" y nos pone como ejemplo el Estudio Internacional de Alfabetización Informática e Informacional (ICILS)[146] sobre el rendimiento de los alumnos de 8º curso en Australia, que se basa en pruebas directas y evalúa un conjunto de competencias más amplio que el DSI, demuestra que los jóvenes no desarrollan competencias sofisticadas por el mero hecho de crecer utilizando dispositivos digitales. En 9 de los 14 Estados miembros de la UE que han participado en ICILS hasta la fecha, más de un tercio de los alumnos obtuvieron puntuaciones por debajo del umbral en competencias digitales.

---

144 Informe elaborado por la Unión Democrática de Pensionistas y Jubilados de España (UDP) sobre brecha digital de 2021, dedicado a las personas mayores, [en línea], (2021), <https://www.mayoresudp.org/wp-content/uploads/2021/07/544611SAS01-Baro%CC%-81metro-Mayores-2021_I.pdf>. [Consulta: 12/06/2023.]

145 «Índice de la Economía y la Sociedad Digitales 2022 (DESI)» [en línea], (2022), <https://digital-strategy.ec.europa.eu/en/policies/desi>. [Consulta: 12/06/2023.]

146 «Estudio Internacional de Alfabetización Informática e Informacional (ICILS) » [en línea], (2018), <https://www.iea.nl/studies/iea/icils/2018>. [Consulta: 12/06/2023.]

Del mismo modo hemos de considerar otros factores personales. Por ejemplo, las diferencias que pueden vivir personas que tienen una diversidad funcional y en las que no se piensa cuando se desarrolla un dispositivo o una web que no está adaptada a estas[147]. En aquellas que hablan lenguas o idiomas que no se incluyen en el desarrollo tecnológico-digital, pensemos en una persona de Hungría ante la inteligencia artificial. Estas circunstancias personales o sociales crean discriminaciones incluso llegando a dobles discriminaciones en función de los colectivos que puede derivar en brechas personales o sociales.

E igualmente hemos de considerar a la ciberseguridad, ciberseguridad entendida como una cultura de ciberseguridad que se inicia en la conciencia que un ciudadano tiene sobre los peligros de no tener un antivirus, de no realizar copias de seguridad o de exponer datos personales públicamente y que termina en la ciberseguridad que proveen los Estados, la ciberseguridad de las infraestructuras críticas y estratégicas.

En definitiva, el acceso a Internet y a las tecnologías, las capacidades digitales, la ciberseguridad, van a condicionar nuestra presencia, va a afectar a nuestro día a día, en una sociedad que hemos afirmado transita hacia la digitalización, o trata de consolidarla, y va a tener una clara repercusión en el desarrollo económico, político y social de los Estados en el siglo XXI.

En las últimas décadas hemos pasado de ser una sociedad de la información a ser una sociedad que se desarrolla en gran medida en el entorno tecnológico-digital, sociedad digital. Esta incidencia en la población, que co-

---

[147] A este respecto son interesantes algunas de las acciones que se están tomando para tener web adaptadas tanto a nivel particular como público. Un ejemplo de lo primero sería Web Accessibility Initiative- WAI con su proyecto E3W- Essential Components of Web Accessibility que se encarga de publicar estrategias y estándares para hacer las webs más accesibles, [en línea],
<https://www.w3.org/WAI/fundamentals/components/>. [Consulta: 12/06/2023.]
Mientras que las adaptaciones del ámbito público, que vienen desde la Unión Europea ya con la Directiva (UE) 2016/2102, del Parlamento Europeo y del Consejo, de 26 de octubre de 2016, sobre la accesibilidad de los sitios web y aplicaciones para dispositivos móviles de los organismos del sector público (*Tol 5.899.103*), pueden ser representadas con el esfuerzo de Estados como el español que a través de normas y políticas públicas tratan de hacer sus webs y aplicaciones más inclusivas valga por todos el Real Decreto 1112/2018, de 7 de septiembre, sobre accesibilidad de los sitios web y aplicaciones para dispositivos móviles del sector público (*Tol 6.790.013*). Sobra decir que, desde el 23 de junio de 2021, los Estados miembros de la UE están obligados a garantizar que sus sitios web y aplicaciones para dispositivos móviles del sector público sean accesibles para las personas con discapacidad Ampliar información en:
<https://digital-strategy.ec.europa.eu/es/news/access-online-public-services-and-information-improved-eu-2018?fbclid=PAAaYAA8_02ntvAFMF3zH0v_sYjLv-0-100E6lXF_0jPjKl-i4oU0YAlhNPQJk>. [Consulta: 12/06/2023.]

menzó hace un par de décadas, se ha visto influenciada por la pandemia de la Covid-19, por cuanto supuso la rápida digitalización de las distintas administraciones y empresas provocando la presencia de desigualdades entre territorios y personas que no tienen garantizado el derecho de acceso a Internet y a las tecnologías de la información y de la comunicación[148]. En otras palabras, la pandemia impulsó la transformación digital de los sectores públicos y privados, de las distintas regiones, a la par que potenció la aparición de brechas digitales, de desigualdades entre quienes no tienen acceso a estas tecnologías a este ecosistema o bien teniendo acceso no tienen competencias, no saben utilizarlas.

Entre los indicadores que nos muestran estas desigualdades, la brecha digital, tal y como hemos apuntado, podemos situar a la posesión de las tecnologías necesarias para acceder a Internet, la infraestructura propiamente dicha, la gobernanza o políticas que ordenan el ciberespacio, la disponibilidad de contenidos y la capacitación o educación tecnológico-digitales. En definitiva, podemos observar que existen diferencias: territoriales/geográficas: entre las distintas regiones, entre diferentes Estados, provincias, núcleos rurales vs. urbanos; personales y/o sociales: edad, género, sexo, diversidad funcional; y económicas: grupos económicamente vulnerables[149].

No obstante, y pese a la existencia de las distintas brechas digitales, es innegable la tendencia a la digitalización pública y privada, de las sociedades, de las empresas, de las administraciones[150].

España ocupa el puesto décimo quinto en uso de Internet teniendo en cuenta la población (94.9%), según los datos del mencionado Informe We are Social y Hoot Suit de 2023: Digital 2023: La guía definitiva para un mundo digital en evolución.

España sigue la tendencia mundial, al tener 43.93 millones de habitantes conectados a Internet, el 94% de la población se conectan a la Red a la que dedican una media de 6 horas y 04 minutos, utilizando en un 92.3% el smartphone, según los datos del citado informe. Además, el Índice de la

---

148 Como se pone de manifiesto en el Dictamen del Comité Europeo de las Regiones — Cohesión digital (2022/C 498/08), Publicado en el DOUE el 31 de diciembre de 2022.

149 Para un mayor conocimiento de las brechas digitales globales: Unión Internacional de Telecomunicaciones (UIT), Measuring Digital Development. Facts and Figures 2022.

150 Sirva como ejemplo la Agenda España digital 2026 estructurada en tres ejes: infraestructura y tecnología, que contiene la conectividad, la red 5G, la ciberseguridad y la economía del dato e inteligencia artificial; la economía digital, que se centra en la digitalización del sector público y de la empresa, en España hub del sector audiovisual y en la transformación digital sectorial del turismo, comercio, de la cultura y deporte y de la ciencia, tecnología e innovación; y, finalmente las personas, en lo referente a los derechos digitales y a las competencias digitales en todos los niveles.

Economía y la Sociedad Digitales 2022 (DESI) otorga a España el 7° puesto, por cuanto supera las medias europeas en conectividad global de los hogares y en capital humano[151].

Del informe del INE: Equipamiento y uso de TIC en los hogares del año 2022 se desprende que el 82,9% de los hogares españoles con al menos un miembro de 16 a 74 años dispone de algún tipo de ordenador (el 77,9% cuenta con ordenadores de sobremesa o portátiles y el 55,4% con alguna Tablet)[152]. El teléfono móvil está presente en casi la totalidad de los hogares españoles (99,5%, al igual que en 2021) y 16,3 millones de estos hogares (el 96,1% del total) disponen de acceso a Internet por banda ancha fija y/o móvil. El principal tipo de conexión de banda ancha es a través de modalidades fijas (fibra óptica o red de cable, ADSL...), que está presente en el 83,0% de los hogares (independientemente de que dispongan también de conexión por móvil). Este informe también recoge que el 13,1% de los hogares sólo accede a Internet mediante conexión móvil (3G, 4G, 5G).

Los hogares utilizan más la banda ancha fija, de mayor calidad, y menos la conexión sólo a través de banda ancha móvil cuanto mayor es la población de su municipio y de más ingresos netos disponen, se puede apuntar una brecha territorial y/o económica de acceso a Internet. El 96,2% de los hogares con ingresos mensuales netos de 3.000 euros o más dispone de acceso fijo y el 3,4% lo hace sólo a través de móvil. Por el contrario, entre los hogares que ingresan menos de 900 euros los porcentajes son del 67,3% en acceso fijo y del 21,8% sólo mediante el móvil, podemos observar una brecha económica.

Por su parte, el Global Cybersecurity Index 2020 otorga el 4° puesto mundial (de 194 países) a España[153]. España es referente mundial de ciberseguridad en lo que a administraciones y empresas se refiere. Si bien es cierto, se ha de hacer un esfuerzo en crear una cultura de ciberseguridad en lo tocante

---

151 España ocupa el puesto 3° en conectividad global: cobertura del 83 % de los hogares, (media UE del 78 %); 10° en capital humano: el 64 % (media UE del 54 %)- pretendida 80% en 2030 y el 25° en cuanto al precio del servicio de Internet en DESI 2021- se mejora en el precio en 2022, sin especificar puesto. Índice de la Economía y la Sociedad Digitales 2022 (DESI), *cit.*

152 El porcentaje general de hogares con ordenador disminuye 0,8 puntos respecto a 2021, principalmente por el descenso en tablets. INE: «Equipamiento y uso de TIC en los hogares» [en línea], (2022), <https://www.ine.es/prensa/tich_2022.pdf>. [Consulta: 12/06/2023.]

153 «Global Cybersecurity Index 2020» [en línea], (2020), <https://www.itu.int/en/ITU-D/Cybersecurity/Pages/global-cybersecurity-index.aspx>. [Consulta: 12/06/2023.]

a sus ciudadanos, tal y como se pone de manifiesto en el Informe del Foro Nacional de Ciberseguridad, Motor de la Colaboración Público-Privada[154].

De los datos arrojados unas líneas más arriba se infiere que la sociedad española se desarrolla en el ámbito ciberespacial, que es una sociedad que se digitaliza. No obstante, la consecuencia de encontrarnos aún en una época de cambio o asentamiento es que aún tenemos ciertas carencias, que podemos ver en esas brechas digitales a las que aludimos anteriormente: principalmente relacionada con la infraestructura en entornos rurales y con el precio del servicio; en la faceta personal debemos mejorar las competencias digitales, máxime de nuestros mayores[155], es importante crear una cultura de ciberseguridad que llegue a la sociedad española en su conjunto, se precisa una presencia femenina en el sector de las tecnologías de la información y de la comunicación[156].

La presencia de brechas digitales son el elemento clave a combatir si queremos una verdadera sociedad digital, una sociedad igualitaria, inclusiva, donde exista libertad de elección, que no discrimine. Estas brechas que se van a combatir desde las políticas públicas (garantías institucionales) y desde el marco normativo (garantías legales) se van a apoyar en gran medida en la educación, en el acceso al servicio universal a Internet y a las tecnologías, en la adaptabilidad y sobre todo se deben de traducir en un verdadero apoyo económico.

Es por ello por lo que, a fin de posibilitar la igualdad de oportunidades, de hacer posibles los derechos fundamentales en el siglo XXI, en la presente obra tratamos de estudiar y de proponer el derecho de acceso a Internet y a las tecnologías, piedra basilar del ecosistema digital. Este derecho deberá estar asentado en principios amplios que conviertan al Estado en el obligado y custodio, a las compañías en los responsables y a los ciudadanos en sus titulares, debiendo prestar una especial consideración a los colectivos vulnerables.

---

154 Informe del Foro Nacional de Ciberseguridad, «Motor de la Colaboración Público-Privada» [en línea], (2021), <https://www.dsn.gob.es/es/documento/foro-nacional-ciberseguridad-motor-colaboraci%C3%B3n-p%C3%BAblico-privada>. [Consulta: 12/06/2023.]

155 Para profundizar me remito al Informe elaborado por la Unión Democrática de Pensionistas y Jubilados de España(UDP) sobre brecha digital de 2021, dedicado a las personas mayores, *cit*.

156 Ello a pesar de que se han implementado políticas públicas que se han traducido en una mejora significativa en los últimos dos años y que en gran medida superamos las medias europeas, como podemos observar en los distintos informes previamente señalados.

2.1. EL CAMINO A LA DIGITALIZACIÓN ESTATAL Y AL RECONOCIMIENTO DEL DERECHO DE ACCESO A INTERNET

La especial trascendencia del ciberespacio, y de Internet, en la conformación de las sociedades actuales es incuestionable[157] nos encontramos ante un sistema social asentado en el acceso a las tecnologías de la información y de la comunicación desde las que se posibilita o se limita el ejercicio de una gran cantidad de derechos. Estamos viviendo una etapa de transición y/o instauración desde la sociedad de la información hacia una sociedad digital[158], dependiendo del Estado o región en la que nos encontremos.

Se podría decir que el interés en las tecnologías de la información y de la comunicación ha transitado por varias etapas:

- Una primera que proponía la consecución de una sociedad de la información, sociedad afectada por las tecnologías de la información y de la comunicación, que podríamos datar entre los años noventa hasta 2010 aproximadamente. Marcada por la Declaración Milenio de la Sociedad de la Información del 2000.
- Una segunda etapa de tránsito entre la sociedad de la información y la sociedad digital, situándonos entorno a los años 2011 a 2019. Cuyos hitos serán el informe del Relator Especial sobre la promoción y la protección del derecho a la libertad de opinión y de expresión de fecha 16 de mayo de 2011 y la sentencia del Tribunal Europeo de Derechos Humanos en el caso Ahmet Yildirim contra Turquía de 2012 (*Tol 9.062.270*).
- Y la tercera etapa, la actual, donde se instaura la sociedad digital, aquella que se desarrolla mayoritariamente en y desde las tecnologías de la información y de la comunicación y especialmente en Internet, como parte del ciberespacio. En esta etapa se produce un compromiso global, público-privado tendente a conseguir una sociedad global digital,

---

157 A modo de ejemplo podemos señalar a autores y obras relevantes tales como: MATTELART, A. Y SCHMUCLER, H., *América latina en la encrucijada telemática*, Piados, Buenos Aires, 1983. LESSIG, L., "Reading the Constitution in Cyberspace", *Emory Law Review*, 45, 1996 y "Commentaries. The Law of the Horse: What Cyberlaw might teach", *Harvard Law Review*, 113, 1999. GIDDENS, A., *Un mundo desbocado. Los efectos de la globalización en nuestras vidas*, Taurus, Madrid, 2000. CASTELLS, M., "Comunicación, poder y contrapoder en la sociedad red (II). Los nuevos espacios de la comunicación", *Telos*, 75, 2008.

158 Esta evolución se puede comprender mediante el estudio de las obras de varios autores: CASTELLS, M., *La era de la información. Economía, Sociedad y Cultura*. La Sociedad Red, Alianza Editorial, Madrid, 1997; KRÜGER, K., "El concepto de 'sociedad del conocimiento'", Revista bibliográfica de geografía y ciencias sociales, 683, 2006; PÉREZ LUÑO, A. E., "Las generaciones de Derechos Humanos ante el desafío posthumanista", en *Sociedad Digital y Derecho*. Madrid: BOE, Madrid, 2018, pp.137-158; y CELESTE, E., *Digital Constitutionalism. The Role of Internet Bills of Rights*, Routledge, London, 2022.

reforzando el marco normativo y de las políticas públicas. Tras la pandemia del Covid-19 con distintas declaraciones, recomendaciones, dictámenes y compromisos regionales y globales por una cohesión digital, como puedan ser la Declaración para el Futuro de Internet (DFI) de Estados Unidos de América y la Unión Europea, de fecha 28 de abril de 2022 o el Dictamen del Comité Europeo de las Regiones: Cohesión digital publicado en el DOUE el 31 de diciembre de 2022.

1- Introducción

Etapas del interés en las tecnologías de la información y de la comunicación

1990-2010	2010-2019	2019-2022
Declaración Milenio 2000 - Declaración de Principios y Plan de Acción (Ginebra, 2003) - Compromiso y Agenda de Túnez (Túnez, 2005) -------------------- **Ley Orgánica 5/1992 LORTAD** **Ley Orgánica 15/1999 LOPD** **Ley 14/2009 General de Telecomunicaciones** **Reformas EEAA**: Ppo Rector	**Informe del Relator Especial** sobre la promoción y la protección del derecho a la libertad de opinión y de expresión, **16/5/2011** **STEDH Ahmet Yildirim v. Turquía** -------------------- **RGPD** -------------------- **Ley Orgánica 3/2018, LOPDygdd**	**Declaración Europea sobre los Derechos y Principios Digitales; DSA- Digital ServicesAct** -------------------- **Real Decreto 8/2020**, de 17 de marzo, de medidas urgentes extraordinarias para hacer frente al impacto económico y social del Covid19 **Carta de los Derechos Digitales** **Ley 11/2022 General de Telecomunicaciones** -------------------- **Agenda ONU 2030, La Brújula Digital EU, España digital 2025 2030**

Tamara Álvarez Robles

Este concepto, sociedad digital, viene a revelarnos que gran parte de nuestra actividad como seres naturalmente sociales se desarrolla en y desde el ámbito virtual afectando a nuestro propio desarrollo personal, a nuestra dignidad, esa afectación nos la muestran autores como Gelmand[159], Rodotá[160] o Jarvis[161]. El estatus de ciudadano, el ejercicio de los derechos que los Estados reconocen constitucionalmente a las personas, se ve estrechamente vinculado a la posesión de acceso a Internet[162], al ciberespacio, y a las tecnologías que lo posibilitan, así como a las capacidades que se tienen en el

---

159 GELMAN, R., *Declaration of Human Rights in Cyberspace, 1997.*

160 RODOTÁ, S., "A Bill of Rights for the Internet Universe", *Year XXI*, 1, 2008.

161 JARVIS J., *A Bill of Rights in Cyberspace*, 2010.

162 La aproximación al siguiente análisis parte de la consideración de Internet entendida como parte pública (garantizada) y red controlada por el Estado frente a la generalidad del ciberespacio. Internet, como parte del ciberespacio, es la red más conocida y usada por los usuarios y es esta porción la que tratan de garantizan los Estados a través de la aprobación de las distintas normas y de la implementación de las distintas políticas públicas, pues es en cierto grado controlable. Si bien quien escribe estas líneas defendería un acceso más amplio que comporta al conjunto del ciberespacio y a las tecnologías presentes y futuras que afecten a la dignidad personal, al status de ciudadanía.

manejo y acceso al entorno virtual, al propio contenido al que se accede y a la ciberseguridad[163].

La importancia del derecho de acceso al ciberespacio y a las tecnologías se debe en gran medida a la aceptación de una cuarta generación de derechos humanos tecnológico-digitales y globales que, pese a no poder ser previstos de igual modo en todos los Estados, pues su aparición no es lineal ni uniforme, sí que inciden directa o indirectamente en ellos, en sus economías, en las conformaciones de los espacios públicos, en los sistemas democráticos, en las relaciones público-privadas, como viene sosteniendo Pérez Luño desde 1991[164] o más recientemente Balaguer Castejón[165].

Estos derechos digitales son derechos que se desarrollan con relación a las tecnologías de la información y de la comunicación y especialmente con Internet. Han sido definidos como derechos de 4ª o última generación. Entre estos encontramos derechos preexistentes adaptados a la realidad digital: derecho a la educación digital, libertad de expresión e información a través de las tecnologías de la información y de la comunicación, administración electrónica; y nuevos derechos como el derecho a la pseudoanonimización, el derecho de acceso a Internet, la ciberseguridad, derecho a la identidad digital[166].

---

163 Han defendido esta tesis entre otros: ÁLVAREZ ROBLES, T., "Derechos digitales: especial interés en los derechos de acceso a Internet y a la ciberseguridad como derechos constitucionales sustantivos", en *Juventud y constitución: un estudio de la Constitución española por los jóvenes en su cuarenta aniversario*, Fundación Manuel Giménez Abad de Estudios Parlamentarios y del Estado Autonómico, Zaragoza, 2018; RALLO LOMBARTE, A., "Nuevas tecnologías, nuevos derechos", en *España constitucional. Trayectorias y perspectivas*. Vol. III, Centro de Estudios Políticos y Constitucionales, Madrid, 2018, pp.2363-2379; y BARRIO ANDRÉS, M., "Génesis y desarrollo de los Derechos digitales", *Revista de las Cortes Generales*, 110, 2021, pp.197-233.

164 PÉREZ LUÑO, A. E., "Las generaciones de derechos humanos", *Revista del Centro de Estudios Constitucionales*, 10, 1991, pp.49-58. Y en igual sentido podemos señalar a BUSTAMANTE DONAS, J., "Hacia la cuarta generación de derechos Humanos: repensando la condición humana en la sociedad tecnológica, *CTS+I*", *Revista Iberoamericana de Ciencia, Tecnología, Sociedad e Innovación*,1, 2001.

165 BALAGUER CALLEJÓN, F., *La constitución del algoritmo*, Fundación Manuel Giménez Abad, Zaragoza, 2023. En similar sentido nos pronunciamos la profesora Rabanal y yo en ÁLVAREZ ROBLES, T. Y GONZÁLEZ RABANAL, N., "Los límites de una interconectividad ilimitada: del potencial económico al reto jurídico", en *Divulgación científica e innovación mediática. Comunicar la ciencia en el ecosistema móvil*, Egregius, Sevilla, 2018, pp.91-109.

166 Esta evolución la han estudiado entre otros: ÁLVAREZ ROBLES, T., "Derechos digitales: especial interés en los derechos de acceso a Internet y a la ciberseguridad como derechos constitucionales sustantivos, *op. cit*;; ÁLVAREZ ROBLES, T., *El derecho de acceso a Internet en el constitucionalismo español*, [Tesis Doctoral], Universidad de León, 2019; COTINO HUESO, L., "La necesaria actualización de los derechos fundamentales como derechos digitales ante el desarrollo de internet y las nuevas tecnologías", en *España constitucional. Trayectorias y perspectivas*. Vol., Centro de Estudios Políticos y Constitucionales, Madrid,

El reconocimiento de los derechos digitales podemos decir que ha transitado por dos fases:

- Una primera, en la que se relacionan con las libertades de expresión, información y con la privacidad. Estamos ante una afectación o extensión de los derechos ya consolidados, y cuyo protagonismo recae preeminentemente sobre el derecho a la protección de datos.
- Una segunda fase, en la que se incorporan a los ordenamientos domésticos los renovados y/o nuevos derechos, derechos de cuarta generación, sustantivos, autónomos. Derechos digitales *stricto sensu*: al pseudoanonimato, a no ser localizado y perfilado, a la identidad en el entorno digital, de acceso a Internet, a la ciberseguridad, a la desconexión digital, ante la inteligencia artificial, ante las neurotecnologías, etc.

La importancia de los mismos es debida a que inciden en los derechos de la personalidad y afectan a la dignidad: identidad digital, desconexión digital, derechos de desindexación; son posibilitadores de otros derechos y libertades: acceso a Internet, educación digital; y se proyectan en el propio sistema democrático: neutralidad tecnológica y de Internet, ciberseguridad.

Razón por la cual han comenzado a ser reconocidos y garantizados en el marco normativo de varios Estados con distinto rango[167]. Sirva de ejemplo: el artículo 6 de la Constitución Política de los Estados Unidos Mexicanos; la Ley Orgánica 3/2018, de 5 de diciembre de Protección de Datos Personales y garantía de los derechos digitales (*Tol 6.933.570*), en España; o Ley N° 2016-1321 de 7 de octubre de 2016 para una República Digital en Francia.

En otras palabras, esta aceptación de la cuarta generación de derechos es la que nos llevan a la observancia y revisión de los marcos normativos constitucionales encontrando el reconocimiento de derechos digitales recogidos en el texto constitucional (art. 6 Constitución Política de los Estados Unidos Mexicanos), creados a la luz de interpretaciones jurisprudenciales en aras a adaptar las Cartas de derechos a la realidad del siglo XXI (2009, el Consejo Constitucional de Francia declaró el acceso a Internet derecho fundamental, la Sala Constitucional de Costa Rica adoptó en 2010 una decisión semejante; el

---

2018, pp.2347-2361; o BARRIO ANDRÉS, M., *Fundamentos del Derecho de Internet*, Centro de Estudios Políticos y Constitucionales, Madrid, 2020, p.267.

167 Como ponemos de manifiesto quien escribe estas líneas ÁLVAREZ ROBLES, T., "Las garantías de los derechos fundamentales en y desde la red: El contexto español: consideración especial do contexto español", *Revista Chilena de Derecho y Tecnología*, 11, 1, 2022, pp.5-40; ÁLVAREZ ROBLES, T., "El Estado digital: ¿Es Internet una condición necesaria para garantizar los derechos digitales?", en *Derecho digital y nuevas tecnologías,* Parte IV Capítulo 2, Colección Estudios-Aranzadi, Thomson Reuters- Aranzadi, en 2022, pp.997-1025. Y CELESTE, E., *Digital Constitutionalism. The Role of Internet Bills of Rights*, Routledge, *op. cit.*

Tribunal Constitucional Español declaró el derecho al olvido como un derecho autónomo en 2018), normas legales *stricto sensu* (República Argentina, el 18 de diciembre de 2014, ley 27.078, Ley Argentina Digital; en España la Ley Orgánica 3/2018, de 5 de diciembre, de Protección de Datos Personales y garantía de los derechos digitales, Ley francesa de enero 2020 conocida como Hadopi2) o en normas *soft* (Declaración Milenio de la Sociedad de la Información del 2000; Resolución del Consejo de Derechos Humanos Promoción, protección y disfrute de los derechos humanos en Internet, de 2012, Carta de los Derechos Digitales en España en el 2021).

2- Los Derechos digitales como marco de referencia del Derecho de acceso a internet en el constitucionalismo español

Vías de incorporación de Derechos Digitales

Soft-
- Declaración Milenio 2000.
- Riga Declaration on the i2010 strategy.
- Resolución del Consejo de Derechos Humanos Promoción, protección y disfrute de los derechos humanos en Internet, de 2012.
- Carta de los Derechos digitales en España en el 2021.

Hard-
- **Art. 6 Constitución de México.**
- **Ley 27.078, Ley Argentina Digital.**
- **Ley Orgánica 3/2018, de 5 de diciembre, de Protección de Datos Personales y garantia de derechos digitales**
- **Ley francesa de enero 2020 conocida como Hadopi2**

Tribunales Constitucionales-
- SSTC 292/2000; 58/2018
- Consejo Constitucional de Francia declaró en 2009 el acceso a internet como un derecho fundamental
- Sala Constitucional de Costa Rica adoptó en 2010 una decisión semejante.

Tamara Álvarez Robles

En el caso español podríamos señalar como crucial la implementación de una Administración digital, e-administración, por ser la que más ha impulsado la digitalización público-privada, que ha derivado en una apuesta por los derechos digitales y que nos lleva a estudiar la posible necesidad de un derecho de acceso a Internet y a las tecnologías que posibilite esa relación Administración-administrado[168]. Ello puesto que la e-administración, que comienza por ser brevemente optativa y que se transforma rápidamente en pseudo-obligatoriedad, marca la incidencia de la Red en la ejecución y garantía de derechos prestacionales, ordinarios y fundamentales[169]. Pensemos en la comunicación

---

168 Ello es estudiado en profundidad por GAMERO CASADO, E., "En cuadre de la nueva legislación en el acervo del Derecho administrativo", en *Tratado de procedimiento administrativo común y régimen jurídico básico del sector público*, Tomo I, Tirant lo Blanch, Valencia, 2017, p.24; y en "Panorámica de la Administración Electrónica en la nueva legislación administrativa básica", *Revista Española de Derecho Administrativo*,175, 2016, pp.126-127.

169 Para conocer parte de esta normativa les derivo al Código de Administración Electrónica, BOE. [en línea],

con la administración tributaria, pionera e impulsora; en la e-administración de justicia que existe en España y su incidencia en la tutela judicial; la puesta disposición de información y remisión de solicitudes, documentos de administraciones como las educativas, sanitarias, laborales, máxime desde la crisis sanitaria de la Covid-19. Bien por comodidad, bien por obligación cada vez son más los ciudadanos que se relacionan con estas por vía telemática, electrónica.

Esta digitalización del ámbito público es uno de los motivos, sino el motivo, por el cual se ha establecido la consecución de la penetración de Internet en todo el territorio nacional. De ese modo, se garantiza la digitalización estatal, al menos en cuanto a infraestructura se refiere, pues habrá de ser completada con la alfabetización digital, con la puesta a disposición de tecnología para la ciudadanía, con el acceso a contenidos no censurados o eliminados y con la ciberseguridad.

En suma, la influencia que la adjetivación digital mantiene en la ilación población-Estado la advertimos no sólo en las relaciones administración-administrado, sino también en el reclamo de los ciudadanos a participar directamente de los asuntos públicos, participación digital y/o democracia digital, y preeminentemente en la afectación al conjunto de derechos constitucionalmente reconocidos[170]. A este último respecto cabe decir que, a la garantía y defensa de un núcleo indisponible de derechos y libertades fundamentales tradicionales que se ven alterados ante esta nueva dimensión, se le une la reivindicación del ejercicio y protección de los nuevos derechos, derechos tecnológico-digitales, a los que nos referimos unas líneas más arriba[171].

Hemos de recordar que Internet está presente para más de la mitad de la población mundial y que la penetración en las distintas regiones junto con la capacitación y la ciberseguridad de la población va a marcar el desarrollo económico, político y social de los Estados, y, por ende, de sus ciudadanos. En lo referente a España hemos de tener presente que más del 90% de la población se ve influenciada por la Red, que es el séptimo país de la Unión

---

<https://www.boe.es/biblioteca_juridica/codigos/codigo.php?id=29&modo=2¬a=0&tab=2>. [Consulta: 12/06/2023].

170 Si atendemos a consultas ciudadanas, búsqueda de opinión, a través de medios telemáticos estaríamos ante participación digital/electrónica mientras que, si utilizamos medios electrónicos/digitales en unas elecciones, un referéndum o en el propio procedimiento legislativo podemos advertir esa democracia digital (democracia 4.0).

171 Sirva a modo de ejemplo la "Carta de los Derechos digitales" que elaborada por un grupo de expertos cuyos trabajos se iniciarían el 30 de mayo de 2017 con los "Conversatorio sobre Derechos Digitales de los Ciudadanos" y que finalmente ha sido aprobada y publicada en septiembre del 2021 bajo la tutela del Ministerio de asuntos económicos y transformación digital del Gobierno de España.

Europea en digitalización[172] y que el Estado español ha implementado la administración digital e impulsado normativa tendente a reconocer derechos digitales. Esta realidad hace necesario un estudio del marco constitucional español que nos muestre la situación normativa que rodea al fenómeno de Internet, dado que sobre este se construye el ecosistema digital y es, en gran medida, posibilitador de los derechos digitales.

Por ello, en los siguientes apartados trataremos de dar respuesta a la pregunta de si Internet es un derecho fundamental reconocido en el ámbito constitucional español y, en caso de serlo, de comprender cómo se regula o cómo debería garantizarse. Para lo cual comenzaremos con la observancia del ámbito internacional y supranacional, desde donde se impulsarían las primeras reivindicaciones del derecho de acceso a Internet, y posteriormente descenderemos al ordenamiento doméstico, al concreto marco constitucional español.

Un primer paso hacia los derechos digitales: Derecho de acceso a Internet

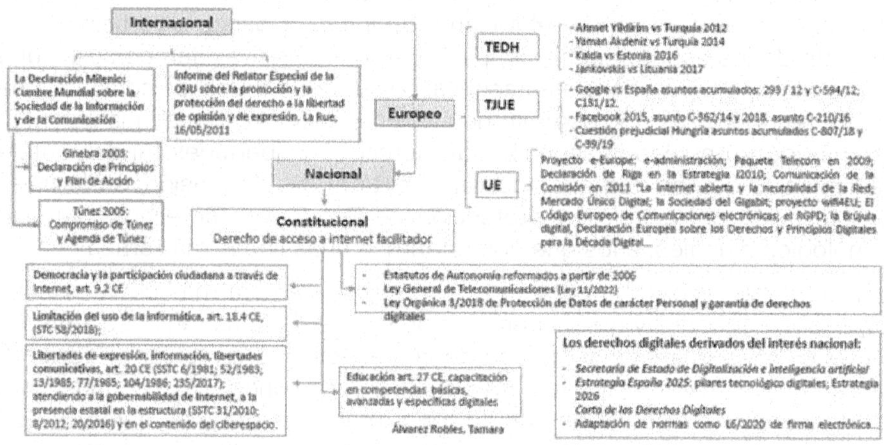

[172] De entre los 27 países miembros de la UE en la edición 2022 del Índice de la Economía y la Sociedad Digitales. El informe destaca la mejora de los resultados respecto a años anteriores, sobre todo en lo que se refiere a la integración de la tecnología digital (puesto 11, cinco puestos mejor que en 2021), servicios públicos digitales (puesto 5, dos por encima de 2021) y capital humano (puesto 10 frente al 12 de 2021). España es uno de los líderes de la UE en cuanto a la conectividad, donde ocupa el puesto 3 por segundo año consecutivo.

2.2. EL ORIGEN Y CONSOLIDACIÓN DEL DERECHO DE ACCESO A INTERNET: ÁMBITO INTENRACIONAL Y SUPRANACIONAL EUROPEO

El exponencial crecimiento de la Red y el aumento de la usabilidad de Internet durante estas últimas décadas no sólo ha afectado al propio entendimiento del Estado, también ha incidido notablemente en los derechos más consolidados, tradicionales. Esa afectación a los derechos humanos supuso la aceptación de la presencia estatal institucionalizada en la regulación/gobernanza de la Red[173]. De este modo, al Estado y a las instituciones intergubernamentales de las cuales participa se les daría el plácet de la originaria comunidad cibernética en lo que terminaría siendo un diálogo a tres: usuarios, empresas tecnológico-digitales (proveedores, prestadores, etc.) y Estados. A fin de cuentas, se estaba comenzando a crear un primer marco normativo que trataba de autorregular, con mayor o menor suerte, lo tocante a internet[174].

2.2.1. El origen internacional del derecho de acceso a Internet

Ante esta situación de crecimiento e importancia de la Red en las relaciones económico-políticas y sociales, y dada la naturaleza misma del espacio virtual, hasta cierto grado aterritorial, se mostraría el ámbito internacional como uno de los más adecuados para la búsqueda de consensos y la posterior implementación de normas y políticas que habrían de llegar a la ciudadanía, máxime cuando se trataba de lugares en los que los Estados tenían dificultades[175] . Ese pacto internacional por la apuesta decidida del derecho de acceso a Internet, como facilitador de la sociedad de la información, sería firmado por la Organización de Naciones Unidas (ONU) y dado a conocer fundamental, pero no exclusivamente, a través de la Declaración Milenio[176]; de la

---

173 Por su importancia debemos citar los trabajos de: MEFFORD, A., Lex Informatica: Foundations of Law on the Internet, *op. cit.; SHAPIRO, A. L., The Disappearance of Cyberspace and the Rise of Code. Draft 3. Septiembre, 1998; y HOLLAND, B. H., In Defense of Online Intermediary Immunity: Facilitating Communities of Modified Exceptionalism, Kansas Law Review, 101, 56, 2007.*

174 Quizá en este punto hemos de resaltar la especial trascendencia de la Corporación de Internet para la Asignación de Nombres y Números (ICANN) y a su vez las críticas que a la misma se le realizan por la especial influencia de algunos Estados como Estados Unidos que a su vez se deriva en la defensa de los principios de autorregulación e intervención mínima (por los Estados) e incluso existen partidarios de la sustitución de la ICANN por una nueva agencia más independiente con una mayor participación de los internautas (García Costa, 2006: 285). Es reseñable también el papel que desempeña en la gobernanza de Internet el Foro de Gobernanza de Internet.

175 Como ponen de manifiesto PÉREZ, J.; FÍAS, Z. Y STECK C., "Gobernanza De Internet Y Derechos Digitales", en *Sociedad Digital y Derecho*, BOE, Madrid, 2018, pp.533-573.

176 Resolución, Declaración del Milenio. A/RES/55/2.

Cumbre Mundial sobre la Sociedad de la Información[177] y de la Comunicación y de los Informes del Relator Especial sobre la promoción y la protección del derecho a la libertad de opinión y de expresión, destacando el de fecha de 16 de mayo de 2011[178], que derivarán en un entendimiento de Internet como un bien público global[179], como un derecho instrumental conectado en origen con las libertades de expresión e información.

La Declaración Milenio, de 13 de septiembre de 2000, representa el compromiso con la Carta de la ONU al reconocer (los Jefes de Estado y de Gobierno) la responsabilidad global, regional e internacional en relación con las tecnologías de la información y de la comunicación en el cumplimiento y protección de los derechos civiles, políticos, sociales y culturales en la misma recogidos. Supone un compromiso de la Comunidad internacional con quienes sufren desigualdad (punto 5) y por ello se propone "velar por que todos puedan aprovechar los beneficios de las nuevas tecnologías, en particular de las tecnologías de la información y de las comunicaciones" (punto 20)[180], reduciendo así las desigualdades, las brechas digitales.

La Declaración Milenio daría paso a la Cumbre Mundial sobre la Sociedad de la Información y de la Comunicación en la cual participarían Estados, organismos intergubernamentales, sociedad civil y entidades privadas. Esta Cumbre se llevó a cabo en dos fases: la primera fase se celebraría en Ginebra, del 10 al 12 de diciembre del 2003, dando como resultado la Declaración de Principios y el Plan de Acción; la segunda fase tuvo lugar en Túnez, del 16 al 18 de noviembre del 2005, dando lugar al Compromiso de Túnez y la Agenda de Túnez. Desde la Cumbre se impulsarían una serie de políticas públicas relacionadas con la lucha contra la brecha digital[181], la garantía del acceso a Internet,

---

177 Resolución 56/183 de la Asamblea General de la ONU, la Cumbre Mundial sobre la Sociedad de la Información.

178 LA RUE, F., Informe del Relator Especial sobre la promoción y la protección del derecho a la libertad de opinión y de expresión, A/HRC/17/27, Asamblea General, Naciones Unidas, 2011.

179 Un bien transnacional que, con la participación de los Estados, habría de estar al alcance de toda la sociedad, sin exclusividad, un bien colectivo y común, una esfera pública mundial en tanto que facilitadora del resto de los derechos humanos. Esta postura en analizada entre otros por BUSTAMANTE E., "Nuevas fronteras de servicio público y su función en el espacio público mundial", en *La ventana global,* Taurus, Madrid, 2002, pp.181-194; y QUÉAU, P. "La sociedad de la información y el bien público", en *La ventana global,* Taurus, Madrid, 2002, pp.181-194.

180 Así como en atención a las recomendaciones formuladas en la Declaración Ministerial 2000 del Consejo Económico y Social: E/2000/L.9 especialmente recogidas en la p.25.

181 Brecha digital que no sólo se relacionara con la falta de acceso a la Red y a las tecnologías, con la calidad, con la falta de competencias sino también con la división entre quienes tienen acceso a las tecnologías de la información y de la comunicación frente a quienes no la tienen y sufren un perjuicio económico, político, social, cultural (Compaine, 2001)

la apuesta por la digitalización[182] que se perpetúa con las distintas Agendas[183] y que se evalúan en los foros anuales[184].

Consecuencia de ese interés de las Naciones Unidas por el derecho de acceso a Internet y a las tecnologías (derecho instrumental), desde una perspectiva de trabajo coordinado, conjunto, se plantearía el acceso universal, ubicuo, equitativo y asequible a la infraestructura y a los servicios de las tecnologías de la información y de la comunicación como uno de los retos de la sociedad de la información.

En suma, el citado informe de 16 de mayo de 2011 del Relator Especial sobre la promoción y la protección del derecho a la libertad de opinión y de expresión, junto a la Declaración conjunta sobre libertad de expresión e Internet de la Organización de Naciones Unidas, la Organización para la Seguridad y la Cooperación en Europa, la Organización de Estados Americanos y la Comisión Africana de Derechos Humanos y de los Pueblos, de 1 de junio de 2011[185], nos muestra el acceso a Internet, no sólo en relación con las libertades de opinión y de expresión, origen del derecho, sino en su consideración como derecho sustantivo y relacional, en tanto que facilita el ejercicio de otros derechos humanos como la educación, la reunión, el trabajo o la salud.

La Rue en 2011 afirmaría que, pese a que acceso a Internet no es derecho humano como tal, los Estados tienen la obligación positiva de promover o facilitar el disfrute del derecho a la libertad de expresión y los medios necesarios para ejercer este derecho, lo que incluye a Internet. Se prohíbe la interrupción o negación de este derecho y se alienta a los Estados a establecer mecanismos regulatorios, a brindar apoyo directo para facilitar el acceso, a generar

182 Si bien es cierto que el interés por las tecnologías de la información y de la comunicación arrancarían en la década anterior e íntimamente ligadas con el G7, G8, las Comunidades Europeas y las distintas instituciones u organismos de naturaleza funcional económico-política.

183 A modo de ejemplo la Agenda 2030 en la interrelación de los objetivos 4, 9 7y 10; Conectar 2030 – Una Agenda para la conexión de todos a un mundo mejor, del ITU.

184 Valga por todos los documentos del Foro de 2022: WSIS Forum 2022: «High-Level Track Outcomes» y «Executive Brief» [en línea], (2022), <https://www.itu.int/net4/wsis/forum/2022/es/Files/outcomes/draft/WSISForum2022_High-LevelTrackOutcomesAndExecutiveBrief_20220727.pdf>. [Consulta: 12/06/2023.] y «WSIS Action Lines High-Level Political Forum (HLPF) 2022 Theme: Building back better from the coronavirus disease (COVID-19) while advancing the full implementation of the 2030 Agenda for Sustainable Development» [en línea], (2022), <https://www.itu.int/net4/wsis/forum/2022/es/Files/outcomes/draft/WSISForum2022_Report_WSISActionLines.pdf>. [Consulta: 12/06/2023.]

185 LA RUE, F.; MIJATOVIĆ, D.; BOTERO MARINO, C. Y PANSY TLAKULA, F., *Declaración conjunta sobre libertad de expresión e Internet*, Organización de Naciones Unidas, la Organización para la Seguridad y la Cooperación en Europa, la Organización de Estados Americanos y la Comisión Africana de Derechos Humanos y de los Pueblos, Washington D.C, 2011.

conciencia sobre el uso adecuado de Internet y los beneficios que puede reportar y a adoptar medidas especiales que aseguren el acceso equitativo a Internet para personas con discapacidad y los sectores menos favorecidos.

Su reiteración en que el acceso a Internet es esencial para gozar de las libertades de expresión, de asociación y de reunión, los derechos a la educación, a la plena participación en la vida social, cultural y política y al desarrollo social y económico, entre otros, requiere del papel dinámico de los Estados, junto a la colaboración público-privada, frente a la brecha digital[186]. Desde ese momento el acceso a Internet estará presente de forma constante en los Informes del Relator, no sólo de La Rue sino también de sus sucesores Kaye y Khan[187].

Con lo señalado hasta el momento podemos afirmar que la ONU actúa como mediador internacional a fin de garantizar los derechos y libertades humanos frente a las injerencias de los Estados cumpliendo una doble función: la garantía de estos derechos y libertades (expresión, información, educación, etc.) y defensa frente a la limitación de Internet (frente a bloqueos injustificados, censuras, etc.)[188]. Para lo cual ejerce de impulsor de normas en dos ámbitos: por un lado, el contenido, fundamentalmente a través de la libertad de expresión y del derecho de la información; por otro, respecto al acceso a la infraestructura y tecnologías necesarias para desarrollar Internet, trascendiendo de la visión técnica a una visión cultural, social, política, centrada en las personas[189].

No obstante, pese al interés internacional por los derechos digitales y en el concreto derecho de acceso a Internet (derecho sustantivo instrumental) que ha dado lugar a una pluralidad de recomendaciones, resoluciones desde los años 2000[190], lo cierto es que, en la actualidad no existe un tratado específico de Internet que recoja el concreto derecho de acceso a Internet de modo que

---

186 Brecha digital entendida como brecha de acceso, calidad, uso, geográfica, edad, género, situación especial derivada de la vulnerabilidad económico y/o social o situación de discapacidad.

187 A quienes habríamos de unir al Relator Especial sobre el derecho a la privacidad, creado en 2015. Actualmente ocupa el cargo Ana Brian Nougrères.

188 Recordamos aquí el informe de KAYE, David (2018) Report of the Special Rapporteur on the promotion and protection of the right to freedom of opinion and expression. A/HRC/38/35. (Vid. supra nota 131).

189 Resolución del Consejo de Derechos Humanos de las Naciones Unidas, de 29 de junio de 2012, sobre Promoción, protección y disfrute de los derechos humanos en Internet (A/HRC/20/L.13), exhortaría «a todos los Estados a que promuevan y faciliten el acceso a Internet y la cooperación internacional para el desarrollo de los medios de información y las instalaciones de comunicaciones en todos los países».

190 Entre otras la Recomendación CM/Rec(2014)6 del Consejo de Ministros a los Estados miembros sobre una Guía de los derechos humanos para los usuarios de Internet o las Resoluciones del Consejo de Derechos Humanos, de 27 de junio de 2017 y de 2 de julio

sirva de incorporación al marco constitucional español por la vía del artículo 10.2 de la Constitución Española.

Sin embargo, y a lo ya apuntado, hemos de resaltar cómo la Red sí influye en los tratados, en su entendimiento y aplicación[191]. En otras palabras, a pesar de que, como hemos señalado, en la actualidad no existe un compromiso internacional vinculante para los Estados, desde la ONU se puede estar señalando una línea de trabajo en pro de una futurible incorporación de este derecho a las normas internacionales vinculantes[192], más aún si atendemos a las circunstancias derivadas de la pandemia de la Covid-19 que muestran la digitalización como solución a parte de los problemas surgidos[193].

En este orden de ideas, uno de los últimos intentos por conseguir una red global de Internet y su teórica neutralidad podemos verlo en la Declaración para el Futuro de Internet (DFI)[194], de fecha 28 de abril de 2022, con el impulso de Estados Unidos de América y de la Unión Europea, que cuenta con el acuerdo de en torno a 60 Estados[195]. Se trata de una Declaración política que establece unos compromisos para proteger los derechos humanos y las li-

---

de 2018, sobre Promoción, protección y disfrute de los derechos humanos en Internet A/HRC/32/L.20 y A/HRC/38/L.10 respectivamente.

191 A modo de ejemplo: Protocolo adicional al Convenio sobre la Ciberdelincuencia relativo a la penalización de actos de índole racista y xenófoba cometidos por medio de sistemas informáticos, hecho en Estrasburgo el 28 de enero de 2003. Convenio sobre la Ciberdelincuencia, hecho en Budapest el 23 de noviembre de 2001.

192 Esta idea ha de ser puesta en relación con la conflictividad entre distintos Estados que tratan de fragmentar Internet y cuya posible solución sea un pacto internacional: la Internet rusa que permitiría el aislamiento de la red global mediante el uso de sus propias DNS, la estrategia china 3-5-2 que obliga a su administración a reemplazar la tecnología extranjera por la nacional antes de 2022, junto al control de su intranet; el corte de Internet en la primavera árabe en Libia; la orden del presidente de USA que consistiría en la prohibición del uso de equipos chinos en redes de telecomunicaciones críticas, ampliando así la prohibición existente de redes gubernamentales, en la guerra comercial con China por el 5G y que ha derivado en la posible guerra fría digital; el cambio a la amenaza híbrida en las guerras actuales siendo este escenario ciberespacial el protagonista, etc.

193 A modo de ejemplo la sección de noticias de la ONU a fecha 5 de mayo del 2020: "COVID-19 makes universal digital access and cooperation essential: UN tech agency".

194 «Declaración para el Futuro de Internet (DFI)» [en línea], <https://www.whitehouse.gov/briefing-room/statements-releases/2022/04/28/fact-sheet-united-states-and-60-global-partners-launch-declaration-for-the-future-of-the-internet/>. [Consulta: 12/06/2023.]

195 Entre otros: Albania, Alemania, Andorra, Argentina, Australia, Austria, Bélgica, Bulgaria, Cabo Verde, Canadá, Chipre, Colombia, Costa Rica, Croacia, Dinamarca, República Checa, República Dominicana, Estonia, Comisión Europea, Finlandia, Francia, Georgia, Grecia, Hungría, Irlanda, Islandia, Israel, Italia, Jamaica, Japón, Kenia, Kosovo, Letonia, Lituania, Luxemburgo, Maldivas, Malta, Islas Marshall, Micronesia, Moldavia, Montenegro, Países Bajos, Nueva Zelanda, Níger, Macedonia del Norte, Palau, Perú, Polonia, Portugal, Rumanía, Serbia, Eslovaquia, Eslovenia, España, Suecia, Taiwán, Trinidad y Tobago, Reino Unido, Ucrania y Uruguay.

bertades fundamentales de todas las personas; promover una Internet global que fomente la libre circulación de la información y una conectividad inclusiva y asequible para que todas las personas puedan beneficiarse de la economía digital; para promover la confianza en el ecosistema digital global, incluyendo la protección de la privacidad; y que trata de proteger y fortalecer el enfoque de gobernanza de múltiples partes interesadas que mantiene a Internet en funcionamiento en beneficio de todos.

En este ámbito internacional, la importancia social del acceso a Internet ha sido objeto de análisis en las sentencias del Tribunal Europeo de Derechos Humanos a través de la vinculación a la libertad de expresión e información, artículo 10 del Convenio[196]. Sin ser exhaustivos sirvan de ejemplo las sentencias sobre los asuntos: Ahmet Yildirim v. Turquía, 2012 (*Tol 9.062.270*); Yaman Akdeniz v. Turquía, 2012 (*Tol 8.412.419*); Ashby Donald et Autres v. Francia, 2013 (*Tol 2.720.525*); Delfi AS v. Estonia, 2015 (*Tol 6.405.080*); Kalda v. Estonia, 2016 (*Tol 9.304.269*); Magyar Tartalomszolgáltatók Egyesülete and Index.hu zrt v. Hungría, 2016 (*Tol 9.053.052*); Jankovskis v. Lituania, 2017 (*Tol 6.411.507*); OOO Informationnoye Agentstvo Tambov-Inform v. Rusia, 2021 (*Tol 8.422.514*); Sánchez v. Francia, 2021 (*Tol 8.569.302*); Taganrog LRO y otros v. Rusia, 2022 (Tol 8.991.968).

De entre todas ellas es importante resaltar la sentencia relativa al caso Ahmet Yildirim contra Turquía[197] (*Tol 9.062.270*), de fecha 18 de diciembre de 2012, en cuyo apartado relativo a la legislación comparada observa que "las indagaciones realizadas por el Tribunal sobre la legislación de veinte Estados miembros del Consejo de Europa (Alemania, Austria, Azerbaiyán, Bélgica, España, Estonia, Finlandia, Francia, Irlanda, Italia, Lituania, Holanda, Polonia,

---

196 E igualmente en su vertiente negativa podemos relacionarlo con el artículo 8 del Convenio que contiene el derecho al respeto a la vida privada y familiar, en sentencias relacionadas con abusos a la privacidad, con cyberbulling, etc., valga por todas: Tribunal Europeo de Derechos Humanos. Asunto Buturugă v. Romania, Estrasburgo, 11 de febrero de 2020. Definitiva 11/06/2020 (*Tol 7.737.603*).

197 Asunto en el cual el demandante denuncia la imposibilidad de acceder a su sitio web resultante de una medida acordada en el marco de un proceso penal sin conexión alguna con su sitio. Ve en tal medida un atentado a su derecho a la libertad de recibir y de comunicar informaciones e ideas, garantizado por el artículo 10 del Convenio. El Tribunal considera que, cualquiera que hubiese sido el fundamento legal, tal medida influía en la accesibilidad de Internet y, en consecuencia, comprometía la responsabilidad del Estado demandado en virtud del artículo 10. El bloqueo enjuiciado resultaba de una prohibición que afectaba en su origen a un tercer sitio web. Es debido al bloqueo total de Google sites que se ve afectado el demandante, propietario a su vez de un alojamiento en ese dominio. El Tribunal concluye que la medida en cuestión constituye una "injerencia de las autoridades públicas" en el derecho del interesado a la libertad de expresión, de la que forma parte la libertad de recibir y de comunicar informaciones o ideas Tribunal Europeo de Derechos Humanos. Asunto Ahmet Yildirim c. Turquía. (Demanda no 3111/10). Sentencia Estrasburgo. 18 diciembre 2012. Definitiva 18/03/2013 (*Tol 9.062.270*).

Portugal, República Checa, Rumanía, Reino Unido, Rusia, Eslovenia y Suiza) muestran que *el derecho de acceso a Internet está teóricamente protegido por las garantías constitucionales existentes en materia de libertad de expresión y de libertad de recibir ideas e informaciones. Tal derecho se considera inherente al derecho de acceso a la información y a la comunicación, protegido en las Constituciones nacionales. Incluye el derecho de cada persona a participar en la sociedad de la información, y la obligación para los Estados de garantizar el acceso de los ciudadanos a Internet*"[198]. Y es por ello por lo que el Tribunal reconoce el derecho de acceso a Internet "de este modo, el conjunto de *garantías generales consagradas a la libertad de expresión constituye una base adecuada para reconocer igualmente el derecho de acceso, sin trabas, a Internet*"[199]. "Internet es en la actualidad el principal medio de la gente para ejercer su derecho a la libertad de expresión y de información: se encuentran herramientas esenciales de participación en actividades y debates relativos a cuestiones políticas o de interés público"[200]. Esto es, el derecho a Internet se subsumiría en los derechos constitucionales existentes en el planteamiento realizado por el Tribunal de Estrasburgo.

En igual sentido el Tribunal Europeo de Derechos Humanos se pronunciaría en la decisión de 2014, Yaman Akdeniz contra Turquía[201] (*Tol 8.412.419*), en atención al bloqueo de dos webs de contenidos que vulneraban derechos de autor: "la Corte continúa observando que los derechos de los usuarios de Internet son de suma importancia para las personas en la actualidad, ya que *el acceso a Internet se ha convertido en una herramienta esencial para el ejercicio de la libertad de expresión*. A este respecto, recuerda que ya ha subrayado el papel de los sitios web que, gracias a su accesibilidad y su capacidad para almacenar y distribuir grandes cantidades de datos, contribuyen en gran medida a mejorar el acceso público a las noticias y, en general, para facilitar la comunicación de información (Times Newspapers Ltd. v. el Reino Unido (números 1 y 2), nuestro 3002/03 y 23676/03, § 27, ECHR 2009)"[202]. Y recordando la sentencia de 2012 advierte que *los bloqueos han de seguir una legalidad estricta a fin de evitar la "censura colateral"*.

Relevante sería la Sentencia Delfi v. Estonia de 2015 del Tribunal Europeo de Derechos Humanos[203] (*Tol 6.405.080*) en la cual un portal de noticias recurre en atención a la libertad de expresión y ante la posibilidad de estar some-

---

198 Asunto Ahmet Yildirim c. Turquía, (*Tol 9.062.270*), *cit.*, pp.9-10.

199 *Ibidem*. p.10.

200 *Ibidem*. p.14.

201 Décision Requête no 20877/10 Yaman Akdeniz contre la Turquie (*Tol 8.412.419*).

202 *Ibidem*, párrafo 23. Traducción propia.

203 Case of Delfi AS v. Estonia *(Application no. 64569/09)*. Judgment Strasbourg, 16 June 2015 (*Tol 6.405.080*).

tido a un requerimiento por la instancia nacional (Estonia) de censura previa. En la misma, el Tribunal reconoce que Internet supone una plataforma sin precedentes para la libre expresión, pero que al mismo tiempo contiene ciertos peligros "las difamaciones y otros tipos de expresiones claramente ilegales, incluidos el discurso de odio y el discurso que incita a la violencia, se pueden divulgar como nunca antes, en todo el mundo, en cuestión de segundos y, a veces, permanecen disponibles de forma persistente en línea"[204]. Es por ello que defiende que "la responsabilidad por difamación u otro tipo de expresión ilegal debe, en principio, mantenerse y constituir un recurso efectivo para violaciones de los derechos de la personalidad"[205], dado que "el *riesgo de daño que representan los contenidos y las comunicaciones en Internet para el ejercicio y disfrute de los derechos humanos y las libertades, en particular el derecho al respeto de la vida privada, es ciertamente más elevado* que el que plantea la prensa"[206], más aún ante el anonimato que existe en las webs. Si bien es cierto que, en referencia a los mecanismos de defensa o prevención de comportamientos ofensivos o ilícitos, *la opinión conjunta de alguno de los magistrados defiende que existan prácticas o posibilidad de eliminar comentarios ofensivos, no debería de posibilitarse el monitoreo de estos, el filtrado de estos contenidos indiscriminadamente*[207]. Además, el Tribunal confía en que este caso no sea el comienzo (o el refuerzo y la aceleración) de otro capítulo de silenciamiento y en que no se restrinja el potencial de mejora de la democracia de los nuevos medios. "*Las nuevas tecnologías a menudo superan las barreras más astutas y obstinadas impuestas política o judicialmente.* Pero la historia ofrece ejemplos desalentadores de regulación de censura de los intermediarios con efectos duraderos"[208]. Pese a que la sentencia no se refiere directamente al acceso a Internet si lo hace, como vemos, a su importancia en cuanto a su contenido y límites[209].

---

204 *Ibidem,* párrafo 110. Traducción propia.

205 *Ibidem,* párrafo 111. Traducción propia.

206 *Ibidem,* párrafo 133. Traducción propia.

207 "Por lo tanto, en nuestra opinión, la búsqueda de un portal de noticias responsable de no haber "impedido" la publicación de comentarios generados por los usuarios implicaría en la práctica que el portal debería monitorear previamente todos y cada uno de los comentarios generados por los usuarios para evitar la responsabilidad de cualquier comentario ilegal. En la práctica, esto podría llevar a una interferencia desproporcionada en la libertad de expresión del portal de noticias garantizado por el artículo". *Ibidem.* Opinión conjunta, Raimondi, Karakas, de Gaetano y Kjølbro, párrafo 7, p.65. Traducción propria.

208 Asunto Delfi AS v. Estonia, (*Tol 6.405.080*), *cit.*, p.87.

209 En este sentido podemos advertir que la jurisprudencia de Estrasburgo no sólo se relaciona con derechos a la información o la libre expresión, artículo 10 del Convenio, sino que lo relaciona con otros derechos como pueden ser la educación, los derechos de autor, el derecho al honor o la intimidad, etc. Y su relación con las prácticas de monitoreo, bloqueo, filtrado de contenidos de Internet supone la afectación a la sociedad de la información y en exten-

Esta importancia de Internet, con relación a los derechos de información y comunicación, con la libertad de expresión y también con aquellos referentes a la participación, sería considerada por el Tribunal Europeo de Derechos Humanos en 2015, a la luz del caso Ffaire Cengiz et Autres c. Turquía. En su fallo advierte que "el hecho de que Internet se haya convertido hoy en uno de los principales medios por los cuales los individuos ejercen su derecho a la libertad de recibir o difundir información[210] o ideas también es relevante, esencial para la participación en actividades y debates relacionados con cuestiones de interés público o político"[211]. Es por ello que, en el caso del que se ocupa referido al bloqueo de YouTube, el Tribunal afirma que la afectación al acceso a Internet incumbe al Estado, quien habría de establecer las condiciones legales para el bloqueo de estas webs, servidores, etc. (tal y como hizo posteriormente), en virtud del artículo 10 del Convenio, dado que afecta al derecho a recibir información.

Igualmente, en 2016 en el caso Kalda contra Estonia[212] (*Tol 9.304.269*) asunto en el cual el demandante, en prisión, apelaría al Tribunal ante la negativa de las autoridades a concederle acceso a ciertos sitios web, relacionados fundamentalmente con bases de datos jurídicas, violaba su derecho a recibir información sin interferencia de la autoridad pública, alegando la violación del artículo 10 del Convenio[213]. El Tribunal de Estrasburgo, reiterando la importancia de Internet en el acceso a la información pública[214], en este concreto

---

sión al libre desarrollo de la personalidad. Es relevante a este respecto conocer también la sentencia del mismo tribunal sobre el asunto Sánchez v. Francia, 2021 (*Tol 8.569.302*).

210 Respecto a la difusión de información: Affaire Ashby Donald et Autres c. France. *(Requête no 36769/08).* Arrêt Strasbourg, 10 janvier 2013, Définitif 10/04/2013 (*Tol 2.720.525*).

211 Ffaire Cengizet Autres c. Turquie. *(Requêtes nos 48226/10 et 14027/11).Cetteversion a été-rectifiée le 29 mars 2016, conformément à l'article 81 du règlement de la Cour.* Arrêt Strasbourg. 1er décembre 2015, définitif 01/03/2016. Párrafo 49. Traducción propia.

212 Case of Kalda v. Estonia. (Application no. 17429/10). Judgment Strasbourg. 19 January 2016 (*Tol 9.304.269*).

213 "En el presente caso, sin embargo, la reclamación en cuestión no es la negativa de las autoridades a divulgar la información solicitada; la solicitud del solicitante se refería a información que estaba libremente disponible en el dominio público. Por el contrario, la reclamación del demandante se refiere a un medio particular de acceder a la información en cuestión: a saber, que él, como preso, deseaba que se le concediera acceso, específicamente a través de Internet, a la información publicada en determinados sitios web". Case of Kalda v. Estonia., (*Tol 9.304.269*), *cit.*, párrafo 43. Traducción propia.

214 "A este respecto, el Tribunal reitera que, a la luz de su accesibilidad y su capacidad para almacenar y comunicar grandes cantidades de información, Internet desempeña un papel importante en la mejora del acceso del público a las noticias y facilita la difusión de información en general (véase Delfi AS v. Estonia [GC], n. ° 64569/09, § 133, ECHR 2015; Ahmet Yildirim v. Turquía, n. ° 3111/10, § 48, ECHR 2012, y Times Newspapers Ltd v. Reino Unido (n. 1 y 2), nos 3002/03 y 23676/03, § 27, ECHR 2009)" Ibíd., párrafo 44. Igualmente, en el Asunto Magyar Tartalomszolgáltatók Egyesülete and Index.hu zrt v. Hungary en ese mismo año, se pronunciaría sobre la importancia de los medios de comunicación en Internet, como

supuesto el acceso a bases jurídicas con legislación y jurisprudencia de los diferentes tribunales, aseguraría el respeto a los derechos humanos[215]. Nuevamente, *advierte que el acceso a Internet ya es considerado un derecho*: "la Corte no puede pasar por alto el hecho de que en varios Consejos del *Consejo de Europa y otros instrumentos internacionales* se ha reconocido el *valor del servicio público de Internet* y su *importancia para el disfrute de una gama de derechos* humanos. *El acceso a Internet se ha entendido cada vez más como un derecho, y se han hecho llamamientos para desarrollar políticas efectivas para lograr el acceso universal a Internet y superar la "brecha digital"* (véanse los párrafos 23 a 25 supra). El Tribunal considera que estos acontecimientos reflejan el importante papel que desempeña Internet en la vida cotidiana de las personas. De hecho, una cantidad cada vez mayor de servicios e información sólo está disponible en Internet, como lo demuestra el hecho de que en Estonia[216] la publicación oficial de actos jurídicos tiene lugar efectivamente a través de la versión en línea de Riigi Teataja y ya no a través de su versión en papel"[217].

Mientras que en el caso Jankovskis versus Lituania, 2017[218] (*Tol 6.411.507*), se solicita acceso a Internet, igualmente dese una prisión, en esta ocasión con pretensión de llevar a cabo estudios superiores. El alto Tribunal reconoce que, para el solicitante, el acceso a Internet era indispensable para los fines

---

difusor de contenidos y estrechamente relacionado con la libertad de expresión e información que a su vez implica deberes o límites y responsabilidades. Así mismo observa la necesidad de entender el lenguaje en el ámbito de Internet "el Tribunal también considera que deben tenerse en cuenta las especificidades del estilo de comunicación en determinados portales de Internet. Para el Tribunal, las expresiones utilizadas en los comentarios, aunque pertenecen a un bajo registro de estilo, son comunes en la comunicación en muchos portales de Internet. - una consideración que reduce el impacto que puede atribuirse a esas expresiones". Case of Magyar Tartalomszolgáltatók Egyesülete and Index.hu zrt v. Hungary. *(Application no. 22947/13)*. Judgment Strasbourg, 2 February 2016, final 02/05/2016 (*Tol 9.053.052*). Traducción propia.

215 "El Tribunal considera que la accesibilidad de dicha información promueve la conciencia pública y el respeto de los derechos humanos y da peso al argumento del solicitante de que los tribunales estonios utilizaron dicha información y el solicitante necesitaba acceder a ella para la protección de sus derechos en los procedimientos judiciales". *Ibidem*, párrafo 50.

216 Es importante señalar que Estonia es uno de los Estados que más se ha desarrollado en el ciberespacio, sino el que más, y que en tanto que los niveles de e-administración alcanzan en 2018 el 100% de presencia, a través de su política de "Zero-Bureaucracy" se haría inevitable la consideración de Internet como un derecho constitucional básico, de carácter universal. En otras palabras, ese desarrollo estatal a través de Internet, de la e-administración, afecta a los derechos de la personalidad constitucionalmente reconocidos en tanto que de no disponer de las tecnologías necesarias y de las capacidades para su uso se dejaría de ser ciudadano con plenos derechos frente al Estado.

217 Case of Kalda v. Estonia, (*Tol 9.304.269*), *cit*., párrafo 52. Traducción propia.

218 Case of Jankovskis v. Lithuania (Application no. 21575/08). Judgment Strasbourg. 17 January 2017(*Tol 6.411.507*).

de obtener información relacionada con la educación, remitiéndose al asunto Kalda contra Estonia[219] (*Tol 9.304.269*). "El Tribunal reitera que, a la luz de su accesibilidad y su capacidad para almacenar y comunicar grandes cantidades de información, Internet desempeña un papel importante en la mejora del acceso del público a las noticias y facilita la difusión de información en general"[220]. Con lo que *concluye reiterando el acceso a Internet como un derecho*, que en esta ocasión alcanza a la educación e información de un recluso. "El Tribunal es consciente del hecho de que en varios instrumentos internacionales del Consejo de Europa y en otros instrumentos internacionales *se ha reconocido el valor del servicio público de Internet y su importancia para el disfrute de una gama de derechos humanos. El acceso a Internet se ha entendido cada vez más como un derecho, y se han hecho llamamientos para desarrollar políticas efectivas para lograr el acceso universal a Internet y superar la "brecha digital"* (ver Kalda, citado anteriormente, § 52). El Tribunal considera que estos desarrollos reflejan la importante función que desempeña Internet en la vida cotidiana de las personas, en particular dado que *cierta información está disponible exclusivamente en Internet*"[221].

En estas primeras sentencias del Tribunal Europeo de Derechos Humanos se aprecia cómo *la conexión con los derechos fundamentales a través principalmente del artículo 10 del Convenio*, relativo a la libre expresión, incluidas la libertad de opinión y de recibir y comunicar información e ideas, y en su *conexión o diálogo con otros derechos* como la educación o la participación política, son el sustento o la base del reconocimiento del derecho al acceso a Internet[222]. *Internet es considerado como un medio y con relación a su categorización como servicio público, "valor de servicio público".*

Sobra mencionar que, las tesis señaladas en los párrafos anteriores se han seguido manteniendo por cuanto el Tribunal Europeo de Derechos Humanos sostiene la importancia que le Red tiene en la difusión de información, en las capacidades de comunicar información e ideas, principalmente en periodos electorales (OOO Informationnoye Agentstvo Tambov-Inform v. Rusia, 2021) (*Tol 8.422.514*), presta atención al ámbito de los contenidos (Sánchez v. Francia, 2021) (*Tol 8.569.302*) y resalta que Internet se ha convertido en una herramienta esencial de participación y en un foro de discusión en cuestiones de política y de interés general (Taganrog LRO y otros v. Rusia, 2022) (Tol 8.991.968).

---

219 Case of Kalda v. Estonia, (*Tol 9.304.269*), *cit.*, párrafo 49. Traducción propia.

220 Case of Jankovskis v. Lithuania, (*Tol 6.411.507*), *cit.*, párrafo 54. Traducción propia.

221 *Ibidem*, párrafo 62. Traducción propia.

222 Así como también supone la regulación de la Red en la salvaguarda de los mismos.

De lo anterior se deduce que para el Tribunal Europeo de Derechos Humanos el acceso a Internet es un derecho y por lo tanto habrá de ser garantizado por los Estados, al menos en cuanto a derecho relacional, tal y como acabamos de exponer.

Además, la importancia del conocimiento de la jurisprudencia del Tribunal de Estrasburgo estriba en que nos aporta aquellos estándares que hemos de incorporar a nuestro marco constitucional (en el caso de España atendiendo al artículo 10.2 de la Constitución)[223].

2.2.2. El origen supranacional europeo del derecho de acceso a Internet

Si nos centramos en el estudio del entorno supranacional europeo[224] podemos advertir el especial interés de las instituciones europeas por el derecho de acceso a Internet. La Unión Europea es consciente de la importancia que este tiene para crear oportunidades y para eliminar desigualdades ante esta sociedad tecnológico-digital, que en cierto grado contribuye a crear.

La Unión Europea viene desarrollando estas últimas décadas un importante trabajo coordinado con los Estados miembros a fin de posibilitar el acceso a Internet (infraestructura, capacitación y contenidos) de forma tal que se advierte una transformación guiada desde la propia Unión para la consecución y consolidación del mismo, y lo hace a través de dos líneas principales de actuación: una que podríamos denominar *normativa*: la regulación y delimitación del derecho de acceso a Internet; y, otra, que relacionamos con la implementación y desarrollo de programas, proyectos, etc., relativa a las *políticas públicas*.

---

223 Esta situación es importante por cuanto parece ser desconocida para alguno de los tribunales, véase la sentencia el Tribunal Supremo de octubre del 2022, cuyo ponente sería Díez-Picazo, (Roj: STS 3405/2022 - ECLI:ES:TS:2022:3405) (*Tol 9.246.637*) relativa al bloqueo de una web y no a parte de su contenido que no hacía más que incorporar a finales de 2022 los estándares previstos una década antes en por el TEDH y que han quedado mencionados en este apartado. Esta sentencia ha causado gran impresión en el ámbito constitucional español, lo que en definitiva demuestra el desconocimiento que existe sobre estos temas de suma importancia y que influyen en las libertades comunicativas, expresión e información del siglo XXI. Tratamos de señalar la influencia del ecosistema tecnológico-digital en los derechos fundamentales y libertades públicas en un sistema de protección multinivel.

224 En tanto que la normativa europea y los tratados regionales ratificados por el reino de España se integra en el orden constitucional español (arts. 10.1 y 93 CE) y por cuanto España participa de las políticas públicas europeas.

Dentro de la vertiente normativa podemos señalar algunos de los hitos más relevantes como son: el paquete Telecom de 2009[225], que supondría la liberación del sector de las telecomunicaciones en España; el Reglamento (UE) 2015/2021 por el que se establecen medidas en relación con el acceso a una Internet abierta[226] (*Tol 5.567.625*), la neutralidad de la red con una clara vertiente económica; el Reglamento 2016/679 General de Protección de

---

225 Si bien es cierto que deriva de un previo impulso normativo/regulador supranacional en los años 2002, respondiendo en cierto modo a los compromisos con la sociedad de la información derivados de la Declaración Milenio, que podemos relacionar con las Directivas siguientes: Directiva 2002/19/CE del Parlamento Europeo y del Consejo, de 7 de marzo de 2002, relativa al acceso a las redes de comunicaciones electrónicas y recursos asociados, y a su interconexión (Directiva acceso) (*Tol 301.595*); Directiva 2002/20/CE del Parlamento Europeo y del Consejo, de 7 de marzo de 2002, relativa a la autorización de redes y servicios de comunicaciones electrónicas (Directiva autorización) (*Tol 301.594*); Directiva 2002/21/CE del Parlamento Europeo y del Consejo, de 7 de marzo de 2002, relativa a un marco regulador común de las redes y los servicios de comunicaciones electrónicas (Directiva marco) (*Tol 301.593*); Directiva 2002/22/CE del Parlamento Europeo y del Consejo, de 7 de marzo de 2002, relativa al servicio universal y los derechos de los usuarios en relación con las redes y los servicios de comunicaciones electrónicas (Directiva servicio universal) (*Tol 5.569.991*); Directiva 2002/58/CE, del Parlamento Europeo y del Consejo, de 12 de julio de 2002, relativa al tratamiento de los datos personales y a la protección de la intimidad en el sector de las comunicaciones electrónicas (*Tol 169.038*); la Directiva 2002/77/CE, de la Comisión, de 16 de septiembre de 2002, relativa a la competencia en los mercados de redes y servicios de comunicaciones electrónicas (*Tol 301.591*); y, finalmente, la Decisión 676/2002/CE, del Parlamento Europeo y del Consejo, de 7 de marzo de 2002, sobre un marco regulador de la política del espectro radioeléctrico en la Comunidad Europea (Decisión espectro radioeléctrico).

226 El Reglamento sobre la Internet abierta tiene por objeto establecer normas comunes destinadas a garantizar un trato equitativo y no discriminatorio del tráfico en la prestación de servicios de acceso a Internet y a salvaguardar los derechos de los usuarios finales. Su finalidad no es sólo proteger a los usuarios finales, sino garantizar simultáneamente el funcionamiento continuado del ecosistema de Internet como motor de innovación. De modo que los usuarios finales tendrán derecho a acceder a la información y contenidos, así como a distribuirlos, usar y suministrar aplicaciones y servicios y utilizar los equipos terminales de su elección, con independencia de la ubicación del usuario final o del proveedor o de la ubicación, origen o destino de la información, contenido, aplicación o servicio, a través de su servicio de acceso a Internet, sin perjuicio del Derecho de la Unión o del Derecho nacional acorde con el de la Unión, relativo a la licitud de los contenidos, aplicaciones y servicios. A la par que se establecen ciertas obligaciones a los proveedores del servicio de Internet que tratarán todo el tráfico de manera equitativa cuando presten servicios de acceso a Internet, sin discriminación, restricción o interferencia, e independientemente del emisor y el receptor, el contenido al que se accede o que se distribuye, las aplicaciones o servicios utilizados o prestados, o el equipo terminal empleado. Reglamento (UE) 2015/2120 del Parlamento Europeo y del Consejo de 25 de noviembre de 2015 por el que se establecen medidas en relación con el acceso a una internet abierta y se modifica la Directiva 2002/22/CE relativa al servicio universal y los derechos de los usuarios en relación con las redes y los servicios de comunicaciones electrónicas (*Tol 5.567.625*) y el Reglamento (UE) 531/2012 del Parlamento Europeo y del Consejo, de 13 de junio de 2012, relativo a la itinerancia en las redes públicas de comunicaciones móviles en la Unión (*Tol 5.567.625*).

Datos (*Tol 5.703.078*), que homogeneiza y amplía los derechos y principios aplicables a la protección de datos de carácter personal; la Comunicación de la Comisión de la Internet abierta y la neutralidad de la red en Europa; o la Directiva (UE) 2018/1972 del Parlamento Europeo y del Consejo, de 11 de diciembre de 2018, por la que se establece el Código Europeo de Comunicaciones Electrónicas (*Tol 7.152.022*) y que incidiría en la modificación de la Ley española General de Telecomunicaciones (*Tol 9.093.453*) como veremos posteriormente impulsando el derecho de acceso a Internet; el Dictamen del Comité Europeo de las Regiones: Cohesión digital (2022/C 498/08) que se marca la desaparición de las brechas digitales; el Reglamento (UE) 2022/1925 del Parlamento Europeo y del Consejo, de 14 de septiembre de 2022, sobre mercados disputables y equitativos en el sector digital y por el que se modifican las Directivas (UE) 2019/1937 y (UE) 2020/1828 (Reglamento de Mercados Digitales) (*Tol 9.248.680*), que establece disposiciones aplicables a las plataformas que actúen como "guardianes de acceso" en el sector digital; o el Reglamento (UE) 2022/2065 del Parlamento Europeo y del Consejo, de 19 de octubre de 2022, relativo a un mercado único de servicios digitales y por el que se modifica la Directiva 2000/31/CE (Reglamento de Servicios Digitales) (*Tol 9.264.851*), que se plantea un entorno más seguro al prever un conjunto común de normas sobre las obligaciones de los intermediarios y la rendición de cuentas en todo el mercado único garantizando un elevado nivel de protección a todos los usuarios, con independencia del lugar donde residan en la UE.

Reseñable es el compromiso de la Unión Europea por los derechos y principios digitales que se traslada a la Declaración Europea sobre los Derechos y Principios Digitales para la Década Digital[227]. Esta se ha inspirado en la Carta Portuguesa de Derechos Humanos en la Era Digital de 2021, en la Carta de los Derechos Digitales española 2022; en la Declaración de Berlín sobre la sociedad digital y el gobierno digital basado en valores de 2020[228] y en la Declaración de Lisboa sobre una democracia digital con propósito de 2021. Se trata de una norma *soft* que, partiendo de una transición digital centrada en el ser humano, formula un conjunto de principios y valores europeos digitales, y apuesta por el establecimiento de unos derechos digitales entre los que se encuentra el acceso a Internet, un espacio digital seguro, el derecho a la educación digital, a unos algoritmos respetuosos de las personas y la protección de los niños en el entorno digital, entre otros. Para lo cual se propone un

---

227 Comunicación de la Comisión al Parlamento Europeo, al Consejo, al Comité Económico y Social Europeo y al Comité de las Regiones. Formulación de una Declaración Europea sobre los Derechos y Principios Digitales para la Década Digital {SWD(2022) 14 final}, COM(2022) 27 final.

228 Declaración de Berlín sobre la sociedad digital y el gobierno digital basado en valores de 2020.

trabajo coordinado, conjunto, entre los sujetos presentes en el ecosistema tecnológico-digital: ciudadanos, empresas, administraciones públicas y los responsables políticos en los distintos niveles. Se trata por tanto de conseguir una transformación digital integradora, equitativa, segura y sostenible, asentada en los valores fundamentales de la Unión, cuyo eje principal sean las personas.

La Declaración también servirá de referencia a los responsables políticos, las empresas y otros agentes o sujetos implicados en el desarrollo e implementación de las nuevas tecnologías o de las tecnologías de la información y de la comunicación[229].

En definitiva, la Declaración expone las intenciones y compromisos políticos comunes y recuerda los derechos más importantes en el contexto de la transformación digital a la vez que sirve de guía a los responsables de las políticas cuando reflexionen sobre la transformación digital. Entre los concretos compromisos que se marca están: situar a las personas en el centro de la transformación digital; respaldar la solidaridad y la integración, la conectividad, la educación, la formación y las capacidades digitales, asegurar unas condiciones de trabajo justas y equitativas en el entorno digital, así como el acceso a los servicios públicos digitales en línea.

Si centramos nuestra atención en el derecho de acceso a Internet, la Declaración establece que "toda persona, con independencia del lugar de la UE en que se encuentre, debería tener acceso a una conectividad digital asequible y de alta velocidad" (recogida en el Capítulo II: solidaridad e inclusión, punto3). En concreto se compromete a velar por que todas las personas, también aquellas con bajos ingresos, tengan acceso a una conectividad de alta calidad y dispongan de acceso a Internet en cualquier lugar de la Unión; y a proteger y promover una Internet neutral y abierta en la que no se bloqueen ni degraden injustificadamente los contenidos, los servicios ni las aplicaciones. Esta conectividad, por cuanto se centra en la disponibilidad de la infraestructura y en la calidad de la misma ha de completarse con la garantía del acceso en línea a los servicios públicos esenciales de la Unión, debiendo ser este un acceso fluido, seguro e interoperable (punto 7).

En el Capítulo IV, referente a la participación en el espacio público digital (punto 12), se establece que toda persona debería tener acceso a un entorno digital fiable, diverso y multilingüe. Se promueve además el acceso a contenidos diversos por cuanto contribuye a un debate público plural y a la participación efectiva en la democracia de manera no discriminatoria. Por lo que se

---

229 Como puso de manifiesto Petr Fiala, presidente del Gobierno de la República Checa, en la firma de la Declaración Europea sobre los Derechos y Principios Digitales el 15 de diciembre de 2022.

compromete a apoyar el acceso efectivo a contenidos digitales que reflejen la diversidad cultural y lingüística de la Unión, a la capacitación y la protección.

Para posibilitar el ecosistema tecnológico-digita también debemos atender a las previsiones de la Declaración sobre la educación, formación y capacidades digitales: "toda persona tiene derecho a la educación, la formación y el aprendizaje permanente y debería poder adquirir todas las capacidades digitales básicas y avanzadas" (punto5). Siendo el compromiso que se adquiere en la Declaración promover una educación y una formación digitales de alta calidad, también con vistas a colmar la brecha digital de género; apoyar los esfuerzos que permiten a todos los estudiantes y docentes adquirir y compartir las capacidades y competencias digitales necesarias para una participación activa en la economía, la sociedad y los procesos democráticos, en particular la alfabetización mediática y el pensamiento crítico; promover y respaldar los esfuerzos por dotar de conectividad, infraestructuras y herramientas digitales a todas las instituciones de educación y formación; y brindar a toda persona la posibilidad de adaptarse a los cambios provocados por la digitalización del trabajo mediante el perfeccionamiento y el reciclaje profesionales.

En este sentido también es importante detenerse brevemente en el mencionado Dictamen del Comité Europeo de las Regiones: Cohesión digital, por cuanto en el mismo se recoge la querencia europea de "establecer la igualdad de acceso a Internet como derecho fundamental de todo ciudadano europeo" (considerando 23). Se estima fundamental contar con un acceso fiable a Internet y a los servicios digitales a través de una infraestructura digital de la Unión soberana y resiliente. Ello pasaría por el establecimiento de medidas tendentes a garantizar una competencia leal y abierta que evite monopolios, la dependencia de un solo proveedor, y el abuso general de poder de mercado, la concentración de datos y la dependencia de terceros países en relación con las infraestructuras y los servicios. Medidas que suponen una colaboración público-privada, que se traducen en un uso compartido de la infraestructura (por cuanto abarata costes), en interoperabilidad, en neutralidad tecnológica. Así mismo, plantea la educación digital en todas sus vertientes: papel de los colegios, institutos, universidades, centros de investigación e innovación, sensibilización y formación ciudadana, etc. atendiendo a los retos y problemas existentes y que puedan generarse.

Respecto a las políticas públicas estas responden preeminentemente al Mercado Único Digital derivando en: el proyecto *e-Europe*, el proyecto *wifi4EU*, El Plan de Acción 5G para Europa, el SNS 6G bajo el programa *Horizon Europe*, o la ambiciosa Brújula Digital de la Década Digital de la UE. Estas políticas públicas europeas tienen en común la lucha conta las distintas brechas digitales[230] y la apuesta por el acceso a Internet (infraestructura y tecnología, capacitación, seguridad, gobernanza y contenidos).

La Decisión del Parlamento Europeo y del Consejo que recoge el programa estratégico de la Década Digital 2030[231] se centra en la necesidad de una soberanía digital europea, en el respeto a los derechos fundamentales, al Estado de Derecho, la democracia, la inclusión, la accesibilidad, la igualdad, la resiliencia, la seguridad y la mejora en la calidad de vida de sus ciudadanos. Esa soberanía digital europea, consistente en una apuesta por las infraestructuras, las tecnologías y los servicios europeos, por la colaboración público-privada que explote las sinergias y que elimine las dependencias digitales estratégicas europeas, trata de fomentar una normativa coordinada y cohesionada entre los Estados miembros y con perspectiva global[232] que haga factible el ecosistema tecnológico-digital, en el que se encuentra la red de Internet. Las metas que se marcan, por esenciales, son las capacidades digitales, las infraestructuras, la digitalización de las empresas y de los servicios públicos, apuntados anteriormente y en línea con el ámbito normativo.

Desde una visión integradora de la transformación digital que se vive en Europa, apoyada por la propia Unión, las políticas públicas, traducidas en estrategias, planes, agendas y proyectos, se marcan no sólo asegurar el acceso

---

230 Brechas digitales que, en la Resolución del Parlamento Europeo, de 13 de diciembre de 2022, sobre la brecha digital: diferencias sociales como consecuencia de la digitalización (2022/2810(RSP), se definen como brecha entre particulares, hogares, empresas y zonas geográficas en distintos niveles socioeconómicos, tanto en lo que se refiere a sus oportunidades de acceso a las tecnologías de la información y la comunicación (TIC) como a su uso de Internet para una amplia gama de actividades. Esta resolución se centra en los retos éticos, jurídicos, sociales, se fija en los peligros que pueden surgir en el ecosistema tecnológico-digital (salud física y mental), en las desventajas por brechas de acceso geográficas, demográficas, económicas, sociales por cuanto a educación o capacidades, a diversidad funcional (el 87 millones de europeos padecen algún tipo de discapacidad) o a quienes no quieren estar presentes en ese ecosistema al que se nos obliga al no darse una alternativa analógica. En algunos de estos supuestos la tecnología puede ser un aliado como se pone de manifiesto en la Resolución, tecnología que ayuda a las personas con diversidad funcional en la realización de tareas laborales, en la comunicación o en el caso de la comunicación y acceso a la información de personas inmigrantes. Mientras que en otras es un obstáculo, como ocurre con las personas de avanzada edad que no tienen capacidades básicas y a las que se les exigen servicios electrónicos tener un smartphone para autentificarse, etc.

231 Decisión (UE) 2022/2481 del Parlamento Europeo y del Consejo de 14 de diciembre de 2022 por la que se establece el programa estratégico de la Década Digital para 2030.

232 Sirva de ejemplo el considerando 2 de la misma por cuanto estipula lo siguiente "La necesidad de dicha estructuración también se refleja en la Comunicación conjunta de la Comisión y del Alto Representante de la Unión para Asuntos Exteriores y Política de Seguridad de 1 de diciembre de 2021 titulada «La Pasarela Mundial», con la que la Unión se propone contribuir a reducir el déficit de inversión mundial, sobre la base de un enfoque democrático, impulsado por valores y que fomente asociaciones transparentes y de alto nivel, a fin de satisfacer las necesidades de desarrollo de infraestructuras mundiales.

a los servicios públicos, a la Red y a las tecnologías, sino también la consecución a una educación digital en el sentido amplio (en valores, en capacitación básica, avanzada y especializada); tratan de defender y ampliar derechos como el acceso seguro a las tecnologías, la privacidad, la protección de datos, la neutralidad tecnológico-digital, el derecho a la desconexión digital, etc. centrándose en la persona y sin perder de vista la economía.

Estas querencias se pueden observar en el destino de los fondos NextGenerationEU, que se preocupan por atender situaciones de inclusividad, accesibilidad, acceso a redes y tecnologías, por las cuestiones psicosociales relacionadas con el ecosistema digital, etc.; en distintos Dictámenes o Decisiones, como pueden ser el Dictamen del Comité Europeo de las Regiones: Una Europa digital para todos: promover soluciones inteligentes e integradoras sobre el terreno (2020/C 39/18)[233]; el Dictamen del Comité Europeo de las Regiones: Cohesión digital (2022/C 498/08)[234] o la Decisión (UE) 2022/2481 del Parlamento Europeo y del Consejo de 14 de diciembre de 2022 por la que se establece el programa estratégico de la Década Digital para 2030[235]; que piden el desarrollo de las políticas públicas tendentes a reducir, cuando no a eliminar, brechas digitales[236] sociales, particularmente las que recaen en colectivos vulnerables (por economía que impide tener servicio y tecnologías necesarias, personas mayores carentes de capacidades digitales, refugiados o extranjeros que normalmente no tienen acceso a los servicios públicos, discapacitados por cuanto propone conseguir la plena accesibilidad a servicios y tecnologías, mujeres que están infrarrepresentadas en estos sectores, etc.); territoriales (ámbitos rurales, islas, montañas, aquellas zonas más despobladas o donde el conste de llevar la infraestructura no es rentable a los prestadores del servicio por cuestiones orográficas) y de cualquier otro tipo.

Otro de los puntos a considerar en este ámbito supranacional relacionado con el acceso a Internet es la posición del Tribunal de Justicia de la Unión Europea quien de forma indirecta vincula el mismo a la protección de datos (Tratado de Funcionamiento de la Unión Europea, art.16.1 y Carta de los Derechos Fundamentales de la Unión Europea, art. 8.1), a los derechos de autor o propiedad intelectual (Carta de los Derechos Fundamentales de la Unión Europea, art.17.2, asuntos C275/06; C70/10; C360/10), y quizá en mayor medida

---

233 Dictamen del Comité Europeo de las Regiones: Una Europa digital para todos: promover soluciones inteligentes e integradoras sobre el terreno (2020/C 39/18).

234 Dictamen del Comité Europeo de las Regiones: Cohesión digital, (2022/C 498/08), publicado el 30 de diciembre de 2022 en el DOUE.

235 Decisión (UE) 2022/2481 del Parlamento Europeo y del Consejo de 14 de diciembre de 2022 por la que se establece el programa estratégico de la Década Digital para 2030.

236 Brechas que se centran en el nivel local en ámbitos como la asistencia sanitaria, la educación o servicios públicos poco accesibles.

a la libre competencia (en su relación con la neutralidad STJUE asuntos acumulados C-807/18 y C-39/19, C-854/19, C-5/20 y C-34/20)[237], siendo algunos de los asuntos más trascendentes al marco constitucional los casos Google vs España (asuntos acumulados C.293/12 Y C-594/12; C.131/12); Facebook Digital Rights Irlanda (asunto C-362/14)[238].

Quizá por su trascendencia sobre ecosistema tecnológico-digital, y en concreto de Internet, conviene detenernos brevemente en la Sentencia del Tribunal de Justicia de la Unión Europea que delimita el principio de neutralidad en atención al Reglamento (UE) 2015/2120 por el que se establecen medidas en relación con el acceso a una Internet abierta[239] (*Tol 5.567.625*).

La importancia de este caso radica en la diferencia de trato que una compañía húngara (Telenor), proveedor de servicio de Internet, da en función de los servicios que utilicen los usuarios, práctica conocida como *zero-rating*. De forma simplificada podemos decir que si un usuario contrataba un paquete en el cual utilizaba los servicios (redes sociales, plataformas, aplicaciones) de determinadas tecnológicas, como puedan ser actualmente los de META, no se descontaban de las tarifas de datos los gigabit o megabit que se consumiesen al ser utilizadas; mientras que, si navegaban en redes sociales, aplicaciones, etc. de otras compañías, desarrolladores, entonces se producía ese cómputo de datos.

Esta práctica esconde un favorecimiento de este prestador del servicio de Internet a las grandes empresas y dificulta la entrada de nuevos competidores en estos mercados, también hace que los pequeños desarrolladores o innovadores se vean casi en la obligación de vender sus ideas a las grandes compañías tecnológicas contra las que no iban a poder competir, al menos en igualdad de condiciones en este país.

---

237 Sentencia del Tribunal de Justicia (Gran Sala), de 15 de septiembre de 2020 Telenor Magyarország Zrt. contra Nemzeti Média- és Hírközlési Hatóság Elnöke, asuntos acumulados C-807/18 y C-39/19 (*Tol 8.076.279*); y de fecha 2 de septiembre de 2021 Vodafone y Telekom Deuchland, asuntos C-854/19, C-5/20 y C-34/20) (*Tol 8.570.491*), (*Tol 8.570.487*), (*Tol 8.570.485*).

238 Sentencia del Tribunal de Justicia (Gran Sala) de 6 de octubre de 2015. Asunto C-362/14 (*Tol 5.497.716*).

239 Reglamento (UE) 2015/2120 del Parlamento Europeo y del Consejo de 25 de noviembre de 2015 por el que se establecen medidas en relación con el acceso a una Internet abierta y se modifica la Directiva 2002/22/CE relativa al servicio universal y los derechos de los usuarios en relación con las redes y los servicios de comunicaciones electrónicas (*Tol 5.567.625*) y el Reglamento (UE) 531/2012 relativo a la itinerancia en las redes públicas de comunicaciones móviles en la Unión (*Tol 5.567.625*).

La Sentencia del Tribunal de Justicia de la Unión Europea del caso Telenor Magyarország Zrt. contra Nemzeti Média- és Hírközlési Hatóság Elnöke[240] (*Tol 9.053.052*) se dicta como consecuencia de una cuestión prejudicial de interpretación sobre el artículo 3 del citado Reglamento, artículo encargado de la salvaguardia del acceso a Internet abierta, de la neutralidad[241]. Más allá de lo que señalaremos posteriormente sobre el citado principio, podemos ahora adelantar que el Tribunal defiende "el establecimiento de normas comunes para salvaguardar un tratamiento equitativo y no discriminatorio del tráfico en la prestación de servicios de acceso a Internet y los derechos relacionados de los usuarios finales". En la sentencia se amplía el concepto de usuarios finales, que lo son no sólo quienes utilizan o acceden individualmente la red (personas físicas o jurídicas) sino también quienes proveen a la misma de información, contenido, aplicaciones. Se amplía a aquellos a quienes se estaba discriminando, perjudicando, porque los usuarios de la compañía húngara consumían datos al utilizar sus redes sociales, sus aplicaciones, sus plataformas; a aquellos que se podrían ver forzados a vender a las grandes plataformas sus ideas por no poder competir contra ellas.

La defensa de la neutralidad de la Red y del servicio trata de posibilitar la innovación, de evitar las prácticas abusivas y monopolísticas de las grandes tecnológicas al sostener que cualquier acuerdo o práctica comercial, en su relación con el considerando 7 del Reglamento, habrá de considerarse no sólo individualmente sino también en conjunto, a escala, a fin de determinar la incidencia acumulada en el total del mercado y respecto a los consumidores finales. El Reglamento y sentencias del Tribunal de Justicia de la Unión Europea que interpretan el artículo 3 del mismo (Tribunal de Justicia, de 15 de septiembre de 2020 respecto del caso Telenor Magyarország Zrt. contra Nemzeti Média- és Hírközlési Hatóság Elnöke, asuntos acumulados C-807/18 y C-39/19 (*Tol 8.076.279*); y de fecha 2 de septiembre de 2021 Vodafone y Telekom Deuchland, asuntos C-854/19, C-5/20 y C-34/20) (*Tol 8.570.491*), (*Tol 8.570.487*) (*Tol 8.570.485*), son la guía para el desarrollo normativo, implementación e interpretación del artículo 80 de la Ley Orgánica 3/2018 (*Tol 6.933.570*), que veremos en un momento posterior.

---

240 Tribunal de Justicia, de 15 de septiembre de 2020 respecto del caso Telenor Magyarország Zrt. contra Nemzeti Média- és Hírközlési Hatóság Elnöke, asuntos acumulados C-807/18 y C-39/19 (*Tol 8.076.279*); y de fecha 2 de septiembre de 2021 Vodafone y Telekom Deuchland, asuntos C-854/19, C-5/20 y C-34/20 (*Tol 8.570.491*), (*Tol 8.570.487*), (*Tol 8.570.485*).

241 Para conocer el principio de neutralidad son imprescindibles las siguientes obras: MARSDEN, CH. T., "Neutralidad de la Red: Historia, regulación y futuro", *Revista de los Estudios de Derecho y Ciencia Política de la Universidad Oberta de Cataluña*, 13, 2012, pp.24-43; WU, T. Y LESSIG, "Ex Parte, Submission", *CS Docket, 2003, pp.*2-52; y WU, T., "Network Neutrality, Broadband Discrimination", *Journal of Telecommunications and High Technology Law*, 2, 2003, pp.141-179.

Así, desde la revisión jurisprudencial podemos señalar que el derecho de acceso a Internet, que habría de ser garantizado por la Unión Europea y desarrollado por los Estados miembros, ha de relacionarse en un primer momento con la libertad de expresión e información. En conexión con el principio de neutralidad su garantía se traduce en la prohibición de censuras previas y colaterales[242], la no interrupción de Internet, y desde el punto de vista de los contenidos la interdicción de la injerencia en los mismos salvo causas estrictamente previstas en la normativa, principio de legalidad, tal y como a continuación apuntaremos[243].

Mientras, en la fase preventiva de vigilancia u observancia de contenidos no tendría cabida un control o monitoreo a través de técnicas de filtrado, indiscriminado y aleatorio, y por consiguiente tampoco el bloqueo generalizado de

---

242 No obstante, esa prohibición de censuras previas se ve cuestionada ante el bloqueo de medios de comunicación rusos por la Unión Europea al considerarlos afines al gobierno de éste país y como sanción a la situación de inestabilidad internacional creada en el estado ucraniano. De este modo se ha censurado en la Unión Europea a Sputnik and subsidiaries; Russia Today y sus filiales; Rossiya RTR / RTR Planeta; Rossiya 24 / Russia 24; Rossiya 1 TV Centre International; NTV/NTV Mir; REN TV; Pervyi Kanal. La Comisión considera que "estos puntos de venta han sido utilizados por el Gobierno ruso como instrumentos para manipular la información y promover la desinformación sobre la invasión de Ucrania, incluida la propaganda, con el objetivo de desestabilizar a los países vecinos de Rusia, la UE y sus Estados miembros". Esta censura, que iría en contra del artículo 20 CE, se hace de forma indiscriminada, esto es sin prestar atención a la información concreta que se censura, ya sean noticias o una serie de televisión lo que emitan. Ello hace que nos cuestionemos si se cumplen los mencionados estándares apuntados en el punto precedente respecto al Tribunal de Estrasburgo.

243 El Reglamento (UE) 2015/2120, del Parlamento Europeo y del Consejo, por el que se establecen medidas en relación con el acceso a una Internet abierta y se modifican la Directiva 2002/22/CE (*Tol 5.567.625*) y el Reglamento 531/2012 Reglamento (UE) 531/2012 del Parlamento Europeo y del Consejo, de 13 de junio de 2012, relativo a la itinerancia en las redes públicas de comunicaciones móviles en la Unión (*Tol 2.571.152*) (en adelante, Reglamento TSM), garantiza a los usuarios finales una serie de derechos en relación con el servicio de acceso a Internet (ISPs). Esta regulación entró en vigor el 30 de abril de 2016. Su artículo 1 establece que el objetivo de la norma es la salvaguardar un tratamiento equitativo y no discriminatorio del tráfico en la prestación de servicios de acceso a Internet y los derechos relacionados de los usuarios finales. En este sentido es importante conocer las obras de: FUERTES LÓPEZ, M., *Neutralidad de la red: ¿realidad o utopía?* Marcial Pons, Madrid, 2014; y GARCÍA MEXÍA, P., "El derecho de acceso a Internet", en *Sociedad Digital y Derecho*, BOE, Madrid, 2018, pp.407- 410.

Internet[244]. La limitación, por tanto, se situará en una fase posterior relacionada con la licitud de los contenidos[245].

En lo que concierne a la responsabilidad, cabe articular una categorización *ex novo* que distinga entre contenidos ilícitos y contenidos nocivos[246]. Los

---

244 A este respecto debemos referenciar el peligro que supone que determinados contenidos se retiren o moderen en las redes sociales en atención a las cláusulas generales de la contratación (innegociables) por las plataformas, redes sociales (proveedores de servicios) conforme al Reglamento (UE) 2022/2065 del Parlamento Europeo y del Consejo de 19 de octubre de 2022 relativo a un mercado único de servicios digitales y por el que se modifica la Directiva 2000/31/CE (Reglamento de Servicios Digitales) (*Tol 9.264.851*).

245 Ello ha sido estudiado por VELASCO NÚÑEZ, E., "Medidas restrictivas en Internet: cómo retirar contenidos ilícitos", en *El derecho en la sociedad telemática. Estudio en homenaje al profesor Valentín Carrascosa López*, Andavira Editora, Santiago de Compostela, 2012, pp.139 -164.

246 En definitiva, vemos que existen dos categorías genéricas de contenidos: ilícitos o ilegales y legales. Dentro de la segunda encontraríamos aquellos denominados nocivos o dañinos. Podemos señalar que, respecto a los primeros, los contenidos ilegales o ilícitos, existe un consenso amplio a nivel internacional, supranacional y nacional sobre su aproximación y sobre la idea de que han de ser eliminados o bloqueados. Recordemos que este tipo de contenidos en su momento supuso la aceptación de la presencia estatal en el control del ecosistema. Un reflejo de esta aceptación lo tenemos en el Convenio de Budapest y en sus protocolos I y II.
No obstante, el problema se encuentra en definir que es un contenido nocivo o nocivo, que por definición es legal y que algunos gobiernos y organizaciones tratan de definir para proceder a su eliminación o bloqueo. Ese contenido legal pero dañino o nocivo no sólo depende del ámbito constitucional de cada estado sino de parámetros más subjetivos como la edad, la moral, la situación política, el tiempo en el que se produce... Pongamos como ejemplo la Digital Service Act de la Unión Europea (Reglamento de Servicios Digitales) que entró en vigor el 16 de noviembre de 2016 en aras a limitar las decisiones arbitrarias de eliminación o mantenimiento de contenidos por las plataformas: en los considerandos 2, 5, entre otros, hace una mención a la tipología de contenidos "e deben hacer frente a los contenidos ilícitos, la desinformación y otros riesgos para la sociedad", "información y actividades ilícitas o de otras que también resultan nocivas". En el considerando 12 realiza una definición de los ilícitos " el concepto de «contenido ilícito» debe reflejar a grandes rasgos las normas vigentes en el entorno fuera de línea. Concretamente, el concepto de «contenido ilícito» debe definirse de manera amplia para abarcar la información relacionada con contenidos, productos, servicios y actividades de carácter ilícito. En particular, debe entenderse que dicho concepto se refiere a información, sea cual sea su forma, que sea de por sí ilícita en virtud del Derecho aplicable, como los delitos de incitación al odio o los contenidos terroristas y los contenidos discriminatorios ilícitos, o que las normas aplicables consideren ilícita por estar relacionada con actividades ilícitas" que mantiene en el artículo 3.h "«contenido ilícito»: toda información que, por sí sola o en relación con una actividad, incluida la venta de productos o la prestación de servicios, incumpla el Derecho de la Unión o el Derecho de cualquier Estado miembro que cumpla el Derecho de la Unión, sea cual sea el objeto o carácter concreto de ese Derecho". Sin embargo, la indefinición de lo que es nocivo es el caballo de trolla de este Reglamento: ejemplo de esto pueden ser el art. 3.t "detectar, identificar y actuar contra contenidos ilícitos o información incompatible con sus condiciones generales" desde ahora las condiciones generales van a ser utilizadas para moderar estos contenidos nocivos indefinidos pero legales en aras a eximirse de res-

contenidos ilícitos, contenidos en los códigos penales, serían el resultado de un procedimiento inductivo a partir de la normativa estatal, una especie de denominador común y que habilitaría una regulación de técnicas que dificulten su acceso o posibiliten su retirada, principalmente la no indexación de estos. Por su parte, los "contenidos nocivos", contenidos dañinos pero tolerables, no ilegales, cuya concreción pende de los peculiares ordenamientos de cada uno de los Estados miembros, serán incorporados en códigos de conducta y comportamiento (normativa *soft)* verán diferida la exigencia de responsabilidad de modo subsidiario a cada Estado. El reto sería habilitar instrumentos comunes que verifiquen la responsabilidad también para los mismos[247].

Podemos concluir, con lo apuntado hasta el momento, que el derecho de acceso a internet se presenta como un derecho instrumental, facilitador de otros derechos, relacional, verbigracia: expresión, información, educación, trabajo, participación política o sanidad. Siendo que desde esta consideración se postula el establecimiento de medidas tendentes a la lucha contra las desigualdades que pueden generarse, bien por no tener acceso (económico, geográfico, técnico) a la red o a la tecnología, bien por carecer de capacitación para su uso (edad, género, situaciones personales), brechas digitales[248]. Por ello, el acceso a Internet se configura como valor de servicio público[249],

---

ponsabilidad (6% del volumen de negocio); otro ejemplo es el art. 34.c "cualquier efecto negativo real o previsible sobre el discurso cívico y los procesos electorales, así como sobre la seguridad pública;" ¿Qué es el discurso cívico? Estos contenidos van a ser eliminados por autoridades administrativas sin haber tenido una limitación, una estandarización, por los Tribunales constitucionales, con lo que ello puede suponer en retroceso a nuestras libertades de información y de expresión. Recordemos lo acaecido con el TEHD y el Tribunal Supremo (vid. supra nota 202). No toca aquí examinar el mencionado reglamento y cómo se está empezando a aplicar con ocasión del conflicto de ucrania contra los medios de información que se entienden afines al gobierno de Rusia (a quienes en redes sociales como Twitter se etiquetan como tal: Elena Villar" frente a otros simpatizantes con otros gobiernos europeos o estadounidenses a quienes no se señala como tal.

247 Muestra de ello es el Reglamento de Servicios Digitales tal y como apuntamos en la nota precedente. ÁLVAREZ ROBLES, T., *El derecho de acceso a Internet en el constitucionalismo español*, [Tesis Doctoral], Universidad de León, 2019.

248 Para conocer esta situación podríamos remitirnos a CALDERÓN GÓMEZ, D., "Panorámica de la desigualdad digital en España: operacionalización y dimensionamiento de las brechas digitales de accesibilidad, habilidades y formas de uso", *Arxius De Ciències Socials*, 41, 2019, pp.109 -122.

249 Este concepto de servicio público supone una atribución de varios significados en función de la finalidad perseguida por el legislador: desde la implicación del poder como un servicio prestado a la sociedad en relación con la calidad y cantidad; desde el constitucionalismo, el carácter sociológico del concepto; y desde el ámbito jurídico, su carácter polisémico. En el ámbito administrativo hemos de diferenciar entre la titularidad pública y la gestión privada, derivada de los artículos 106.2, 128 y 158.1 CE. La complicada tarea de delimitar los conceptos de servicio público, bien de interés general, e incluso el carácter público de los servicios persiste, quizá como consecuencia de la no enumeración de servicios públicos, en preferencia por la regulación de actividades configuradas como servicios públicos, esto

y como un instrumento para la eficacia y eficiencia de una pluralidad de derechos y libertades, sin el cual se afecta no sólo al estatus ciudadano sino, y más importante, al desarrollo personal, a la dignidad.

2.3. CONSTITUCIÓN Y DOCTRINAS COMO NÚCLEO DEL DERECHO DE ACCESO A INTERNET EN EL CONTEXTO ESPAÑOL

"Nuevos modos de vida, nuevas dimensiones sobre los clásicos derechos y nuevos valores emergen de la revolución tecnológica y científica, obligando a marcar límites precisos más allá de los cuales resultarían afectados los derechos de las personas y, en consecuencia, la esencia del constitucionalismo"[250]. Resultado de ello, "el reconocimiento [...] de la tensión entre los im-

---

es, leyes que someten a una regulación determinadas actividades, y que a su vez sufre una evolución desde 1978 hasta la actualidad. Guayo establece una caracterización de los servicios públicos en: «a) titularidad pública sobre la actividad (exclusividad regalística); b) exigencia de previa concesión o título habilitante para entrar en el sector, de carácter temporal; c) poderes internos de dirección, vigilancia y control sobre el servicio a favor de la Administración; d) continuidad y regularidad en la prestación (obligación de suministro); e) responsabilidad de la Administración sobre el servicio; f) deslegalización del sector; g) principio de igualdad («régimen de cola»); h) régimen de tarifas o precios públicos, e i) la compatibilidad entre algunos servicios públicos y la competencia». Mientras, en la actualidad en su relación con la regulación, la reglamentación, Guayo, muestra el especial interés por la universalización del servicio como característica de ese servicio público: «el hecho de que se impongan sobre las actividades reguladas unas obligaciones de servicio público no significa que se consideren que las potestades administrativas ejercidas son clasificables dentro de la actividad de servicio público». La principal de esas características constituye el servicio universal, definido como la obligación de servir a todo peticionario a precios razonables». DEL GUAYO CASTIELLA, Í., *Regulación.* Marcial Pons, Madrid, 2017, pp.98, 109-110, 90-113. Esta distinción conceptual es a su vez relevante en cuanto que el servicio público de Internet trasciende a un servicio esencial de interés general, en tanto que a través de ese servicio se prestan múltiples servicios, que en el contexto español se relaciona con la normativa de telecomunicaciones (arts. 38 y 128.2 CE). En este sentido debemos conocer las obras de FUERTES LÓPEZ, M., *Redes inalámbricas municipales. Nuevo servicio público,* Marcial Pons, Madrid, 2005, y "El acceso a Internet como servicio público local", en *Estudios Jurídicos sobre la sociedad de la información y nuevas tecnologías,* Universidad de Burgos, Burgos, 2005; y de FERNÁNDEZ RODRÍGUEZ, J. J., "Comunicación y servicio público (una aproximación interdisciplinar)", *Revista de Estudios Políticos (Nueva Época),* 114, 2001, pp.169 -197.

250 Álvarez Conde y Tur Ausina realizan una categorización de derechos de cuarta generación que responden no tanto a nuevos derechos sino a nuevas dimensiones de derechos ya existentes: de un lado, aquellos que consagran un nuevo estatuto jurídico de la vida y la integridad física y psíquica; de otro, los derechos relacionados con la globalización de las comunicaciones: derechos de la comunicación y la información, derechos en la red y derechos de los menores ante las nuevas tecnologías informativas y de la comunicación, esto es, plantean la dimensión tecnológica desde la revisión los preceptos, 20 y 18 CE, en mayor medida. ÁLVAREZ CONDE, E. Y TUR AUSINA, R., "Los derechos en el constitucionalismo: tipología y tutela «multilevel»"", *Revista Teoría y Realidad Constitucional,* 20, 2007, p.242.

perativos y mandatos establecidos en los textos constitucionales y la realidad social y política como uno de los fenómenos más significativos y característicos del momento histórico, requiere"[251] del estudio de aquellas definiciones o nuevas situaciones referidas a la confrontación entre normatividad y normalidad constitucionales, a saber: la tensión de la norma y la realidad previa o histórica, la situación actual y la tensión futura de la norma y su aplicación y, junto a ello, la necesidad de detenernos en el "constitucionalismo multinivel". Esa idea de constitucionalismo multinivel que nos ha llevado al estudio del derecho de acceso a Internet[252] desde una perspectiva internacional y europea, previamente analizada, y que ahora hace que nos detengamos en el ámbito nacional[253].

La tensión, a la cual aludimos, entre realidad y normatividad respondería a la erosión de las fronteras constitucionales interior y exterior del Estado, que habría derivado de la cesión de soberanía a esferas regionales, autonómicas, supranacionales e internacionales, esto es, la crisis de la verticalidad del Estado, a la que hemos de unir con la crisis horizontal o transversal, basada en la

---

251 DE VEGA GARCÍA, P., "Mundialización y Derecho Constitucional: la crisis del Principio democrático en el constitucionalismo actual", *Revista de Estudios Políticos (Nueva Época)*,100, 1998, p.30.

252 Debemos apuntar cómo en el ámbito del Derecho Constitucional está surgiendo un interés sobre el concepto de "constitucionalismo digital", entendido como la afectación tecnológica, desde una concepción amplia del término, a los derechos fundamentales, a la organización del Estado, la separación de poderes, etc. Interés que deriva no solo en su uso frecuente, sino que también comienza a ser entendido como una variante del Derecho Constitucional moderno, que se preocuparía por el estudio de las consecuencias de las tecnologías de la información y de la comunicación en el ámbito constitucional, como acabamos de apuntar, en dos niveles principalmente: afectación a los derechos fundamentales y separación o reparto de poderes. A este respecto, Celeste nos advierte de las tres categorías de normas que se preocupan de la cuestión digital: normas que facilitan el ejercicio de un derecho fundamental preexistente; normas que limitan la violación de esos derechos; y, normas que buscan o pretenden restaurar el equilibrio de poderes existentes. CELESTE, E.: «Digital constitutionalism. Mapping the constitutional response to digital technology's challenges, *HIIG Discussion Paper Series* 02, 2018» [en línea], (2018), <https://ssrn.com/abstract=3219905>. [Consulta: 3/06/2023.]

253 La consideración del Estado en la regulación de la Red deberá de respetar la naturaleza propia de Internet, del ciberespacio, a fin de evitar una "sobrerregulación", una regulación innecesaria y por ello un abuso en el citado ámbito, proponiendo un derecho de principios generales, mínimos, que respeten y garanticen los derechos y libertades de forma transversal y horizontal. Podemos advertir "el riesgo de que, espoleados por la omnipresencia y potencialidad de la Red, Estados más o menos numerosos decidan dar la espalda a esos orígenes esencialmente autorregulatorios de Internet, y opten sin reparo alguno en normar en profundidad, no solo aspectos que [...] sin discusión lo requieren, sino también esos otros que debieran en principio quedar al margen de su intervención". Nos referimos así al "riesgo de sobrerregulación" GARCÍA MEXÍA, P., "El derecho de acceso a Internet", *op. cit.*; y en "El Derecho de Internet", en *El derecho de Internet*, Atelier, Barcelona, 2016, p.22.

separación de lo público y lo privado, que incide en los conceptos de legitimidad y de responsabilidad[254].

Esa tensión que se genera en el ámbito constitucional, consecuencia del propio proceso globalizador y tecnológico-digital, habrá de ser resuelta por los principios y subprincipios[255], bien redefinidos, bien nuevos, que, en otro orden de ideas, responden a las adjetivaciones constitucionales, y que en nuestro caso supone atender al constitucionalismo digital. Maxime cuando "el derecho se ve afectado de manera particularmente intensa por la incidencia de Internet, una incidencia que está exigiendo replantear muchas de las instituciones jurídicas existentes y que reclama aproximaciones teóricas que arrojen luz a las oscuridades conceptuales que se derivan de la Red"[256].

Debemos, por tanto, proceder al estudio de los derechos y libertades en tanto que son contenidos y/o garantizados por la Constitución, por el sistema constitucional, en la tensión norma-realidad, a fin de poder determinar nuestra proposición de derecho de acceso a Internet, entendido no sólo como acceso universal y neutro sino también en el significado de su afectación a otros derechos fundamentales[257].

En otras palabras, la transformación tecnológico-digital ha supuesto y supone la revisión y adaptación de los marcos normativos constitucionales al siglo XXI, en aras a proteger y garantizar una pluralidad de derechos y libertades tradicionales y nuevos, prestacionales, ordinarios y fundamentales[258].

---

254 Como sostiene SEIJAS VILLADANGOS, Mª. E., "Modernas tendencias en el Derecho Constitucional: hacía unos nuevos principios constitucionales", en *España constitucional. Trayectorias y perspectivas*, Centro de Estudios Políticos y Constitucionales, Madrid, 2018, p.1978.

255 Esa circunstancia de interrelación, que va a afectar el análisis nacional español, guarda relación con los principios propios de Internet que van a definir nuestro derecho de acceso: la accesibilidad o acceso, dentro del cual hemos de analizar la brecha digital, el acceso universal y la neutralidad de las tecnologías e infraestructuras, la no limitación o bloqueo de la red, la no discriminación, la gestión del tráfico, el desarrollo de las libertades y derechos de expresión, información y comunicación, capacitación; y el pluralismo o pluralidad, de tecnologías, de sujetos, de contenidos, de participación política, administrativa o económica, de normativa. A los que podríamos añadir aquellos relacionados con la seguridad: principios de inocuidad, o no perjuicio; de seguridad o protección y de responsabilidad ante las consecuencias no deseadas o daños causados.

256 FERNÁNDEZ RODRÍGUEZ, J. J., "*Lo público y lo privado en Internet. Intimidad y libertad de expresión en la Red*," Universidad Nacional Autónoma de México, México, 2004, p.223.

257 Tal y como sostiene RODOTÁ, S., *El derecho a tener derechos, op. cit.*; y en "A Bill of Rights for the Internet Universe", *op. cit.*

258 A modo de ejemplo la propuesta de un constitucionalismo digital de Celeste: quien sostiene que el constitucionalismo digital no representaría una nueva forma autónoma de constitucionalismo, sino que debe verse como una capa teórica interna del constitucionalismo contemporáneo. El constitucionalismo digital pretende preservar el ADN del constitucionalismo contemporáneo. Traduce sus valores fundacionales, perpetuándolos en el contexto de la sociedad digital. Este constitucionalismo digital sería una consecuencia del proceso

Desde el marco constitucional se trataría de ordenar el proceso de digitalización, el paso a una sociedad y Estado tecnológico-digitales, a través del reconocimiento del derecho de acceso a Internet, por ser este un derecho facilitador de derechos, un derecho de igualdad (verbigracia: expresión, información, trabajo, educación, sanidad).

Un reconocimiento que no le es ajeno al marco normativo constitucional de Estados como: Grecia (2001) y México[259] (2013) que ha reconocido el derecho de acceso a Internet y a las tecnologías al máximo nivel constitucional recogiéndolo en las Constituciones; en otros Estados como Francia (2009) o Costa Rica (2010) serían los Tribunales/Cortes Constitucionales las encargadas de crear ese derecho fundamental, garantía jurisdiccional; mientras que, Estonia (2000), Finlandia (2003, 2009), España (2003, 2011 y 2018), Alemania (2004) o Brasil (2014), Francia (2020) reconocerían el derecho de acceso a Internet en distintas normas de rango legal, garantía normativa[260].

---

de constitucionalización de la sociedad digital que aún no se ha consumado. Como nosotros también mantenemos y que el autor defiende como un proceso continuo y gradual. Nos recuerda además que no se trata simplemente de una operación de codificación de arriba hacia abajo (top down), sino de un proceso más amplio de elaboración de normas que incluye instancias de abajo hacia arriba (bottom up) de diferentes sectores de la sociedad. Ese procedo está articulado y fragmentado, pero al mismo tiempo unificado por una voluntad compartida de no apartarse de las raíces del constitucionalismo contemporáneo. Para restaurar un estado de equilibrio en la sociedad, no es suficiente trasplantar conceptos y mecanismos constitucionales que fueron diseñados para un mundo analógico a la galaxia digital, sino que hay que emprender una operación de traducción de los valores constitucionales (lo que nosotros tratamos de hacer en este trabajo). Los contraataques constitucionales a los desafíos de la sociedad digital mantienen su punto de referencia en los principios del constitucionalismo contemporáneo donde se introducen nuevas garantías constitucionales al adaptar los valores centrales del constitucionalismo contemporáneo al contexto mutado de la sociedad digital. Ese constitucionalismo, como sostiene el autor, surge de la necesidad de prevenir el desarrollo de una sociedad digital desprovista de los valores por los que lucharon nuestros antepasados durante los últimos siglos y es un deber colectivo: no sólo para respetar nuestra historia, sino también por un sentido de responsabilidad que debemos hacia el futuro. Junto a Celeste, CELESTE, E., *Digital Constitutionalism. The Role of Internet Bills of Rights, op.cit.* En sentido similar: ÁLVAREZ ROBLES, T., "Derechos digitales: especial interés en los derechos de acceso a Internet y a la ciberseguridad como derechos constitucionales sustantivos", op. cit.; BARRIO ANDRÉS, M., *Formación y evolución de los derechos digitales,* Ediciones Jurídicas Olejnik, Chile; RALLO LOMBARTE, A., "Nuevas tecnologías, nuevos derechos", en *España constitucional. Trayectorias y perspectivas.* Vol. III, Centro de Estudios Políticos y Constitucionales, Madrid, 2018, pp.2363-2379; o RODOTÁ, S., "A Bill of Rights for the Internet Universe", *op. cit.*

259 Cierto es que, en el caso de México se constitucionaliza un derecho a las tecnologías al que no se dota de garantías institucionales, que no se apoya suficientemente con políticas públicas, con presupuesto, por lo que queda vacío, es un derecho semántico. Esto denota que el mero reconocimiento constitucional no es suficiente.

260 Vid supra punto 2.1.

En suma, como respuesta a la creciente tecnologización y digitalización que afrontan los Estados podemos señalar el interés que se ha venido desarrollando por los derechos tecnológico-digitales en el ámbito del Derecho Constitucional español donde tanto doctrina científica[261], como jurídica del Tribunal Constitucional (tal y como a continuación apuntaremos) se preocupan de estudiar y adaptar el marco normativo español a la realidad social del momento.

2.3.1. La creación en el Senado de la Comisión Especial sobre Redes Informáticas en 1998: una primera defensa del derecho de acceso a Internet institucional.

Uno de los hitos más importantes en el contexto español relacionados con Internet fue la creación en el Senado de una *Comisión Especial de estudio sobre las posibilidades y problemas de las redes informáticas*, constituida el 24 de marzo de 1998[262] que tendría por objeto el análisis de las posibilidades y problemas que, en los ámbitos político, jurídico y social, planteaba el desarrollo y la universalización de las redes informáticas. La Comisión Especial sobre redes informáticas es, quizá, uno de los impulsos más claros de ese derecho de acceso a Internet en el ámbito español[263] y supondrá un antes y un después en el interés institucional en la universalización de las redes informáticas (la red de Internet), en ella se realizan preguntas que hoy en día seguimos sin responder y se comienza a definir el derecho que nos preocupa desde una perspectiva interdisciplinar.

Es pertinente señalar a modo de ejemplo algunos de los trabajos realizados por esta Comisión, por cuanto tendrán un reflejo normativo y/o jurisprudencial.

Comenzando por una de las primeras sesiones de la Comisión, celebrada el 2 de junio de 1998, en la cual comparecería Quintanilla Fisac[264]. En ella se

---

261 Sin ánimo de ser exhaustivos: Ballaguer Callejón, Barrat i Esteve; Barrio Andrés; Cotino Hueso; Fernández Esteban; Fernández Rodríguez; García Costa; García Fernández; García Mexía; Pérez Luño; Martínez Martínez; Rallo Lombarte; Rubio Núñez; Sánchez Barrilao.

262 Diario de Sesiones de Comisión Especial de estudio sobre las posibilidades y problemas de las redes informáticas del Senado, VI Legislatura Comisiones, núm. 261, de fecha 24/03/1998. Cve: CS0261.

263 En el ámbito francés, también en 1998, podemos advertir el Informe sobre Internet y redes digitales que sería realizado por el Consejo de Estado francés: Internet et les reseaux numeriques Collection Etudes du Conseil d'Etat, 1998.

264 Diario de Sesiones de Comisión Especial sobre redes informáticas del Senado, núm. 297, de fecha 02/06/1998. Cve: CS0297.

reclama el abaratamiento e incluso gratuidad del servicio de Internet[265], la mejora e inversión en su infraestructura y se expresa la necesidad de realizar una intervención eficiente en relación con los contenidos ilícitos[266]. En esta sesión se plantea el *acceso universal*, el "derecho de acceso", como contestación o solución a la "dualización social"[267]. Ese acceso universal a Internet trataría de combatir las posibles discriminaciones sociales que se producen ya a finales de los noventa: de un lado, quienes tienen presencia en Internet, quienes se encuentran dentro de la red, y quienes no; y de otro, quienes estando conectados pueden acceder tan sólo a *Internet 1* frente a quienes podrían acceder a una *Internet 2*, de mayor calidad, una red mejor. De esta forma, esa respuesta a la brecha digital pasaría por un favorecimiento de la educación en su sentido más general, por la preocupación social, laboral y empresarial; y por crear una buena infraestructura, física y lógica. Siendo necesaria la implicación de las Administraciones, del Estado[268], a fin de facilitar

---

265 De igual modo, se consideraría en la sesión a cargo de Laura B. Sherman, Asesora Jurídica en Política de Comercio Internacional del Departamento Internacional de la Federal Communication Commission de Estados Unidos. En esta ocasión, en la reflexión de Calvo Poch, quien se expresaría en los siguientes términos: "volviendo al asunto del acceso universal, quisiera plantearle la siguiente reflexión. Si es necesario garantizar un acceso universal como servicio público a los ciudadanos, las Administraciones van a tener ante sí un reto extraordinario, porque una cosa es que lleguemos a la conclusión de que todos los ciudadanos tienen que tener derecho a estar en la red y otra muy distinta que los servicios existentes en la misma puedan resultar gratuitos". Diario de Sesiones de Comisión Especial sobre redes informáticas del Senado, núm. 303, de fecha 03/06/1998. Cve: CS0303. p.6.

266 En este sentido, Quintanilla Fisac: "el reto de Internet no es el control de los contenidos, eso es tan importante como puede ser el control de cualquier ofensa, injuria y delito que se pueda producir a nivel de medios de comunicación en cualquier ámbito. Es verdad que plantea unos problemas específicos la persecución de los delitos en Internet por su no localidad, pero no son problemas imposibles de resolver, ni que requieran grandes innovaciones jurídicas, requieren simplemente cierto cambio de perspectiva y de orientación como, de hecho, se está haciendo al crear unidades especiales en la Policía, etcétera. Los retos de Internet no son ésos. Los retos de Internet tienen que ver con lo que les decía antes de la importancia de tomar decisiones rápidas". Diario de Sesiones de Comisión Especial sobre redes informáticas del Senado, núm. 297, *cit.*, p.6.

267 Diario de Sesiones de Comisión Especial sobre redes informáticas del Senado, núm. 297, *cit.*, p.7. dualización social que entendemos como brecha digital y que Majó Cruzate entiende en una triple categoría: "los tres motivos o las tres causas fundamentales por las que en la sociedad de la información habrá marginados, habrá gente que estará dentro y gente que estará fuera. Estas tres causas yo las sintetizo en una causa de tipo territorial y tecnológico, para darle un carácter muy físico, una segunda causa de carácter económico y una tercera causa de carácter cultural. Me parece que estos tres peligros, el territorial tecnológico, el económico y el cultural son los tres peligros a los que tenemos que hacer frente y son aquellos ante los que las autoridades públicas han de tomar medidas". *Ibidem*, p.16.

268 Igualmente, se plantea en el ámbito legislativo la intervención mínima en los siguientes términos: "los aspectos puramente legislativos de desarrollo de la tecnología de Internet creo que deberían orientarse, sobre todo, a definir más claramente la responsabilidad por los posibles delitos que se puedan cometer en un ámbito en el que el grado de intervención

el acceso territorial en condiciones de igualdad, de evitar así la brecha territorial, de eludir monopolios, de invertir en la propia infraestructura y garantizar la cobertura universal del servicio, la conexión rápida y de calidad.

En sentido similar transcurriría la sesión de fecha 15 de junio de 1998[269], en la que la preocupación por el desarrollo de la infraestructura, por la consideración de Internet como *servicio público* y la necesidad de superar la barrera económica, darían pie al debate en torno a la posibilidad de vulneraciones de derechos a la intimidad y/o a la libertad de expresión, se propone la necesidad de limitar los accesos o controlar los contenidos, para de ese modo *proteger la Red.*

Así mismo una de las intervenciones más relevantes para nosotros sería la realizada por la constitucionalista Fernández Esteban, de fecha 16 de junio de 1998, favorable a la consideración del acceso a Internet[270] como un derecho por cuanto consideraba que "el servicio universal, que debe incluir el acceso a Internet, por supuesto. [...] Es una obligación, en mi opinión, del Estado de Derecho, garantizar que no habrá separación entre las personas que tienen acceso a las nuevas tecnologías y las que no, porque eso va a significar la exclusión en el mundo del siglo XXI, que va a ser un mundo en el que, como he dicho, la mayoría de las relaciones van a tener lugar en Internet"[271], opinión que suscribimos.

Por su parte, la también constitucionalista, Corredoira Alfonso, en intervención realizada el 29 de junio de 1998[272], se encargaría del análisis de las *consecuencias jurídicas de la convergencia de los medios en Internet* y de señalar la incidencia de la Ley General de Telecomunicaciones respecto al cam-

---

de cada uno de los posibles actores es muy difuso. No obstante, creo que lo más importante es cualquier intervención que permita facilitar el desarrollo de la red: normalización, por ejemplo, de protocolos, protección de la intimidad, regulación del derecho de propiedad intelectual —muy importante—, pero no para restringirlo sino, en cierto modo, para ampliarlo". *Ibidem.*, p.8.

269 Diario de Sesiones de Comisión Especial sobre redes informáticas del Senado, núm. 305, de fecha 15/06/1998. Cve: CS0305.

270 En sentido similar, se pronunciaría el segundo ponente, Casacuberta Sevilla, quien analizaría la relación de los derechos tradicionales en el ámbito cibernético advirtiéndonos de nuevos ciberderechos y de la posibilidad de Internet como herramienta o como sistema en la democracia, para, a continuación, centrarse en la necesidad de garantizar el acceso a Internet más allá de las cuestiones económicas y/o geográficas. De este modo, afirma que si la gratuidad no es posible entonces habría que conseguir su abaratamiento, así como enfatiza en la importancia de la educación y de las discapacidades. Diario de Sesiones de Comisión Especial sobre redes informáticas del Senado, 308. p.19.

271 Diario de Sesiones de Comisión Especial sobre redes informáticas del Senado, 308, p.8.

272 Diario de Sesiones de Comisión Especial sobre redes informáticas del Senado, núm. 317, de fecha 29/06/1998. Cve: CS0317.

bio sustancial entre servicio público e interés general[273] que introduce esta ley: "por primera vez en la legislación española no se comienza diciendo: Las telecomunicaciones son un servicio público de interés general. Pues bien, esto tiene consecuencias jurídicas importantes puesto que las telecomunicaciones dejan de ser servicio público[274] para pasar a denominarse *servicios de interés general*[275] salvo algunas excepciones [...] la radio y la televisión",

---

273 A este respecto Mòdol Pifarré: "hay determinados medios, los que uno escoge voluntariamente, en los que, efectivamente, no habría que aplicar ningún tipo de restricción, como puede ser Internet; uno está conectado a un servidor porque quiere, porque paga una cuota, porque es un abonado, en definitiva. Y otros son aquellos medios mínimos a los que, algún día, la Constitución tendrá que derivar para decir: no hace falta que usted se abone; usted, por ser ciudadano de este país, tiene derecho a ver estos canales de televisión, a tener este tipo de información, etcétera. Yo diría que ésa es la diferencia entre servicio público e interés general que se ha generado". Diario de Sesiones de Comisión Especial sobre redes informáticas del Senado, núm. 317. *cit.*, p.8.

274 Este concepto de servicio público, hemos de apuntar, supone una atribución de varios significados en función de la finalidad perseguida por el legislador, como establece del Guayo Castiella. De este modo, el autor analiza el concepto desde la implicación del poder como un servicio prestado a la sociedad en relación con la calidad y cantidad; desde el constitucionalismo, el carácter sociológico del concepto; y desde el ámbito jurídico, su carácter polisémico. A este último respecto, nos informa de la necesidad de fijarnos en el ámbito administrativo y de diferenciar entre la titularidad pública y la gestión privada, derivada de relación de los artículos 106.2, 128 y 158.1 CE. La complicada tarea de delimitar los conceptos de servicio público, bien de interés general, e incluso el carácter público de los servicios persiste, quizá como consecuencia de la no enumeración de servicios públicos, en preferencia por la regulación de actividades configuradas como servicios públicos, esto es, leyes que someten a una regulación determinadas actividades, y que a su vez sufre una evolución desde 1978 hasta la actualidad. Así, el autor establece una caracterización de los servicios públicos en 1978 "a) titularidad pública sobre la actividad (exclusividad regalística); b) exigencia de previa concesión o título habilitante para entrar en el sector, de carácter temporal; c) poderes internos de dirección, vigilancia y control sobre el servicio a favor de la Administración; d) continuidad y regularidad en la prestación (obligación de subministro); e) responsabilidad de la Administración sobre el servicio; f) deslegalización del sector; g) principio de igualdad (<<régimen de cola>>); h) régimen de tarifas o precios públicos, e i) la compatibilidad entre algunos servicios públicos y la competencia". Mientras, en la actualidad en su relación con la regulación, la reglamentación, del Guayo, muestra el especial interés por la universalización del servicio como característica de ese servicio público: "el hecho de que se impongan sobre las actividades reguladas unas obligaciones de servicio público no significa que se consideren que las potestades administrativas ejercidas son clasificables dentro de la actividad de servicio público. La principal de esas características constituye el servicio universal, definido como la obligación de servir a todo peticionario a precios razonables". DEL GUAYO CASTIELLA, Í., *Regulación, op. cit.*, pp.98, 109-110, 90-113.

275 Podemos apuntar que, si bien el propio concepto de servicio público suscita problemas en cuanto a su determinación y su implicación jurídica, no menos plantea el interés general en el ámbito constitucional y en relación con el Estado. Muestra de ello la presencia del término "interés general" en la Carta Magna en los preceptos: 30.3; 34.1; 44.2; 47; 128. 1 y 2; 149.1 20° y 24° y 3; y 155. En otras palabras, el interés general podría haber quedado sobrepasado por el ámbito estatal en clara relación social, global.

y que supone principalmente la liberalización de las telecomunicaciones en España[276].

La consideración de la intervención o la abstención del Estado en los medios de comunicación, en lo referente a Internet la establece en dos niveles de discusión. En un primer momento, desde la garantía de un servicio público: "me parece que son dos cosas diferentes hablar de servicio público en esos llamados servicios mínimos, [...], en los que quizá tengamos que estar de acuerdo sobre cuáles son, y yo tengo claro que uno de ellos, desde luego, es la infraestructura. Eso está cerca de la tarifa plana, es decir, ya no sólo es el servicio universal para llegar a aquellos sitios en los que no sea rentable el teléfono, sino que algunos servicios —como el acceso a Internet o a otras fuentes de información, no necesariamente sólo a Internet— sean más baratos, por debajo del coste, que es en realidad lo que se plantearía: utilizar espacios ociosos de la red". Mientras, en el segundo de los niveles de discusión, "en cuanto a la responsabilidad por las transgresiones en Internet, creo que no es del todo lo mismo que en la vida. Y digo que no es lo mismo porque no es igual de fácil encontrar al responsable. De ahí que, al referirme a la aplicación de las leyes generales de información, como la Ley de Publicidad o la Ley electoral, indudablemente no debe haber leyes diferentes, pero tampoco se nos debe escapar —sobre todo no se le debe escapar a las Cortes Generales— el hecho de que *el destinatario de esa ley ha cambiado*[277]. Por tanto, el *modo en el que se deben cumplir las normas es distinto* y, si no, las normas de nuevo serán inútiles; no serán leyes, porque una ley, como todos ustedes saben, para que lo sea tiene que ser eficaz".

La importancia de la infraestructura como uno de los tres componentes de Internet, junto a los servicios y al acceso, habría de situarse no sólo en la capitalidad de la misma, sino también en relación con la disponibilidad, la multiplicidad, la facilidad de su uso y la posibilidad de materializar actividades

---

276 En este sentido, Ibarz Casadevall: "-sobre todo, a nivel de Estado—, en esa batalla por la liberalización y la penetración en los mercados de las nuevas operadoras, es que están ofreciendo gratis el acceso a Internet a todos los ciudadanos. Pero esto se hace cobrando tarifas, ya que nada se da gratis a cambio de nada. Así, hoy en día en España incluso Telefónica ofrece el acceso a Internet gratis, si bien lo que no ofrece son tarifas razonables". Diario de Sesiones de Comisión Especial sobre redes informáticas del Senado, núm. 454, de fecha 24/06/1999. Cve: CS0454. p.16.

277 En cuanto al marco normativo en Internet, en este momento relacionado con la infraestructura, "lo que quisiera poner de relieve es el enorme caos legislativo que hay sobre el espectro audiovisual, por tanto, sobre las redes informáticas y digitales en este país, vayan por cable o fibra óptica, o sin cable. Existe tal cantidad de reglamentaciones, decretos leyes, atribuciones diferentes del Estado, de las Comunidades Autónomas, de los ayuntamientos, que, verdaderamente, no ayuda mucho a la implantación de la sociedad digital". Diario de Sesiones de Comisión Especial sobre redes informáticas del Senado, núm. 343, de fecha 20/10/1998. Cve: CS0343. p.14.

diversas e independientes, según Arroyo Galán[278], quien junto a ello considera que "debería definirse un nuevo concepto de *nivel básico de conectividad*, el sustituto del nivel de servicio básico en los sistemas de telecomunicación, acorde con las necesidades tecnológicas del tercer milenio".

Con todo ello, la reiteración de la defensa del acceso universal a Internet de Amigot Remón[279] entendido como tarifa plana, como gratuidad, como calidad en el servicio, como inversión en infraestructura y en las tecnologías aledañas, en relación con la educación, la información, la lengua, la defensa, el ámbito económico, laboral, político. Son igualmente suscritas por *Pardos Pérez*[280] al considerar que el *"derecho de acceso a la Internet podría casi incluirse en uno de los derechos que, para el siglo XXI, podría muy bien definirse como un derecho de la humanidad".* Esta concepción de derecho a las tecnologías también la defendería Pi Llorens[281], quien se acerca a ellas por ser un derecho instrumental.

El mes de diciembre de 1999 sería un mes para la reflexión, para la puesta en común de los trabajos realizados por la Comisión Informática durante los veinte meses de vida. De ese modo, desde la confección del informe final, presentado en Comisión[282] y en Pleno[283] y posteriormente publicado en el Boletín Oficial de las Cortes Generales podemos extraer a modo de resumen

---

278 Diario de Sesiones de Comisión Especial sobre redes informáticas del Senado, núm. 318, de fecha 30/06/1998. Cve: CS0318. p.18.

279 Amigot Remón: "un acceso universal, con una consideración de que Internet es un derecho básico universal" que supondría, si se consiguiese, que "este país podría no ya retomar el tren de futuro que siempre ha perdido, sino, por qué no, incluso ponerse a la cabeza", pues considera que "estamos en un mundo nuevo totalmente virtual y podría ponerse a la cabeza de muchos aspectos". Igualmente, sostiene que es "un medio para poner de manifiesto la injusticia, para combatir la oscuridad informativa, la censura". Y en su relación con "la tarifa plana, o una cuota mensual, nos parece un derecho básico, universal, porque da acceso a la nueva cultura, a las comunicaciones, a la información, y pensamos que la tarifa plana es en realidad un modo de reivindicar un acceso universal asequible a Internet". Diario de Sesiones de Comisión Especial sobre redes informáticas del Senado, núm. 340, de fecha 19/10/1998. Cve: CS0340. pp.4-10.

280 Pardos Pérez. Diario de Sesiones de Comisión Especial sobre redes informáticas del Senado, núm. 362, de fecha 17/11/1998. Cve: CS0362. p.32.

281 La consideración de derecho humano también por parte de Pi Llorens "Lo segundo que quería decirle es que si entre los derechos humanos es importante el derecho a la información, al conocimiento y a la educación, y aceptamos la tesis que he expuesto aquí de que este fenómeno es nuevo y radical en sus profundidades, es evidente que, por silogismo inmediato, tendremos que aceptar la responsabilidad de proporcionar a nuestros ciudadanos el acceso a estas nuevas tecnologías, no tanto como fin sino como medio". Diario de Sesiones de Comisión Especial sobre redes informáticas del Senado, núm. 521, de fecha 22/11/1999. Cve: CS0521. p.8.

282 Diario de Sesiones de Comisión Especial sobre redes informáticas del Senado, núm. 538, de fecha 09/12/1999. Cve: CS0538.

283 Diario de Sesiones de Pleno del Senado, núm. 157 de fecha 17/12/1999. Cve: PS0157.

una serie de conclusiones y/o preocupaciones que afectarían al desarrollo del derecho que nos ocupa, el acceso a Internet, "una *declaración de principios y compromisos de un grupo de representantes democráticos* de todos los españoles ante este nuevo mundo que ya estamos viviendo"[284].

En la presentación de las conclusiones, la *Comisión Especial sobre redes informáticas* pretende, desde un primer momento, resaltar "el principio de que todas las personas tienen el *derecho fundamental de acceder libremente a la Red* sin discriminación alguna. Siendo la libertad una condición inherente a la misma, no cabe a nuestro juicio su restricción por ningún Poder. Sólo la Carta Universal de los Derechos Humanos puede poner límites a la libertad de acceso, circulación, información y comunicación a través de la Red"[285]. Por lo que ese *derecho de acceso se vincula a los principios de libertad e igualdad, y se establece como límite al mismo la Carta Universal de los Derechos Humanos y la seguridad.*

Centrándonos en el estudio del *Informe de la Comisión Especial sobre redes informáticas*[286], que podemos entender como un resumen del trabajo desarrollado durante 1998 y 1999. Este partiría de la consideración de la Red como un ámbito de oportunidades, beneficios y transformaciones, pero también como un nuevo escenario de problemas jurídico-políticos derivados de la propia característica anárquica del ciberespacio que lo convierte en un "ámbito sin ley donde los principios democráticos puedan quedar sin vigencia", a la par que supone el "espacio natural de la democracia directa" y donde "ningún Estado tiene capacidad de actual por sí solo". "Internet es, ante todo, un medio de comunicación de masas, el más poderoso y el más interesante que ha habido en la historia de los medios de comunicación". Es, a partir de esta consideración, que se plantea un análisis sereno y realista ante la posibilidad de la universalización de las "autopistas de la información", en sus facetas política, social y jurídica, a fin de prevenir los problemas y de obtener el máximo beneficio de las posibilidades que nos ofrece.

El informe, que nos hace partícipes de la denominada "*Comisión de Internet*", analiza el acceso a Internet desde esa doble vertiente que venimos considerando, así desde el contenido lo relaciona con el "Parlamento electrónico"[287] en tanto que se habría llevado a cabo una primera experiencia de de-

---

[284] Diario de Sesiones de Comisión Especial sobre redes informáticas del Senado, núm. 538, *cit.*, p.3.

[285] *Ibidem.*

[286] Publicación del Acuerdo del Pleno del Senado por el que se aprueba el Informe de la Comisión Especial sobre redes informáticas (650/000006). Boletín de las Cortes Generales, Senado VI Legislatura, Serie I de 27 de diciembre de 1999, núm. 812.

[287] Siendo este Parlamento electrónico considerado el "Parlamento del futuro", que "actúa en beneficio del sistema democrático" en tanto que acerca el Parlamento a los ciudadanos,

mocracia digital, a lo largo de algo más de un año, consistente en la creación de una web[288] de la propia Comisión que contendría un "Foro Público" en el cual cualquier persona interesada participaría del debate, un debate que cumplimentaría a los trabajos de las fuerzas políticas y de los expertos con la única limitación del respeto a los principios constitucionales. Mientras, en el ámbito de la infraestructura, en su consideración de medio de comunicación, como herramienta, en relación con el impacto económico y con la penetración y uso en los hogares españoles "justifica una acción decidida de los poderes públicos, tendente a superar todos aquellos déficits que pueden existir en nuestro país al enfrentarnos a las nuevas tecnologías, tanto desde una perspectiva social, como en el ámbito de la educación, o dentro del tejido empresarial, sin perder de vista otros aspectos como el jurídico".

De igual modo que en el ámbito internacional, a nivel estatal se instalaría la preocupación de que Internet se convierta en una vía de discriminación, de desigualdades, motivo por el cual se justifica la necesaria actuación de los poderes públicos en aras a "sentar las bases necesarias para que el acceso a Internet sea universal, de forma que las nuevas tecnologías estén al alcance de cualquier punto del país, por remoto que éste sea, y a ser posible, en las mismas condiciones que en cualquier gran ciudad. Para ello deberán desarrollarse medidas tendentes a evitar que la red sea accesible a los ciudadanos únicamente en función de criterios de rentabilidad", brecha territorial y económica. Igualmente, se propone un acceso universal a la Red que no sólo cumpla con criterios económicos, sino también de *accesibilidad* a personas con algún tipo de discapacidad[289]. La alfabetización digital, como medida para salvar esa brecha digital, también sería tenida en cuenta en el citado documento, siendo esa educación prevista para la totalidad de las edades[290] y

---

que supone un nuevo proceso en la toma de decisiones, un nuevo canal de comunicación, que, a su vez, se traduce en que los riesgos sean menores a los beneficios obtenidos de su implementación. Acuerdo del Pleno del Senado por el que se aprueba el Informe de la Comisión Especial sobre redes informáticas (650/000006), *cit.*, pp.2-3.

288 Aprobación de la web. Diario de Sesiones de Comisión Especial sobre Redes Informáticas del Senado, VI Legislatura Comisiones, núm. 290, de fecha 18/05/1998. Cve: CS0290.

289 Dedicando, a este aspecto, varios párrafos en los que se ponen de manifiesto las ventajas de las tecnologías de la información y de la comunicación respecto de las personas con discapacidad. Como puedan ser aquellas derivadas de: la no necesidad de desplazamiento geográfico, de facilitar la incorporación al ámbito laboral, del acceso a información y a la educación. Debiendo destacar, en este sentido, las palabras de Velasco Núñez: "el acceso universal no sólo pasa por el bajo coste de la conexión telefónica, sino por una adecuada presentación de la información para las personas con discapacidades", siendo así que se habría de implementar el diseño para todos para de ese modo crear una "sociedad de la información sin barreras". pp.7, 19.

290 En este sentido, la Comisión se preocuparía por la incorporación de las tecnologías en la enseñanza tanto primaria como superior, así como por la necesidad de formar a los docentes. Y dedica una especial atención al sistema universitario, del que advierte su futura virtuali-

en la amplitud de los distintos ámbitos, educativos, empresariales, sociales. Mientras que desde la vertiente económica y laboral Internet sugiere "un reto fundamental como es el de replantear la organización del trabajo, los contratos y hasta la forma de las relaciones laborales desde la perspectiva que las nuevas tecnologías ofrecen", así como aquellas cuestiones derivadas del comercio electrónico.

La afectación al contenido la vincula en mayor medida al artículo 18 de la Constitución al establecer "que la actividad que se desarrolla en la red, se mantenga dentro del marco que la Ley delimita" y al vincularlo con la "intimidad y la protección de datos"[291], en el desarrollo normativo que deviene de las normas europeas. Y nos presentan u ofrecen medidas de concienciación sobre seguridad, la elaboración de códigos éticos, así como la definición de la interceptación de las comunicaciones[292], la regulación de la publicidad en Internet, siendo el autocontrol una de las medidas más eficientes dada la aterritorialidad de la Red[293], ausencia de territorialidad que en el ámbito legal exigiría una armonización normativa y la cooperación de los Estados.

En todo caso, se propone la consideración del acceso a Internet como un derecho constitucional: ese derecho constitucional es así uno de los pilares del estudio y experiencia desarrollados por la Comisión: "*la gran conclusión de estos casi dos años de debate en torno a la Red de Redes es, sin duda, la obligación de las autoridades competentes, que suelen ser los gobiernos*

---

dad, lo cual "exigirá cambios legislativos y sobre todo de costumbres, ya que habremos de concebir esta institución como algo que no necesariamente funcione de forma exclusivamente síncrona, sino también con criterios de no presencialidad". *Ibidem,* pp.8, 15-18.

291 Refiriéndose expresamente al Convenio nº 108 del Consejo, de 28 de enero de 1981, de Europa para la Protección de las personas con respecto al tratamiento automatizado de datos de carácter personal (*Tol 554.957*) y las Directivas 95/46 sobre Protección de la Intimidad de los Ciudadanos (*Tol 173.289*) y la 97/66 sobre el Tratamiento de Datos Personales y la Protección de la Intimidad en el Sector de las Telecomunicaciones (*Tol 173.294*). Por lo que se refiere a nuestro ordenamiento, recientemente ha sido aprobada por las Cortes Generales la Ley Orgánica de Protección de Datos de Carácter Personal (........) que deroga la Ley Orgánica 5/1992, de 29 de octubre, de Regulación del Tratamiento Automatizado de los Datos de Carácter Personal (*Tol 11.224*). Igualmente, es preciso mencionar la Ley 11/1998, General de Telecomunicaciones (*Tol 257.545*) y el Real Decreto 1736/1998, de 31 de julio, por el que se aprueba el Reglamento que desarrolla el Título III de la citada Ley (*Tol 152.420*). *Ibidem.*

292 "A estos efectos, es de vital importancia que el Derecho nacional defina estrictamente aspectos como, qué servicios están autorizados para recoger la interceptación y con qué fundamento, teniendo en todo caso presente que, de acuerdo con nuestro Derecho constitucional, las interceptaciones sólo podrán hacerse con autorización judicial". *Ibidem.*

293 "Dadas las características de Internet donde la ausencia de territorialidad acarrea, en muchos casos, problemas de competencia a la hora de establecer normas o incluso perseguir delitos, es evidente que las instituciones públicas deben favorecer en cuanto les sea posible, todas aquellas iniciativas privadas que persigan establecer normas de autocontrol". *Ibidem.*

nacionales, de garantizar a todos y cada uno de sus ciudadanos el acceso a Internet. El derecho —constitucional, si cabe— a la Red es la premisa para seguir exponiendo en estas páginas los avances de la Comisión para el estudio de la Red".

Si bien es cierto, en estos primeros momentos de Internet como derecho universal lo que se planteaba en mayor medida era la "tarifa plana de Internet"[294], esto es, que no fuese causa de marginación o diferenciación[295] por motivos principalmente económicos[296].

El derecho de acceso a Internet, como mencionamos unas líneas más arriba, para Corredoira Alfonso[297] respondería a los derechos de cultura en información, siendo así que los principios aplicables serían la libertad y el respeto a

---

294 Como se desprende de la moción presentada a fecha de 29 de septiembre de 1998 por el grupo parlamentario socialista y de las palabras de Esteban González Pons. Este último solicitaría por escrito las palabras de Varela I Serra, de Víctor Domingo, Calvo Poch, Módol Pifarré, entre otros. Acuerdo del Pleno del Senado por el que se aprueba el Informe de la Comisión Especial sobre redes informáticas (650/000006), *cit.*, p.11.

295 En este sentido, podemos resaltar el decálogo de ideas de Ruiz Tascón, quien aboga por que la Administración conecte al sistema educativo español en su totalidad: "1. Todos los españoles tienen derecho a estar conectados a Internet de la forma más fácil y cómoda"; "2. Todos los colegios, institutos, universidades y bibliotecas públicas deben estar conectados antes del 2001"; "3. Facilitar la conexión a colectivos que por discapacidades u otras carencias tengan mayor dificultad de acceso"; "4. Promoción de las diferentes lenguas españolas"; "5. La Administración debe poner a disposición de los administrados toda la información que Internet genera"; "6. Mejorar la gestión de los dominios de la Red"; "7. Sensibilidad de los poderes Legislativo y Judicial a los intentos de monopolización de la Red"; "8. Control y autorregulación de los contenidos"; "9. La Agencia de Protección de Datos debe extender su vigilancia a Internet" y "10. Conseguir un entorno favorable al desarrollo del comercio electrónico". *Ibidem*, pp.15-16.

296 "La segunda gran conclusión de la Comisión, que nace unida a la garantía de acceso, es que, si no se hace algo al respecto, la paulatina implantación de Internet va a ser una causa más de marginación, de diferenciación entre pobres y ricos, de división entre Norte y Sur, que de desarrollo global". *Ibidem*, p.14.

297 Quien aludiría a los retos normativos, legales, que supondrían las, por aquel entonces, nuevas tecnologías: "La protección de derechos personales, la educación e información, la autorregulación, la obligación de crear canales baratos de comunicación, la necesidad de evitar el determinismo de la tecnología («la lex informática que pretende sustituir a la ley parlamentaria en Internet»), el análisis de la normativa antes de que un proveedor, un servidor o una autoridad internacional se adelante y la universalización de las infraestructuras y del acceso a la Red". *Ibidem*, p.20.

la Constitución de una parte, y aquellos derivados de las telecomunicaciones, abstención del Estado[298] y subsidiariedad, de otra[299].

Mientras que Fernández Esteban centraría su interés en la relación de Internet con la libertad de expresión y la garantía de su acceso a través de su vinculación con el artículo 9.2 CE. De este modo, en su relación con la limitación de la libertad de expresión en lo referente a la ilicitud de los contenidos en Internet y a la defensa de aquellos nocivos alude a las conclusiones de la Comisión, la cual propondría tres soluciones: "a) *no prohibir publicar* en Internet lo que se puede publicar en otros medios, o bien no establecer prohibiciones de contenidos específicas para Internet; b) *promover la autorregulación*, es decir, que los proveedores de acceso estipulen unas normas de comportamiento para sus clientes; asimismo, se propone la creación de líneas directas a través de las cuales los usuarios puedan denunciar la presencia de contenido ilícito en la Red; c) *promover el uso responsable* de Internet por parte del usuario, incluyendo el uso de filtros, bien a través de listas blancas (direcciones previamente fijadas, las únicas a las que el usuario puede acceder) o listas negras (direcciones de acceso prohibido, especialmente a menores)"[300]. Mientras que en relación con la intimidad advierte de dos peligros, la difusión

298 De este modo, la interviniente, Corredoira Alfonso sostiene que "la intervención del Estado que ha de extenderse básicamente en las infraestructuras y en la garantía del acceso a esas infraestructuras; sobre la aplicación de leyes en Internet, que el hecho ilícito no cambia en Internet, pero sí cambia la forma de incriminarlo; no es preciso hacer nuevas leyes, sino conseguir que las que ya existen sean operativas; y sobre el determinismo tecnológico, que existe el riesgo de que, amparándose en las posibilidades de la tecnología y del software, acabe constituyéndose un poder que condicione más que cualquier legislación, la capacidad de acceder a determinados contenidos por parte del usuario". Es lo que la ponente ejemplifica con un «*pay per read*» que puede acabar generalizándose. *Ibidem*, pp.20-21.

299 "Al constituir el acceso a Internet un aspecto más del derecho a la cultura y a la información, se le deben aplicar los principios de esos derechos de la persona, a saber, el principio de la libertad y el de respeto a la Constitución y a los derechos humanos. Por otra parte, deben considerarse los principios específicos que informan todo régimen jurídico en las comunicaciones y más concretamente en Internet: a) Principio de abstención del Estado y b) Principio de subsidiariedad". *Ibidem*, p.20.

300 Junto a estos principios advierte otras posibilidades como "el etiquetado de páginas, condicionando también el acceso, o el modelo americano del programa filtro «Prudence» (copia las páginas a las que el menor accede para que el tutor pueda revisarlas posteriormente), o la iniciativa francesa de obligar a los proveedores a suministrar filtros a sus clientes". *Ibidem*, p.21.

de datos personales y la elaboración de perfiles de usuarios[301] en función de lo que hoy denominamos "*footprinting* o *fingerprinting*"[302].

La administración electrónica sería otra de las consideraciones de la Comisión, de este modo, el interés se centraría en: la ventanilla única, la firma digital, los sistemas de certificación, la propia seguridad o la puesta a disposición de información.

Atendiendo a las aportaciones de esta relevante Comisión sobre de la democracia electrónica debemos referirnos a las consideraciones de Martín Cubas, quien analiza las distintas posiciones al respecto para concluir que Internet supone un nuevo espacio, complementario, a las formas tradicionales, que se muestra necesario para la buena marcha de los regímenes democráticos.

La infraestructura de Internet, en estos momentos, se traslada a la preocupación del reparto de los dominios dada la saturación y las críticas al sistema de asignación de dominios, Red IRIS desde 1990, es así que, la Comisión de Internet propone la creación de una autoridad competente que se encargue del desarrollo de dominios de segundo nivel, en este caso *.es.* Llama especialmente la atención la previsión de un proyecto de creación de una "isla de alta velocidad en la Red que supondría una diferenciación o preferencia en el uso del ancho de banda en función de las aplicaciones que se utilizasen[303], pudiendo atender a una posibilidad contraria a la neutralidad en la red, a la no discriminación. Quintanilla Galán[304] desarrolla una fórmula para lo que él

---

301 En sentido similar, al respecto de datos de carácter personal, se pronunciaría el director de la Agencia de Protección de Datos, Fernández López, quien se detiene en la calidad de los datos, el derecho a la información, en la recogida de los mismos y en el consentimiento del afectado. *Ibidem,* p.36.

302 Se trata de dos técnicas de recolección de datos, información, que pueden ser utilizadas para crear perfiles: la técnica *footpringting,* consistiría en la recolección de datos, información, públicos, presente en Internet, a través del uso de buscadores, de software específico, de redes sociales, etc. de técnicas de también denominada OSINT (*Oppen-source intelligence*); mientras, que la técnica *fingerpringting* se utiliza para la recolección de datos no públicos, suelen ser más específicos se recoge información del sistema, por lo que suelen usarse técnicas de ingeniería social, *phishing, sniffing,* etc.

303 "Una experiencia planificada por la Oficina de Ciencia y Tecnología de la Presidencia del Gobierno que pondrá en práctica islas de alta velocidad en la Red (que las diferentes aplicaciones de Internet puedan tener prioridades diferentes para el uso del ancho de banda, algo que el ponente traslada a título de reflexión personal al ámbito de los precios)". Acuerdo del Pleno del Senado por el que se aprueba el Informe de la Comisión Especial sobre redes informáticas (650/000006), *cit.,* p.32.

304 Quien además se encargaría de recordar que "en nuestro país se inventaron los primeros conmutadores de paquetes que se han hecho en el mundo en una red pública. Los equipos creados a tal efecto, allá por el año 1972, recibieron el nombre de «Tesis». («Fuimos el primer país del mundo que tuvo una red pública de transmisión de datos basada en la conmutación de paquetes. *Ibidem,* p.33.

denomina "energía virtual", siendo esta igual "a la infraestructura multiplicada por el cuadro de la conectividad", de ahí que confiera a la infraestructura una gran importancia no sólo en el tendido de las redes sino también en el ámbito doméstico, en las tomas telefónicas de las distintas habitaciones, para propiciar esa conectividad.

Respecto de los proveedores de servicio de Internet, se apuntan los años 1994-1995 como aquellos en los que se originarían las primeras iniciativas privadas, unos seis o siete proveedores de acceso invertirían en nodos propios, mientras que Infovía y su trascendencia social habría de esperar unos años, hasta 1996, y se sitúa 1998 como el año del cambio dada la guerra de precios, la desaparición de pequeños proveedores. Es así como se producirían ciertos cambios que hacen que Hurtado Barrero se fije en la calidad del servicio, en la propiedad intelectual o en la deontología de la Red y en sus contenidos y dominios es-nic, y no tanto en la propia tarifa plana.

Igualmente, preocupa la obsolescencia de las redes, que no permiten dar nuevos servicios y que precisan de una inversión, una renovación, a fin de, en palabras de Rodrigo Salmerón, "construir una red de banda ancha [de larga distancia] accesible a todos los ciudadanos, sin discriminación en términos de rentabilidad económica". Mientras que Herrate Álamo propondría la tecnología de cable-módem como solución a la saturación de la red y a la carencia de velocidad, "creando una estructura, fiable, redundante y resistente a fallos, según la última tecnología; que construirá un bucle de abonado para todas las empresas y hogares sin discriminación por razón de rentabilidad, y que posee un gran ancho de banda y alta velocidad que aportará abundancia de capacidad a precios muy bajos".

Finaliza el informe de la *Comisión de Internet* con un apartado de conclusiones en el cual se reafirma en *la universalización del acceso a Internet.* "La universalización del acceso a la información por parte de las ciudadanas y los ciudadanos aparece como una necesidad, un servicio y un *derecho que los poderes públicos deben garantizar, auspiciar y proteger*", siendo así que, *"la obligación de los legisladores españoles consiste ahora en diseñar los mecanismos para poner al servicio de la inmensa mayoría de ciudadanos y ciudadanas las ventajas, los avances y los progresos que las nuevas tecnologías de la información ofrecen o pueden ofrecer".*

"El reto que tienen en la actualidad los poderes legislativo y ejecutivo es el de propiciar un referente legal que, sin llegar a la regulación, introduzca políticas acordes con el derecho constitucional, con la información, con la garantía del ejercicio de competencia y con la observación del carácter de servicio público que tiene la red"[305].

Se trata de un "derecho fundamental a acceder libremente a la Red, sin discriminación de sexo, condición, características físico-psíquicas, edad o lugar de residencia" que implica a los poderes públicos[306], no sólo nacionales sino internacionales[307].

La citada *Comisión de Internet, Comisión Espacial sobre Redes Informáticas* daría paso a las *Comisiones de la Sociedad de la Información y del Conocimiento*, en las VII[308] y VIII[309] Legislaturas, que, si bien no centra sus estudios en el explícito acceso a Internet, se encarga de la transversalidad de la materia en cuanto a contenidos, desarrollo normativo audiovisual, siguiendo así la

---

305 "Es una responsabilidad de los legisladores y del Gobierno central y de los de las Comunidades Autónomas garantizar la igualdad de oportunidades a los ciudadanos y a los territorios del Estado. La cesión de la configuración de redes únicamente al operador y al mercado, inspirados en razones de carácter mercantil impide que se cumpla el principio de universalidad y de servicio público. Todos los individuos y grupos sociales tienen derecho a disponer de instrumentos para su desarrollo y es aplicable el principio de subsidiariedad, cuando no pueden acceder a tales instrumentos por motivos ajenos a su voluntad de desarrollo humano como la distancia, la diferencia de renta, discapacidades físicas, densidad de población, predominio del sector agrícola, o los modos de vida rural, entre otros. No es posible dejar a los agentes del mercado las decisiones sobre el tendido y extensión de las redes cuya planificación y ordenamiento deben corresponder a la Administración Pública". Acuerdo del Pleno del Senado por el que se aprueba el Informe de la Comisión Especial sobre redes informáticas (650/000006), *cit.*

306 "Corresponde a los poderes públicos establecer las condiciones para que la libertad y la igualdad de las personas en la red sean una realidad, eliminando los obstáculos que impidan el acceso de todos los ciudadanos a tal red y facilitando la participación de todos los españoles. Los poderes públicos para cumplir tal fin articularán medios para poner a disposición de todos los ciudadanos la red, en colaboración con los operadores privados". Acuerdo del Pleno del Senado por el que se aprueba el Informe de la Comisión Especial sobre redes informáticas (650/000006), *cit.*

307 Fundamentalmente derivadas de la actividad europea. "España participará activamente en las iniciativas de la Unión Europea encaminadas a aunar esfuerzos de difusión, mejora de calidad y rebaja de los precios en la extensión y uso de las nuevas tecnologías de la información y de la comunicación, propiciando un marco común que permita la libre competencia y la universalización del servicio de transmisión de datos. Los planes de cooperación internacional para el desarrollo de las instituciones del Estado y Comunidades Autónomas incluirán, preferentemente, programas de fomento de tecnologías de la comunicación, en particular en las actuaciones de cooperación con los países del área de Latinoamérica y del Magreb. La Comisión apoya la propuesta de la Comisión Europea «e-Europa» que será próximamente estudiada en la cumbre de Helsinki". Acuerdo del Pleno del Senado por el que se aprueba el Informe de la Comisión Especial sobre redes informáticas (650/000006), *cit.*,

308 Constituida a fecha 10 de mayo de 2000. Diario de Sesiones de Comisión de la Sociedad de la Información y del Conocimiento del Senado, núm. 3, de fecha 10/05/2000. Cve: CS0003.

309 Creada a fecha 12 de mayo de 2004. Diario de Sesiones de Comisión de la Sociedad de la Información y del Conocimiento del Senado, núm. 7, de fecha 12/05/2004. Cve: CS0007.

tarea iniciada por la Comisión de Internet. Igualmente, en las Comisiones de Industria, Turismo y Comercio, VII[310], VIII, Legislatura, así como en Comisiones de Ciencia e Innovación, Defensa, Economía y Competitividad, Industria, Energía y Turismo, entre otras, atendemos a la presencia, directa o indirecta del acceso a Internet.

Lo relevante del aporte que nos realiza la *Comisión Especial de estudio sobre las posibilidades y problemas de las redes informáticas* es que de su trabajo se desprende ese mandato al legislador y al ejecutivo de desarrollar el derecho de acceso a Internet bajo las premisas que previamente hemos analizado.

2.3.2. El derecho de acceso a Internet desde las consideraciones de la Comisión de Redes informáticas del Senado

En este orden de ideas, desde una visón normativo-evolutiva y jurisprudencial, siguiendo el esquema propuesto por la Comisión de Redes Informáticas, podemos observar el defendido derecho de acceso a Internet y a las tecnologías que lo posibilitan a partir de una triple perspectiva: democracia y/o participación, limitación de la informática junto a la protección de datos y libertades comunicativas. En otras palabras, la digitalización desde Internet, desde el ciberespacio, viene relacionándose con varios pilares que vamos a sistematizar: de un lado, con la *democracia y la participación ciudadana*, preceptos como el 9.2 CE y el 23 CE (STC 36/2020/6)[311] (*Tol 7.868.041*); de otro, mediante *la limitación del uso de la informática* contenida en el artículo 18.4 CE (honor, intimidad familiar y personal) que derivaría en el reconocimiento del derecho fundamental a la protección de datos de carácter personal (SSTC 231/1988; 254/1993; 144/1999; 292/2000) (*Tol 80.078; Tol 82.275; Tol 81.195; Tol 2.772)* y al olvido (STC 58/2018) (*Tol 6.648.402*); y, por último, atendiendo a la *gobernabilidad de Internet*, a la presencia estatal en la *estructura* (SSTC 31/2010; 8/2012; 8/2016; 20/2016) (*Tol 1.880.189; Tol 2.439.968; Tol 5.647.975; Tol 5.657.842)* y en el *contenido* del ciberespacio, artículo 20 CE, relacionado con las libertades de expresión, información, con el derecho de la comunicación (SSTC 6/1981; 52/1983; 13/1985; 77/1985; 104/1986; 235/2007) (*Tol 109.401; Tol 79.219; Tol 79.428; Tol 79.492; Tol 79.650; Tol 179.105*). Veremos como el Tribunal Constitucional español se sitúa en la línea del Tribunal Europeo de Derechos Humanos y del Tribunal de Justicia, previamente analizado.

---

310 Diario de Sesiones de Comisión de la Sociedad de la Información y del Conocimiento del Senado, núm. 158, de fecha 04/09/2001. Cve: CS0158. p.9.

311 La pretensión de ampliación de sus comunicaciones personales en el centro penitenciario y de la posibilidad de acceso a Internet. Al respecto del recurso de amparo núm. 2633-2018, promovido por don Jordi Sánchez i Picanyol. STC 36/2020. *(Tol 7.868.041).*

En el plano de la participación: resaltamos el favorecimiento y obligatoriedad del uso de la administración electrónica[312] y el creciente interés por la democracia digital donde el derecho de acceso a Internet se muestra como una herramienta de participación, un canal, que acerca la democracia, las instituciones, al ciudadano. La realidad actual de la e-democracia se sitúa principalmente en niveles locales y autonómicos y se plantea a futuro como nuevas posibilidades de democracia 4.0 que supondría un híbrido entre democracia directa y representativa, esto es, insertada en el propio Parlamento como un poder legislativo directo, en las fases deliberativas y de elaboración de la normativa propiamente dicha[313].

En el estudio del ámbito electoral que supuso la revisión de la Ley Orgánica 5/1985, de 19 de junio, del Régimen Electoral General (*Tol 254.575*), advertimos la necesidad de adecuar los delitos electorales a las realidades digitales y la importancia de la modalidad tecnológica concreta a implementar

---

312 Evolución normativa administrativa española: primera etapa centrada en la digitalización de la propia administración en un primer impulso a la empresa: Real Decreto 263/1996, de 16 de febrero, por el que se regula la utilización de técnicas electrónicas, informáticas y telemáticas por la Administración General del Estado (*Tol 149.617*); la Ley 59/2003, de 19 de diciembre, de firma electrónica (*Tol 327.576*); la Ley 11/2007, de 22 de junio, de acceso electrónico de los ciudadanos a los Servicios Públicos (*Tol 1.082.406*): una segunda etapa caracterizada por la preferencia del medio electrónico como medio para relacionarse con la Administración al amparo de las Leyes 39/2015, de 1 de octubre, del Procedimiento Administrativo Común de las Administraciones Públicas (*Tol 5.494.102*) y 40/2015, de 1 de octubre, del Régimen Jurídico del Sector Público (*Tol 5.494.100*) junto con el Real Decreto 203/2021, de 30 de marzo, por el que se aprueba el Reglamento de actuación y funcionamiento del sector público por medios electrónicos (*Tol 8.372.179*) consolidan la digitalización de la Administración.

313 Concepto de democracia 4.0, de desrepresentación, que Jurado Gilabert desarrolla desde la propuesta de Moreno Yagüe sería el siguiente: "Dado un número de electores determinado en un censo electoral, basta dividir 1 entre el censo para calcular la cuota de soberanía que alberga cada elector, con base en el artículo 1.2 de la Constitución, que reza que "la soberanía reside en el pueblo, del que emanan los poderes del Estado. En el caso español, con aproximadamente 35 millones de electores, la cuota de soberanía equivale a 1/35.000.000. Si, además, sabemos que los diputados suman 350, podemos concluir que el "peso" de un escaño equivale aproximadamente a 100.000 electores, de manera que, en un hipotético escenario en el que se pudiese votar directamente, la participación directa de, pongamos, 1.000.000 de personas equivaldría al peso de 10 diputados. Esto no quiere decir que 10 de los diputados electos suspendan su participación, sino que, en virtud del artículo 66.1 CE (Las Cortes Generales representan al pueblo español y están formadas por el Congreso de los Diputados y el Senado), el conjunto de los diputados reducirían proporcionalmente el peso de su escaño (y, por consiguiente, el de su voto). Utilizando otro ejemplo numérico, si el número de ciudadanos que votasen directamente la Ley X fuese 3.500.000, el peso de esos votos directos sería de 35 escaños (el 10% del Congreso), por lo que el conjunto de los diputados sumaría un peso del 90%, esto es que cada diputado votaría por el valor de 0.9 de escaño". JURADO GILABERT, F., "Democracia 4.0: desrepresentación en el voto telemático de las leyes", *Revista Internacional de Pensamiento Político, I Época,* 8, 2013, p. 121.

en cuanto a la revisión y reformas de los principios constitucionales relacionados con el sufragio (STC 76/2019) (*Tol 7.278.791).* Podemos aconsejar la especialización de las juntas electorales en el entorno digital e incluso plantear una e-LOREG, máxime si en algún momento se decide apostar por alguna de las modalidades del comúnmente denominado voto electrónico (entre las que se encuentra el voto por Internet)[314].

Igualmente el derecho de acceso a Internet supone "la necesidad de garantizar el respeto del pluralismo político y de opinión en una sociedad democrática a través del ejercicio de las libertades cívicas y políticas" (STC 36/2020) (*Tol 7.868.041*) de aquellos internos, incluso los preventivos, para que puedan "ejercitar los derechos civiles, políticos, sociales, económicos y culturales, sin exclusión del derecho de sufragio, salvo que fuesen incompatibles con el objeto de su detención o el cumplimiento de la condena" (STC 36/2020)[315] (*Tol 7.868.041*). En suma, en este ámbito la ciberseguridad se hace aún más necesaria, crítica, estratégica, como complemento al derecho de acceso a Internet.

Respecto a la limitación: el derecho de acceso a Internet en relación con las libertades de expresión e información nos deriva a la imposibilidad o alta improbabilidad de atender a la censura previa conforme al artículo 20.3 de la Norma Fundamental[316] frente a la realidad del control de los contenidos, las expresiones e informaciones. Igualmente supone considerar la primera sentencia del Tribunal Constitucional respecto al mal denominado derecho al olvido[317], la STC 58/2018 (*Tol 6.648.402*), donde el Alto Tribunal declara que

---

314 Tal y como sostuve en 2022: ÁLVAREZ ROBLES, T. "El voto a través de las tecnologías de la información y de la comunicación en el contexto de unas elecciones generales en España: voto electrónico, voto telemático y voto por internet", en *Crítica interdisciplinar de los sistemas de votación electrónica: revisando la democracia digital,* EOLAS Ediciones, León, 2022.

315 «La norma extiende así su mandato de optimización a los presos preventivos objeto de detención y, al mismo tiempo, establece un límite específico: el ejercicio de estos derechos no será posible cuando no resulte conciliable con la finalidad que ha justificado la privación de libertad» STC 36/2020/6 (*Tol 7.868.041*).

316 Recordamos aquí la censura previa de los canales de comunicación rusos a nivel de la Unión Europea (vid supra notas 218 y 221) y la sentencia del Tribunal Supremo declarando cómo se ha de bloquear contenidos (vid. supra nota 202).

317 La utilización del término derecho al olvido, no la consideramos apropiada pues puede inducir a error. El derecho al olvido se preocupa del tratamiento de los datos e informaciones no de la desaparición de las mismas, ni de la creación de un pasado ad hoc, siendo esa exposición en Internet probablemente eterna. Por este motivo abogamos por su redefinición como derecho a la cancelación/supresión y/o a la no indexación/desindexación denominación que responde a la práctica que se realiza, esto es a la dificultad de encontrar ciertas informaciones existentes en Internet, en hemerotecas, etc., y que se complementaría, en todo caso, con los derechos de rectificación y actualización de las informaciones, pudiendo ser igualmente recogidos como "derechos de indexación" de esas nuevas situaciones (rectificación o cambio). La nueva categoría de derechos de indexación que proponemos

"el derecho al olvido es una vertiente del derecho a la protección de datos personales frente al uso de la informática (art. 18.4 CE), y es también un mecanismo de garantía para la preservación de los derechos a la intimidad y al honor, con los que está íntimamente relacionado, aunque se trate de un derecho autónomo". El Tribunal Constitucional acoge, acepta, esa nueva generación de derechos digitales en tanto que reconoce el derecho al olvido como un derecho autónomo.

La evolución de la normativa orgánica de protección de datos de carácter personal desde la limitación a la informática (art. 18.4 CE), desde la intimidad a la privacidad y desde la privacidad a la protección de datos personales como derecho fundamental, actualmente se amplía a la garantía de derechos digitales entre los que se recoge el derecho de acceso a Internet[318].

La realidad del derecho de acceso a Internet en su relación con los contenidos nos lleva a consideración de uno de los puntos más arduos a la hora de encontrar los consensos necesarios para la regulación (gobernanza) en Internet: la diferenciación entre contenidos ilícitos (prohibidos por los distintos ordenamientos) y nocivos (aquellos que no estando prohibidos por la normativa, gozan de cierta tolerancia en función de la edad, dependen del subjetivismo, de la moral, y cuya concreción pende de los peculiares ordenamientos domésticos, pensemos en contenidos violentos o sexuales tolerados para personas adultas pero no para menores)[319]. A ello se le une el auge de desinformaciones, la infoxicación o sobresaturación de información, las *fake news* o informaciones que afectan a la estabilidad política o a la seguridad del Estado. Ante estas situaciones algunos Estados responden con bloqueos, filtraciones, y restricciones de acceso[320]. Como medidas preventivas, de con-

---

quedaría configurada, así, por los derechos: al olvido, de rectificación y a la actualización de las informaciones.

318 Iter evolutivo: 1º) 18.1 + 18.4 CE + SSTC: 231/1988; 254/1993; 144/1999; 292/2000; 2º) 18.1+ 18.4 + STC 58/2018 y 3º) 18.1 + 18.4 + STC 58/2018 + LOPDgdd. En cuanto a evolución de la normativa orgánica me remito a BALLESTEROS MOFFA, L. Á., *La privacidad electrónica. Internet en el centro de protección*, Tirant lo Blanch, Valencia, 2005. Es importante señalar aquí que el precepto constitucional 18.4 trae su origen en la Constitución portuguesa de 1976, en el art. 35.

319 Resolución sobre la Comunicación de la Comisión relativa a los contenidos ilícitos y nocivos en Internet (COM(96)0487 C4-0592/96). Parlamento Europeo, Bruselas, 19 de mayo de 1997. Reglamento (UE) 2022/2065 del Parlamento Europeo y del Consejo, de 19 de octubre de 2022, relativo a un mercado único de servicios digitales y por el que se modifica la Directiva 2000/31/CE (Reglamento de Servicios Digitales) (*Tol 9.264.851*).

320 Como nos muestra COTINO HUESO, L., "ONLINE-OFFLINE. Las garantías para el acceso a internet y para la desconexión, bloqueo, filtrado y otras restricciones de la red y sus contenidos", *Revista de Derecho Político,*108, 2020, pp.13-39; y en "Algunas claves para el análisis constitucional de las libertades públicas ante las nuevas tecnologías (con especial atención al fenómeno de los "blogs")", en *Estudios Jurídicos sobre la sociedad de la información y nuevas tecnologías*, Universidad de Burgos, Burgos, 2005, pp.51-76.

tención, a las situaciones previamente descritas se presentan la educación, la alfabetización digital mediática y el *fact-checking*, la verificación de noticias e informaciones[321].

La consideración del acceso a la infraestructura comportaría detenernos en el estudio de la regulación sectorial de las telecomunicaciones y en la normativa de la sociedad de la información, en la cual los intereses privados tenderían a ponderarse en superioridad al general, en la tensión Estado-prestadores y proveedores de servicios-usuarios, y donde la conflictividad competencial Estado-Autonomías se ha venido reiterando[322]. Si bien, advertimos cómo se blinda la competencia exclusiva del Estado para «definir los elementos estructurales del sector a través tanto del establecimiento del marco institucional del mercado (regulación de la competencia) como de la intervención en los procesos del propio mercado (obligaciones de hacer o no hacer de los operadores del sector, en el ámbito del acceso a redes, interconexión o garantía de cobertura» (STC 8/2016/3) (*Tol 5.647.975*), en la materia telecomunicaciones, las Comunidades Autónomas carecen de toda competencia, sea normativa o de ejecución[323].

La Ley 9/2014, de 9 de mayo, General de Telecomunicaciones (Tol 4.257.160) se puede considerar como la norma en la cual se instituyó el derecho sustantivo acceso al servicio universal a Internet. En ella se recoge el servicio universal a las comunicaciones electrónicas en los artículos 25 a 27 dejando sin definir exactamente en qué consistía, más allá de una serie de precisiones técnicas y obligaciones para unos concretos prestadores del servicio (operadores) consistentes en asegurar la conexión a la red pública de

---

321 Algunas de estas propuestas las podemos encontrar en: LOTERO-ECHEVERRI, G.; ROMERO-RODRÍGUEZ, L. M. Y PÉREZ-RODRÍGUEZ, M. A., "Fact-checking vs. Fake news: periodismo de confirmación como recurso de la competencia mediática contra la desinformación", *Comunicación, Revista científica de comunicación aplicada*, 2, 8, 2018, pp.295-316; RUBIO NUÑEZ, R., "The trolls of democracyelections and new voting technologies", en *La digitalización de los partidos políticos y el uso del voto electrónico*, Thomson Reuters Aranzadi, Madrid, 2019, p.83-108 y en RUBIO NUÑEZ, R. y Leyre BURGUERA A., "Información y propaganda la comunicación política y electoral en la época del gobierno abierto", en *Derecho de la información: el ejercicio del derecho a la información y su jurisprudencia*, Centro de Estudios Políticos y Constitucionales, Madrid, 2015, pp.291-318.

322 STC 31/2010/85, (*Tol 1.880.189)* respeto a la infraestructura, neutralidad; STC 8/2012 (*Tol 2.439.968)* competencia estatal de telecomunicaciones y autonómica en ordenamiento del territorio/urbanismo, principio de competencia; STC 8/2016 (*Tol 5.647.975*), mantenimiento del principio de competencia y esclarecimiento del alcance del mismo.

323 Tal y como sostuve en: ÁLVAREZ ROBLES, T., "El derecho de acceso a internet en el constitucionalismo español: desde la influencia supranacional a la LO 3/2018, de protección de datos personales y garantía de los derechos digitales", en *Fodertics: Estudios sobre Derecho y nuevas Tecnologías*, Comares, Granada, 2021; y en ÁLVAREZ ROBLES, T., *El derecho de acceso a Internet en el constitucionalismo español*, [Tesis Doctoral], Universidad de León, 2019.

comunicaciones de voz, fax y datos, a velocidad suficiente para acceder de forma funcional a Internet, que habrían de tratar de asegurar unas condiciones mínimas igualitarias atendiendo a la calidad, el precio y la localización geográfica[324], previendo para ello un Fondo nacional del servicio universal a fin de garantizar el servicio de acceso universal.

Ha sido la *Ley 11/2022, de 28 de junio, General de Telecomunicaciones* (*Tol 9.093.453*), quien nos ha dado, como veremos posteriormente, por vez primera una relación de cuáles son los *servicios digitales esenciales mínimos que configuran este derecho a Internet:* correo electrónico, herramientas básicas de formación y educación, prensa o noticias, motores de búsqueda de información, bienes y servicios, empleo, redes profesionales, banca, redes sociales, administración, llamadas y videollamadas. En consecuencia, ya tenemos un *referente normativo del contenido esencial* de este derecho.

A estos pilares hemos de incorporar una viga transversal, un principio, el de neutralidad, que tiene una naturaleza vertebradora para el desarrollo propio de Internet, en tanto que se sustenta en una igualdad de trato, en un trato equitativo y no discriminatorio, salvo causa motivada, objetivamente justificada, en atención al interés general[325].

El *principio de neutralidad* es un concepto evolutivo, dinámico[326]. En el marco constitucional español su primer estadio se conecta a neutralidad tecnológica, en un segundo, neutralidad del servicio y hasta el momento, la tercera fase, sería la neutralidad de Internet. "El principio de neutralidad tecnológica (o regulación tecnológicamente neutra) supone que la legislación en el sector de las telecomunicaciones debe centrarse en los objetivos que se fijen sin imponer tecnologías concretas –y, como contrapartida, sin discriminar el uso de cualquier tipo de tecnología que sea susceptible y adecuada para conseguir los objetivos fijados" (STC 8/2016/11) *(Tol 5.647.975).*

---

324 Artículo 25. Concepto y ámbito de aplicación: "1. Se entiende por servicio universal el conjunto definido de servicios cuya prestación se garantiza para todos los usuarios finales con independencia de su localización geográfica, con una calidad determinada y a un precio asequible". En igual forma que las Directivas 2002/21/CE (*Tol 301.593*) y 2002/22/CE (*Tol 5.569.991*) del Parlamento Europeo y del Consejo, de 7 de marzo de 2002, relativa a un marco regulador común de las redes y los servicios de comunicaciones electrónicas y a al servicio universal y los derechos de los usuarios en relación con las redes y los servicios de comunicaciones electrónicas (Directiva servicio universal), respectivamente. Que habrán de sustituirse por la Directiva (UE) 2018/1972 del Parlamento Europeo y del Consejo, de 11 de diciembre de 2018, por la que se establece el Código Europeo de Comunicaciones Electrónicas (*Tol 7.152.022*), vigente actualmente.

325 FUERTES LÓPEZ, M., *Neutralidad de la red: ¿realidad o utopía?*, *op. cit.*; y ÁLVAREZ ROBLES, T., "Las garantías de los derechos fundamentales en y desde la red: El contexto español: consideración especial do contexto español",*op. cit.*

326 Tal y como nos muestran los autores de referencia: WU, T. Y LESSIG, "Ex Parte, Submission" *op. cit.*; y WU, T., "Network Neutrality, Broadband Discrimination", *op.cit.*

Este principio de neutralidad tecnológica se complementaría con "el principio de neutralidad de los servicios; esto es, que no se predetermine normativamente el servicio concreto que puede prestarse en una determinada banda de frecuencia, sino que por ella puedan prestarse todos los servicios de comunicaciones electrónicas" (STC 8/2016/11) *(Tol 5.647.975).* Y actualmente se vinculan con la neutralidad de la Red, con una red abierta a todos sin que los proveedores u operadores bloqueen el acceso. Atendemos a un principio de no bloqueo, no gestión, no discriminación del tráfico en la Red con carácter general; de intervención mínima para asegurar la eficacia y eficiencia de las transmisiones respecto de contenidos ilegales, de spam, malware y siempre bajo la observancia de los principios de necesidad, no discriminación, proporcionalidad, y transparencia, de igualdad y respeto a la intimidad tal y como a continuación estudiaremos.

El principio de neutralidad responde a una triple categoría: en cuanto a sus objetivos, atiende a una regulación flexible o sostenible, evolutiva o posibilitadora de convergencia tecnológica y frente a la obsolescencia; en tanto a la libre competencia, su fomento, así como el de la innovación tecnológica; por último, en relación con los usuarios o consumidores, su protección y la libertad de elección (pensemos en la importancia de las estandarizaciones).

Este derecho de acceso a las tecnologías, al ciberespacio, a Internet, entendido como facilitador de derechos, como un derecho de igualdad, ha sido recogido, junto a otros derechos digitales, directa o indirectamente a nivel autonómico, en las últimas reformas de los distintos Estatutos de autonomía[327].

A modo de conclusión podemos establecer que la naturaleza del derecho de acceso a Internet es binaria, sustantiva y fundamental en su vinculación al derecho de igualdad, a la par que instrumental y relacional.

Este derecho ha evolucionado en tres fases: derecho instrumental, Derecho sustantivo y derecho fundamental. Ha pasado de ser un derecho instrumental/prestacional (Ley 14/2009, General de Telecomunicaciones), a ser considerado como un derecho fundamental al conectarse con el derecho de

---

327 "Los Estatutos de Autonomía reformados a partir de 2006 han incorporado referencias indirectas al mismo, principalmente con la consideración de las nuevas tecnologías o tecnologías de la información y de la comunicación, bien a través del reconocimiento como derecho programático que habrá de ser desarrollado posteriormente, derecho sustantivo, o bien en la consideración como principio rector. Empero, pese al esfuerzo del legislador autonómico, desaconsejamos que el derecho de acceso a Internet sea garantizado y desarrollado a nivel autonómico pues podría comportar la quiebra aún mayor de la Red y la posible creación de desigualdades entre las diferentes partes del territorio nacional. Es por ello que abogamos por un desarrollo principalmente estatal en coordinación con la Unión Europea". ÁLVAREZ ROBLES, T., "El derecho de acceso a Internet en el constitucionalismo español: desde la influencia supranacional a la LO 3/2018, de protección de datos personales y garantía de los derechos digitales", *op. cit.*, p.6.

Igualdad (art. 14 CE) y ser el posibilitador de otros derechos y libertades (art. 81 Ley Orgánica 3/2018, de 5 de diciembre, de Protección de Datos Personales y garantía de los derechos digitales), derecho relacional.

Actualmente se recoge en una pluralidad normativa que hace que para algunos autores se considere garantizado: en el Reglamento (UE) 2015/2120 por el que se establecen medidas en relación con el acceso a una Internet abierta (*Tol 5.567.625*); en la Ley Orgánica 3/2018 de Protección de Datos y garantía de derechos digitales (*Tol 6.933.570*), con varios preceptos dedicados al mismo, el derecho a la neutralidad del artículo 80, el concreto derecho de acceso a Internet del artículo 81; en el Real Decreto-Ley 8/2020, de 17 de marzo, de medidas extraordinarias urgentes para hacer frente al deterioro económico y social de Covid-19 (*Tol 7.822.864*), y la Ley 11/2022, de 28 de junio, General de Telecomunicaciones (*Tol 9.093.453*), donde se establece el contenido mínimo esencial del servicio universal.

A ello podríamos sumar las incorporaciones y referencias a las tecnologías de la información, a las nuevas tecnologías, que incorporan los Estatutos de Autonomía en la etapa reformista de 2006 "derecho a las nuevas tecnologías" "derecho a las nuevas tecnologías y a la sociedad de la información" "derecho de acceso a las nuevas tecnologías, infraestructura y su utilización" (valgan por todas: Baleares, Extremadura, Cataluña, Castilla y León o Comunidad Valenciana) y que también lo situaría en su relación con otros derechos. Estas lo incorporarían como un derecho programático o como principios rectores.

3-Derecho de acceso a internet en el constitucionalismo español

El Derecho de acceso a internet: evolución

Derecho instrumental/prestacional:

- Ley 14/2009, de 9 de mayo, General de Telecomunicaciones: servicio de interés general (art. 2.1), servicio universal (arts.25 -27)

→ ***Derecho instrumental-sustantivo: instrumental para otros Derechos, sustantividad propia***

- Ley Orgánica 3/2018, de 5 de diciembre, de Protección de Datos Personales y garantía de derechos digitales (arts. 79 -83, 97)
- Real Decreto-Ley 8/2020, de 17 de marzo, de medidas extraordinarias urgentes para hacer frente al deterioro económico y social de Covid -19 (art. 18)

→ ***Derecho fundamental: Derecho de igualdad, Teoría de materias conexas***

- LO 3/2018 (art. 81 y apartado IV del Preámbulo)
- Ley 11 /2022, de 28 de junio, General de Telecomunicaciones, **contenido mínimo esencial del servicio de acceso universal a internet**
- Carta de los Derechos Digitales, Derecho de igualdad (apartado IX)

En cuanto a la infraestructura y el servicio universal de Internet debemos partir de la previa Ley 9/2014 General de Telecomunicaciones (*Tol 4.257.160*) donde se articulaba Internet como un servicio de interés general (art. 2.1) y como un servicio universal, (arts. 25 a 27), estableciendo el derecho instrumental, prestacional, de acceso al servicio de Internet. Por cuanto se mantiene en la actual redacción de Ley General de Telecomunicaciones.

Por su parte, en la Ley Orgánica 3/2018 de Protección de Datos Personales y garantía de derechos digitales (*Tol 6.933.570*) referimos un cambio sustancial orientado a la sustantivación de este Derecho. Se recoge el derecho de acceso a Internet en varios de los preceptos del Título X "garantía de Derechos digitales": en el artículo 79 se contiene la garantía de los derechos y libertades consagrados en la Constitución y en los Tratados y Convenios suscritos por España en el ámbito de Internet; el artículo 80 recoge el derecho a la neutralidad de Internet; mientras que el artículo 81 se encarga del concreto derecho de acceso universal a Internet. Estos preceptos habrán de ser completados con los relativos a la educación digital (art.83), a la seguridad digital (art.82), con la implementación de las políticas públicas que los desarrollan (art. 97).

El Real Decreto-Ley 8/2020 (*Tol 7.822.864*), recoge el mantenimiento de los servicios de comunicaciones electrónicas y la conectividad de banda ancha durante el estado de alarma, de forma que los proveedores de servicios de Internet no podían suspenderlo o interrumpirlo por razones distintas a la integridad y seguridad de las redes y servicios de comunicaciones electrónicas de acuerdo con el principio de neutralidad. Este es otro ejemplo de la importancia del derecho de acceso universal a Internet y de su sustantivación.

La Nueva Ley General de Telecomunicaciones española, Ley 11/2022, de 28 de junio, General de Telecomunicaciones (en adelante, LGT) (*Tol 9.093.453*), se presenta como un gran avance en la normativa de telecomunicaciones adaptada a la sociedad del siglo XXI, como una apuesta decidida por los derechos tecnológico-digitales (disposición adicional decimoquinta) entre los que encontramos la protección de datos de carácter personal (arts. 60 y 66), el derecho de acceso a Internet (art. 76 y disposición adicional decimoséptima, anexo III) y la neutralidad tecnológica y de servicios (art. 93). Derechos digitales que se sustentan bajo un conjunto de políticas y ayudas públicas (disposiciones adicionales decimosexta y decimoséptima respectivamente).

Responde a su vez a la normativa europea, preeminentemente a la Directiva (UE) 2018/1972 del Parlamento Europeo y del Consejo de 11 de diciembre de 2018 por la que se establece el Código Europeo de las Comunicaciones Electrónicas (*Tol 7.152.022*) y, además, se enmarca en el Plan de Recuperación, Transformación y Resiliencia de la economía española, Reglamento (UE) 2021/241 del Parlamento Europeo y del Consejo de 12 de febrero de 2021 por el que se establece el Mecanismo de Recuperación y Resiliencia (*Tol 8.376.875*), (componente 15 dedicado a la "conectividad digital, impulso a la ciberseguridad y despliegue del 5G"; medida C15.R1 "reforma del marco normativo de telecomunicaciones: Ley General, instrumentos regulatorios e instrumentos de aplicación, Comisión Española, 16 junio, 2021). Es, sin duda, la adaptación al Código Europeo de Telecomunicaciones uno de los objetivos principales de la norma.

Entre todas las novedades una es especialmente relevante; y es que se recoge por vez primera el contenido mínimo esencial del servicio adecuado a Internet de banda ancha (Anexo III). De este modo, podremos acudir a los tribunales ordinarios intentando ejercer un teórico derecho de acceso a Internet que hasta el momento se veía extremadamente complejo.

El contenido mínimo esencial del servicio adecuado a Internet de banda ancha conforme al Anexo III está compuesto por: correo electrónico; motores de búsqueda que permita la búsqueda y obtención de información de todo tipo; herramientas básicas de formación y educación en línea; prensa y noticias en línea; adquisición o encargo de bienes o servicios en línea; búsqueda de empleo y herramientas para la búsqueda de empleo; establecimiento de redes profesionales; banca por Internet; utilización de servicios de administración electrónica; redes sociales y mensajería instantánea; llamadas telefónicas y videollamadas (calidad estándar).

Además el servicio que deberá ofrecerse a una velocidad mínima de 100 Mbit por segundo, a unos precios asequibles para los ciudadanos, con independencia de su localización geográfica, en aras de impulsar la cohesión social y territorial mediante el despliegue de las más modernas redes de telecomunicaciones que posibilite el acceso de los ciudadanos a los más diversos y necesarios servicios, cada vez más básicos y esenciales, que se prestan a través de estas redes, (disposición adicional trigésima).

En definitiva, en el ámbito nacional español podemos observar una pluralidad normativa y jurisprudencial que nos aseguran, en cierto grado, el derecho de acceso al ciberespacio, a Internet y a las tecnologías que lo posibilitan, así como otros derechos digitales (protección de datos personales, derechos de desindexación, ciberseguridad). Si bien, sin gozar en el caso concreto del derecho de acceso a la Red de las máximas garantías constitucionales (art. 53 CE). De ahí que en las siguientes líneas defendamos la reforma expresa del texto constitucional español, para asegurar un contenido mínimo esencial del derecho y una eficacia directa y vinculante de este frente a los poderes públicos y al legislador, así como para atender a un verdadero sistema de garantías jurídicas[328].

---

328 BARRIO ANDRÉS, M., "Génesis y desarrollo de los Derechos digitales", *Revista de las Cortes Generales*, 110, 2021, 225-230.

2.4. CRÍTICA CONSTRUCTIVA A LA LEY ORGÁNICA 3/2018, DE 5 DE DICIEMBRE, DE PROTECCIÓN DE DATOS PERSONALES Y GARANTÍA DE LOS DERECHOS DIGITALES: NATURALEZA JURÍDICA Y GARANTÍAS NORMATIVA Y POLÍTICA DEL DERECHO DE ACCESO A INTERNET

La Ley Orgánica 3/2018, de 5 de diciembre, de Protección de Datos Personales y garantía de los derechos digitales (*Tol 6.933.570*), es una de las primeras normas europeas en regular jurídicamente los derechos digitales, que los codifica y que se compromete a garantizarlos.

La misma tiene un precedente en la ley francesa i n.° 2016-1321 de 7 de octubre de 2016, a la que toma como patrón. "Francia se ha convertido en un modelo de referencia y su legislación opera en todos los ámbitos: garantizando la dimensión prestacional mediante la neutralidad de la red, con un derecho de acceso universal sin brechas socioeconómicas, geográficas o por condiciones de vulnerabilidad; promoviendo el acceso al conocimiento digital mediante una estrategia decidida de open data; fortaleciendo derechos tradicionales como el de protección de datos o el secreto de las comunicaciones; incidiendo en el ámbito laboral mediante el derecho a la desconexión; persiguiendo conductas delictivas, y garantizando nuevos derechos como el de portabilidad o la muerte digital. La relevancia de estas iniciativas radica en que los poderes públicos franceses, lejos de sucumbir a los ineficientes impulsos autorregulatorios, han otorgado rango legal a estos derechos y a las obligaciones que derivan de los mismos"[329].

Esta norma orgánica, sin embargo, presenta una naturaleza jurídica suigéneris.

Por un lado, su anclaje constitucional se encuentra en el artículo 18.4 de la Constitución española, relativo a la limitación al uso de la informática para garantizar el honor y la intimidad personal y familiar de los ciudadanos y el pleno ejercicio de sus derechos. Este precepto, que ha derivado en el reconocimiento de un derecho a la protección de datos de carácter personal tal como

---

329 RALLO LOMBARTE, A., "Una nueva generación de derechos digitales", *Revista de Estudios Políticos*, 187, 2020, p.111.

ha quedado expuesto en el apartado anterior[330], exige para su desarrollo una norma orgánica (art. 81 CE)[331].

Por otro lado, responde al constitucionalismo multinivel, a la existencia de un ordenamiento jurídico supranacional, europeo, que el Estado español inserta en el suyo propio (arts. 93 a 96 y 10.2 CE). Concretamente esta la Ley Orgánica 3/2018 (*Tol 6.933.570*) es consecuencia del Reglamento General de Protección de Datos de la Unión Europea, Reglamento (UE) 2016/679 (*Tol 5.703.078*). El Reglamento, a priori, no necesita un desarrollo normativo del mismo ya que es de eficacia directa e inmediata para todos los Estados miembros a diferencia de las Directivas, que precisan de su transposición. Sin embargo, atendemos a un Reglamento con alma de Directiva por cuanto se remite a los ordenamientos nacionales de los Estados miembros en más de cincuenta ocasiones para su concreción, por ello la concreción y a la adaptación al Reglamento General de Protección de Datos europeo sería el motivo por el cual se reformaría la normativa orgánica en materia de protección de datos. La necesaria reforma de la ley orgánica de protección de datos se aprovecharía para incorporar un nuevo título que incorpora los derechos digitales, Título X "Garantía de los derechos digitales".

La paradoja será cómo en la misma se crea *ex novo* un derecho, el derecho de acceso a Internet, y cómo se garantiza. Asistimos a un trampantojo jurídico que vamos a analizar: que pasará desde la degradación normativa de ley orgánica, a ley ordinaria y a la merma de garantías que ello conlleva lejos del título que los encabeza.

La Ley Orgánica 3/2018, de 5 de diciembre, de Protección de Datos Personales y garantía de los derechos digitales (*Tol 6.933.570*) introduciría, a través de la enmienda del Congreso de los Diputados de fecha 18 de abril de 2018, por primera vez el marco normativo español, un catálogo, una sistematización, de derechos de nueva generación, los derechos digitales, que, si bien es cierto que alguno de los mismos ya había sido considerado por distintos tribunales y/o normas infra y/o supranacionales o sectoriales, como previamente

---

330 Verbi gracia SSTC 231/1988 (*Tol 80.078*) 254/1993 (*Tol 82.275*); 144/1999 (*Tol 81.195*); 290/2000 (*Tol 2.770*); 292/2000 (*Tol 2.772*); 58/2018 (*Tol 6.648.402*). Que han ido ayudando a la construcción conceptual desde la intimidad a la privacidad, pasando por la protección de datos hasta la actualidad en la que nos planteamos los derechos de supresión y de desindexación.

331 El desarrollo normativo de este precepto podemos relacionarlo con las normas orgánicas siguientes: Ley Orgánica 5/1992 (*Tol 11.224*)- LORTAD- Libertad informática; Ley Orgánica 15/1999 (*Tol 11.223*)- LOPD - Derechos ARCO; Ley Orgánica 3/2018 (*Tol 6.933.570*). LOPDgdd- ampliación de Derechos ARCO, limitación, portabilidad y derechos digitales del título X. RALLO LOMBARTE, A., "Una nueva generación de derechos digitales", *op. cit.*

apuntamos, no habían sido recogidos expresa y explícitamente en una misma norma de rango legal[332].

Con ello el legislador, teóricamente orgánico, pretende adaptar la normativa no sólo a la protección de datos de carácter personal sino también a la realidad social digital española, cumpliendo con la cláusula de progreso[333].

Junto a esa primera garantía normativa, que parecería venir del reconocimiento por la norma orgánica de los derechos digitales del Título X, encontramos un mandato a los poderes públicos tendente a la consecución de su garantía institucional en el preámbulo (apartado IV), se les pide "impulsar políticas que hagan efectivos los derechos de la ciudadanía en Internet promoviendo la igualdad de los ciudadanos y de los grupos en los que se integran para hacer posible el pleno ejercicio de los derechos fundamentales en la realidad digital".

La firmeza de esta prescripción del preámbulo se concreta en una pluralidad de preceptos y disposiciones que amparan ese mandato al Gobierno y al Legislador: al Gobierno a través del desarrollo de Planes de acceso a Internet, del Plan de Actuación, así como del impulso de cuantas medidas se precisen (art. 97); y al Legislador mediante el desarrollo normativo de los distintos derechos (art. 83; disp. ad. 18ª, 19ª; 21ª, etc.) conforme al título competencial respectivo (que para el Estado se concreta en la regulación de las condiciones básicas que garanticen el principio de igualdad entre los españoles en el ejer-

---

332 Como señalan BARRIO ANDRÉS, M., *Formación y evolución de los derechos digitales*, Ediciones Jurídicas Olejnik, *op. cit.*; y RALLO LOMBARTE, A., "Nuevas tecnologías, nuevos derechos", *op. cit.*

333 De modo que, podríamos intuir en el legislador un ánimo de normar el ámbito tecnológico-digital para, en la medida de lo posible, terminar con la práctica común de aplicar analogía, máxime cuando se viene advirtiendo de que no todos los derechos analógicos se pueden entender/garantizar en igual sentido en el ámbito digital, así como no todos los derechos digitales tienen su traslación al ámbito analógico, al contrario, las peculiaridades de ambos pueden condicionar y condicionan la ejecución y garantía del derecho, debiendo ser considerado desde su particular supuesto. LESSIG, L., "Reading the Constitution in Cyberspace", *Emory Law Review*, 45, 1996, p.34. Cierto es que en el artículo 79 referente a los derechos en la era digital se parecía esa tendencia analógica al sostener que "Los derechos y libertades consagrados en la Constitución y en los Tratados y Convenios Internacionales en que España sea parte son plenamente aplicables en Internet. Los prestadores de servicios de la sociedad de la información y los proveedores de servicios de Internet contribuirán a garantizar su aplicación".

cicio de sus derechos y cumplimiento de los deberes constitucionales, art. 149.1.1ª CE, conforme a la disposición final segunda[334])[335] .

No obstante, pese a ese esfuerzo del legislador orgánico por sistematizar los derechos digitales, no hemos de olvidar que el Título X "Garantía de los derechos digitales" encierra en sí mismo una paradoja dado que dos tercios de su contenido, de los derechos que contiene, son de naturaleza ordinaria[336]. Esto nos lleva al cuestionamiento de un verdadero sistema de garantías de los derechos digitales por cuanto hemos de atender para ello a la distinta naturaleza (orgánica u ordinaria) de cada uno. Sistema de garantías en el que podemos diferenciar entre garantías normativas (los distintos preceptos y el preámbulo), que en todo caso necesitan de un mayor desarrollo o concreción, y garantías institucionales relacionadas con las políticas públicas (art. 97), que

---

334 Disposición final segunda. Título competencial.
"1. Esta ley orgánica se dicta al amparo del artículo 149.1.1.ª de la Constitución, que atribuye al Estado la competencia exclusiva para la regulación de las condiciones básicas que garanticen la igualdad de todos los españoles en el ejercicio de los derechos y en el cumplimiento de los deberes constitucionales.
2. El Capítulo I del Título VII, el Título VIII, la disposición adicional cuarta y la disposición transitoria primera sólo serán de aplicación a la Administración General del Estado y a sus organismos públicos.
3. Los artículos 87 a 90 se dictan al amparo de la competencia exclusiva que el artículo 149.1.7.ª y 18.ª de la Constitución reserva al Estado en materia de legislación laboral y bases del régimen estatutario de los funcionarios públicos respectivamente.
4. La disposición adicional quinta y las disposiciones finales séptima y sexta se dictan al amparo de la competencia que el artículo 149.1.6.ª de la Constitución atribuye al Estado en materia de legislación procesal.
5. La disposición adicional tercera se dicta al amparo del artículo 149.1.18.ª de la Constitución.
6. El artículo 96 se dicta al amparo del artículo 149.1.8.ª de la Constitución".

335 ALVAREZ ROBLES, T., "Garantía de los derechos digitales (comentario al Título X y a los Arts. 79-86)", en *Comentarios a la Nueva Ley de Protección de Datos: Ley Orgánica 3/2018, de 5 de diciembre, de Protección de Datos y garantía de derechos digitales*, Dilex, Madrid, 2020, p. 287.

336 Así nos lo recuerda la Disposición final primera. Naturaleza de la presente ley.
"La presente ley tiene el carácter de ley orgánica.
No obstante, tienen carácter de ley ordinaria:
– El Título IV,
– el Título VII, salvo los artículos 52 y 53, que tienen carácter orgánico,
– el Título VIII,
– el Título IX,
– los artículos 79, 80, 81, 82, 88, 95, 96 y 97 del Título X,
– las disposiciones adicionales, salvo la disposición adicional segunda y la disposición adicional decimoséptima, que tienen carácter orgánico,
– las disposiciones transitorias,
– y las disposiciones finales, salvo las disposiciones finales primera, segunda, tercera, cuarta, octava, décima y decimosexta, que tienen carácter orgánico".

además precisan de un verdadero aporte económico, de garantías económicas.

Mencionamos unas líneas más arriba que tan sólo una tercera parte de los derechos digitales del Título X gozarían de esa naturaleza orgánica y ello nos llevará a precisar la necesidad del desarrollo normativo desde la naturaleza orgánica (arts.83-87, 89-94) u ordinaria (arts. 79-82, 88, 95-97) de los derechos digitales que a su vez influirá en la salvaguarda y protección por los tribunales.

Además, debemos de tener presente que las leyes pueden crear derechos ordinarios, prestacionales, pero no derechos fundamentales. De esa característica formal, de su inserción en una ley orgánica, pero con naturaleza ordinaria, deriva su fragilidad y la no existencia de verdaderas garantías jurídicas. Se trataría de un valor programático.

Así mismo, la remisión entre los distintos preceptos de la Ley Orgánica, e incluso entre las normas a las que modifica o en las que se apoya, terminan de completar el alcance y entendimiento de este Título X de la garantía de los derechos digitales[337], en cuyos concretos artículos 80 y 81 se recogen respectivamente los derechos a la neutralidad y de acceso universal a Internet que, con los derechos a la seguridad digital (art.82) y a la educación digital (art. 83) y con la previsión de las políticas públicas (art. 97), van a posibilitar el desarrollo de gran parte de los derechos digitales que en la misma se contienen.

Serán por tanto estos derechos los facilitadores de la sociedad digital, del Estado digital y los que se relaciones más estrechamente con el derecho de acceso a Internet y a las tecnologías que aquí se propone, tal y como posteriormente analizaremos, al estar asentado en los siguientes pilares:

- Conexión: infraestructura y tecnologías que posibilitan el acceso al ciberespacio y que se encuentra preeminentemente regulado por la normativa sectorial de las telecomunicaciones.
- Capacitación-educación: referente a la educación digital y a la adquisición de las competencias (básicas, específicas y avanzadas) necesarias para desarrollarnos en el ecosistema tecnológico-digital.
- Gobernanza-contenidos: normativa que incide en los contenidos, en las libertades informativas, en la libertad de expresión.

---

337 La Ley orgánica 3/2018 (*Tol 6.933.570*), ha sido completada, aclarada y perfeccionada por la Carta de los Derechos Digitales , sobre la que nos detendremos con posterioridad, aprobada en 2021 que, sin tener una naturaleza normativa, es más bien un contenido ético que sirve de guía a futuras normas sobre derechos digitales, es un documento prelegislativo.

Se complementa con el derecho a la ciberseguridad y se cimenta en el principio de neutralidad[338].

Debemos, por tanto, prestar atención a estos concretos derechos.

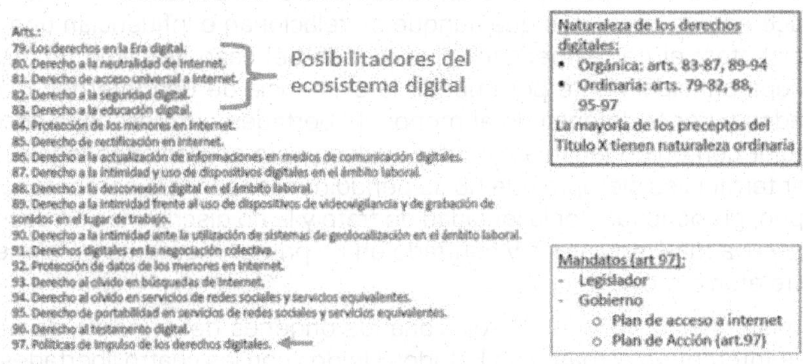

2.4.1. El Derecho a la neutralidad de Internet: una crítica al artículo 80 de la Ley Orgánica de Protección de Datos Personales y garantía de derechos digitales[339]

> *Artículo 80. Derecho a la neutralidad de Internet.*
>
> *"Los usuarios tienen derecho a la neutralidad de Internet. Los proveedores de servicios de Internet proporcionarán una oferta transparente de servicios sin discriminación por motivos técnicos o económicos".*

El ciberespacio se originaría como una red abierta, libre, en la que todos tenían cabida y hasta cierto grado, voz. "Internet fue concebida para maximizar la libertad de los usuarios, limitando al mismo tiempo el poder de los propietarios y gestores de las redes para manipular sus servicios y contenidos. De hecho, la Red fue diseñada como una red tecnológicamente neutral preparada

---

338 ÁLVAREZ ROBLES, T., "Derechos digitales: especial interés en los derechos de acceso a Internet y a la ciberseguridad como derechos constitucionales sustantivos", *op. cit.*

339 Este punto se basa en el artículo Álvarez Robles, T. 2022. Las garantías de los derechos fundamentales en y desde la red: El contexto español: consideración especial do contexto español. Revista Chilena de Derecho y Tecnología, 11(1), 5-40.

para albergar y transportar cualquier contenido"[340]. Esta naturaleza abierta, igualitaria, sería la esencia del principio de neutralidad[341].

La expresión neutralidad de la red, que se usó por primera vez en el debate sobre las prácticas de gestión del tráfico de Internet (ITMP) o calidad del servicio (QoS) en Internet en 2003[342], se ha de relacionar con el hecho de que la televisión por cable conquistase el Internet abierto en 1999[343].

Es necesario apuntar que la discusión sobre la neutralidad de Internet se produce en dos contextos que aunque se relacionan e influencian uno al otro son distintos: el norteamericano que, desde del caso Madison de 2005, se preocupa principalmente por impedir la existencia de una Internet a dos velocidades y por la defensa de al menos 4 libertades o derechos: a acceder a cualquier contenido legal, a ejecutar cualesquiera aplicaciones legales, a conectar terminales siempre que no se perjudique la red y a la competencia; y el europeo, preocupado por la igualdad de trato y la no discriminación desde una perspectiva más regulatoria y centrado en un primer momento en el mercado de la telefonía móvil[344].

Christopher T. Marsden[345] relaciona los orígenes del principio de neutralidad de Internet en el marco de Estados Unidos con las cuatro libertades de Internet, recordemos: la conexión de dispositivos, la ejecución de aplicaciones, la recepción de paquetes de datos y la obtención de información relevante; de los que derivan dos compromisos de no discriminación: uno de servicio universal al que denomina "neutralidad de la red lite" (siguiendo a Mueller) y un segundo compromiso el del servicio público, "neutralidad de la red positiva". La "neutralidad de la red lite", del servicio universal, comporta la evitación

---

340 BARRIO ANDRÉS, M., *Fundamentos del Derecho de Internet, op. cit.*, p. 189.

341 Cierto es que existen voces que señalan que ese diseño neutral no existió desde el inicio, niegan la existencia histórica de la neutralidad, por cuanto los sujetos que participan en el diseño y en el crecimiento de la red eran determinados científicos, organismos gubernamentales y empresas (ver apartado 1 del presente trabajo) así como porque en la actualidad la infraestructura, los servicios y la tecnología que se necesitan son principalmente privadas y sus decisiones atienden a criterios económicos, políticos o dado que la toma de decisiones de los protocolos y los enrutadores no tratan de forma igualitaria a los paquetes de datos. Esta es la posición de los detractores de la neutralidad que puede ampliarse en «Broadband Connectivity Competition Policy: FTC Staff Report, 2007» [en línea], (2007), <https://www.ftc.gov/sites/default/files/documents/reports/broadband-connectivity-competition-policy/v070000report.pdf>. [Consulta: 15/06/2023.]

342 Recordamos nuevamente los trabajos de WU, T. Y LESSIG, "Ex Parte, Submission" *op. cit.*; y WU, T., "Network Neutrality, Broadband Discrimination", *op.cit.*

343 MARSDEN, CH. T., "Neutralidad de la Red: Historia, regulación y futuro", *op. cit.*

344 A estos efectos PALAZUELOS, M. M. "La neutralidad de red. Un debate interesado sobre los derechos de los usuarios", *Telos: Cuadernos de comunicación e innovación*, 82, 2010, pp.18-30.

345 MARSDEN, CH. T., "Neutralidad de la Red: Historia, regulación y futuro",*op. cit.*

de desventajas por prácticas opacas y malintencionadas realizadas por los prestadores de servicio de Internet, por los proveedores, y supone la garantía de un mínimo o básico de calidad común al conjunto de usuarios, esta sería la forma que el autor denomina tradicional. Mientras que en "la neutralidad de la red positiva", el compromiso de servicio público supondría la mejora de la calidad de los servicios que se reciben tolerando unos precios más altos siempre que se cumpla con las condiciones de que sean justos, razonables y no discriminatorios.

Por su parte, la concepción europea de la neutralidad de Internet está basada en una teórica igualdad de trato del tráfico que circula por la red, en un trato equitativo, en la no discriminación, restricción, bloqueo, priorización o interferencia en el acceso a contenidos, en relación con protocolos, aplicaciones o tecnologías, o como consecuencia del origen o destino de las comunicaciones, de forma arbitraria o injustificada, a la par que trata de evitar que no se favorezca o priorice de ningún modo el acceso a un determinado proveedor de contenidos o servicios o a alguna aplicación, por cuanto estas diferencias de trato perjudican a los usuarios y al ecosistema innovador de Internet[346].

Cierto es que, como estudiaremos posteriormente, existen excepciones a ese trato igualitario cuando se puede poner en peligro la seguridad nacional, si se advierte una catástrofe o emergencia natural o social, si existe un riesgo de colapso de la red, por haber una saturación, congestión, cuando nos encontramos ante una orden judicial. Si bien no se produciría una arbitrariedad o no justificación de esa discriminación, antes al contrario, las garantías de transparencia, necesidad, proporcionalidad, limitación en el tiempo y/o en el espacio, previstas en una norma de rango legal motivarían esa excepción.

Esta concepción europea se basaría en la defensa de derechos y libertades constitucionales (debiendo destacar la libertad de expresión, de comunicación, el derecho a la información), desde una protección ex-ante, precautoria y tendente a eliminar las arbitrariedades y con un "enfoque social y de modelo de eficacia horizontal"[347].

Estamos ante un principio, el de neutralidad, que defiende la libertad, la igualdad de trato, la no discriminación y el trato equitativo, cuya quiebra supone el control por uno de los actores, el abuso, siendo que sólo un interés mayor ha de posibilitar esa ruptura de equilibrios. En otras palabras, la neutralidad

---

346 Entre quienes defienden estas tesis podemos encontrar a: FUERTES LÓPEZ, M., *Neutralidad de la red: ¿realidad o utopía?*, *op. cit.*; GARCÍA MEXÍA, P., "El derecho de acceso a Internet", op. cit.; SÁNCHEZ BARRILAO, J. F., "El Internet en la era Trump. Aproximación constitucional a una nueva realidad", *op. cit., y en* , "La neutralidad de Internet como objeto constitucional", en *Retos jurídicos por la sociedad digital*. Navarra: Aranzadi, Navarra, 2018.

347 ALVARADO ESCOBAR, O., "Neutralidad de Red y Libertad de expresión: una relación en debate", *Thémis-Revista de Derecho*, 79, 2021, pp.56-61.

es base o sustento del conjunto tecnológico-digital y su ausencia permite el control de la tecnología, la red, la aparición de una Internet a dos velocidades, la eliminación de la innovación y por tanto la discriminación, la desigualdad[348]. Sólo el interés general articulado en torno a la necesidad, proporcionalidad y la transparencia podrán afectar al principio.

La neutralidad "constituye una condición previa necesaria para permitir el desarrollo de un ecosistema innovador para Internet y para asegurar las condiciones equitativas al servicio de los ciudadanos y los empresarios"[349], instaurándose como una condición *sine qua non* para el propio derecho de acceso a Internet en tanto que se advierte un principio fundamental en la implementación y desarrollo del ciberespacio, que derivada de su conexión "con la garantía efectiva de derechos fundamentales y libertades públicas ante el ejercicio de poderes tanto públicos, como privados, al respecto de Internet y de las redes"[350].

En suma, en aras a responder al crecimiento exponencial de la Red (bajo el paraguas de la igualdad, la no discriminación, la eficacia y eficiencia, la innovación) y dada la importancia estratégica de la misma (económica, política, socio-cultural) algunas regiones han decidido recoger el principio de neutralidad en sus normativas, si bien con distintas consideraciones (verbigracia Estados Unidos, Canadá o la Unión Europea). Con ello se pretende evitar los abusos de algunas compañías tecnológicas (Zero rating- tasa cero, una Internet a dos velocidades) y la pretendida fractura de la Red (Rusia con Runet y Yandex o China con su red propia controlada, su Gran Cortafuegos, Baidu; Estados Unidos, y la FCC Releases Restoring Internet Freedom Order, FCC 17-166, de 14 de septiembre de 2017[351], que limite las libertades de expresión e información).

En este orden de ideas y desde la concepción europea, previamente señalada (Reglamento (UE) 2015/2120 por el que se establecen medidas en relación con el acceso a una Internet abierta) (*Tol 5.703.078*), el legislador orgánico español conocedor de la importancia del principio de neutralidad (STC

348 En tanto que la tecnología supone poder: «la tecnología ya no puede concebirse como una simple infraestructura. Tiene además un papel supraestructural como parte integrante de la ideología dominante de la cultura occidental. Pero también es una herramienta fundamental en la lucha por la justicia social, puesto que quienes controlen el poder tecnocientífico definen a partir de este la naturaleza y el uso adecuado de los medios técnicos que se definen a su vez como lenguaje de poder» (Bustamante, 2001:15).

349 Resolución del Parlamento Europeo, de 17 de noviembre de 2011, sobre la Internet abierta y la neutralidad de la red en Europa. Internet abierta y neutralidad de la red en Europa. P7_TA(2011)0511.

350 SÁNCHEZ BARRILAO, J. F., "La neutralidad de Internet como objeto constitucional", *op. cit.*, p.157.

351 FCC Releases Restoring Internet Freedom Order, FCC 17-166, de 14 de septiembre de 2017.

8/2016) (*Tol 5.647.975)* se encargaría de recogerlo en el artículo 80 de la Ley Orgánica 3/2018 (*Tol 6.933.570*).

Bajo la rúbrica "Derecho a la neutralidad de Internet", introduce el citado principio, como un derecho que tienen los usuarios, y designa como sujetos obligados a los proveedores del servicio, quienes deberán proporcionar una oferta transparente de servicios sin discriminación por motivos técnicos o económicos.

Este precepto, que recoge la neutralidad de la Internet tratando de aunar la neutralidad tecnológica[352] y la neutralidad del servicio [353] (STC 8/2016) [354] (*Tol 5.647.975)*, deberá ser completado con la norma que define quiénes son los usuarios a quienes se les otorga el derecho a la neutralidad de Internet y los proveedores que han de asumir las obligaciones derivadas del cumplimiento normativo.

En otras palabras, el artículo 80 tiene dos objetos: neutralidad de la Red propiamente dicha, "los usuarios tienen derecho a la neutralidad de Internet" y la neutralidad del servicio de Internet "los proveedores de servicios de Internet proporcionarán una oferta transparente de servicios sin discriminación por motivos técnicos o económicos".

Comenzando por determinar quiénes son los sujetos que tienen derecho a la neutralidad de Internet se hace necesario aludir a la normativa europea al Reglamento (UE) 2015/2120 por el que se establecen medidas en relación con el acceso a una Internet abierta (*Tol 5.567.625*) y conocer la jurisprudencia del Tribunal de Justicia de la Unión europea por cuanto define o delimitan el entendimiento de "usuario".

El Reglamento de la Internet abierta confiere este derecho a los "usuarios finales" (art. 3.1) debiéndose entender por tal al: "usuario que no suministra redes públicas de comunicaciones o servicios de comunicaciones electrónicas disponibles para el público", (art. 2, que nos remite a su vez a las definiciones recogidas en la Directiva 2002/21/CE, artículo 2.n).

---

352 El principio de neutralidad tecnológica o regulación tecnológicamente neutra supone que la legislación en el sector de las telecomunicaciones debe centrarse en los objetivos que se fijen sin imponer tecnologías, sin discriminar el uso de cualquier tipo de tecnología que sea susceptible y adecuada para conseguir los objetivos fijados.

353 El principio de neutralidad de los servicios de Internet establece la no predeterminación normativa del servicio concreto que puede prestarse en una determinada banda de frecuencia, sino que por ella puedan prestarse todos los servicios de comunicaciones electrónicas.

354 De forma que se produce una evolución en el principio de neutralidad desde la tecnología a la suma de ésta con el servicio y con la Red, en una visión más integradora del principio, como hemos apuntado en el apartado 2.3.

Ante esta definición y dada la falta de concreción del Reglamento[355] se hizo necesaria la aclaración del término usuario final que venía siendo entendido en diversos Estados (Hungría, Holanda, Alemania) como los usuarios que utilizan o acceden individualmente a la red, las personas, clientes que diariamente accedemos a Internet.

De este modo, el Tribunal de Justicia de la Unión Europea, en varias cuestiones prejudiciales, amplía este concepto al considerar que los usuarios finales lo son no sólo quienes utilizan o acceden individualmente la red, sino también quienes proveen a la misma de información, contenido, aplicaciones (Tribunal de Justicia, de 15 de septiembre de 2020 respecto del caso Telenor Magyarország Zrt. contra Nemzeti Média- és Hírközlési Hatóság Elnöke, asuntos acumulados C-807/18 y C-39/19 (*Tol 8.076.279*); y de fecha 2 de septiembre de 2021 Vodafone y Telekom Deuchland, asuntos C-854/19, C-5/20 y C-34/20)[356] (*Tol 8.570.491*), (*Tol 8.570.487*) (*Tol 8.570.485*).

Con todo ello hemos de afirmar que el Reglamento y sentencias del Tribunal de Justicia de la Unión Europea (que interpretan el art. 3 del mismo) son la guía para el desarrollo normativo, implementación e interpretación del artículo 80 de la Ley Orgánica 3/2018[357] (*Tol 6.933.570*).

Mientras que, para determinar quiénes son los proveedores que han de asumir las obligaciones derivadas del cumplimiento normativo deberemos de acudir a la Ley 34/2002 de 11 de julio de Servicios de la Sociedad de la Información y de Comercio Electrónico (LSSI) (*Tol 164.416*).

---

355 Una crítica a esa falta de concreción la podemos ver en Rodríguez Prieto, quien además advierte que "existe un riesgo evidente de quiebra de la neutralidad en Internet y transformación de la net neutrality en una net profitability". RODRÍGUEZ PRIETO, R., "De la «neutralidad» a la «imparcialidad» en la red. Un análisis crítico de la política de la UE sobre internet y algunas propuestas de mejora", *Cuadernos europeos de Deusto*, 57, 2017, pp.217-246.

356 El primer pronunciamiento del Tribunal de Justicia sobre el Reglamento (UE) 2015/2120 (*Tol 5.567.625*) sería el 15 de septiembre de 2020 respecto del caso Telenor Magyarország Zrt. contra Nemzeti Média- és Hírközlési Hatóság Elnöke (asuntos acumulados C-807/18 y C-39/19) (*Tol 8.076.279*), consecuencia de una cuestión prejudicial de interpretación a consecuencia del art. 3 encargado de la salvaguardia del acceso a Internet abierta. Sentencia que sostiene que cualquier acuerdo o práctica comercial, en su relación con el considerando 7 del Reglamento, habrá de considerarse no sólo individualmente sino también en conjunto, a escala, a fin de determinar la incidencia acumulada en el total del mercado y respecto a los consumidores finales. Aclara, que usuario final no son sólo los abonados/ consumidores finales del servicio, quienes utilizan el servicio de Internet (persona física o jurídica) sino que también incluye a quienes se basan en el acceso a Internet para ofrecer contenidos aplicaciones y servicios, esto es, a quienes los distribuyen.

357 Por su importancia debemos recomendar a FUERTES LÓPEZ, M., "Urge explicar al Tribunal de Justicia de la Unión Europea el principio de neutralidad de la Red", *La Ley Unión Europea*, 85, 2020.

Un segundo esfuerzo al que nos somete el legislador orgánico español es el relacionado con el contenido del derecho a la neutralidad de Internet, puesto que el artículo 80 tampoco se pronuncia sobre qué es el derecho a la neutralidad de Internet que se otorga a los usuarios. Nos vemos en la obligación de acudir nuevamente al Reglamento de la neutralidad de Internet en el cual se concederá a los usuarios finales el derecho a acceder a la información y contenidos, así como a distribuirlos, usar y suministrar aplicaciones y servicios y utilizar los equipos terminales de su elección, con independencia de la ubicación del usuario final o del proveedor o de la ubicación, origen o destino de la información, contenido, aplicación o servicio, a través de su servicio de acceso a Internet (art. 3.1 Reglamento de la Internet abierta).

Avanzando en la comprensión de la neutralidad de Internet, y conforme a lo ya apuntado, hemos de precisar que la misma se concreta en: la conexión de dispositivos, sin que estén prefijados o se produzca una discriminación; la ejecución o el uso de aplicaciones, webs o protocolos; la recepción de paquetes de datos, sin importar el origen o destino; la obtención de información relevante y la libertad de acceso a contenidos que no han de estar censurados, bloqueados, degradados o restringidos; la seguridad y la libertad de conocer las condiciones contratadas y de tener una pluralidad de prestadores. Desde la base de los principios de no discriminación y transparencia, que se erigen sobre el principio de igualdad frente a las tensiones económicas y/o a los intereses del mercado (no sólo del servicio propiamente dicho sino también de la infraestructura y de las tecnologías que hacen posible en ecosistema cibernético), que posibilitan unos servicios mínimos necesarios, que indicen a su vez en el disfrute de otros derechos y libertades.

El principio de neutralidad de Internet tiene varias consecuencias: la prohibición de la ralentización, degradación, bloqueo o priorización de la comunicación; el establecimiento de una calidad mínima del servicio; la gestión responsable sin discriminación; el deber de información, la transparencia, y la responsabilidad frente a su quiebra[358].

Si bien, también conlleva una serie de límites o excepciones al mismo: la seguridad nacional; los delitos graves; la eficacia y eficiencia de la Red y la limitación contractual[359].

---

358 ÁLVAREZ ROBLES, T., "Garantía de los derechos digitales (comentario al Título X y a los Arts. 79-86)", *op. cit.*, pp.294-298.

359 A estos efectos se trata de complementar ese servicio con otros que lo mejoran y siempre que se garantice el servicio principal de acceso a Internet, pensemos en un producto de música o repositorio de contenido audiovisual, que en todo caso decimos ir en línea con lo explicitado en STJUE asuntos acumulados C-807/18 y C-39/19 (Telenor Magyarország Zrt./Nemzeti Média- és Hírközlési Hatóság Elnöke), de 15 de septiembre de 2020 (*Tol 8.076.279*).

Los dos primeros, la seguridad nacional y los delitos graves, responden a un límite constitucional en el que puede ser más o menos sencillo observar el interés público general (SSTC: 25/1981; 119/1987; 71/1994; 142/2018) (*Tol 110.828; Tol 79.859; Tol 82.479; Tol 6.978.679).* Cabe apuntar no obstante la crítica que se vierte en el contexto español a raíz del Real Decreto-ley 14/2019, de 31 de octubre, por el que se adoptan medidas urgentes por razones de seguridad pública en materia de administración digital, contratación del sector público y telecomunicaciones[360] (*Tol 564.825*) y la Orden PCM/1030/2020, de 30 de octubre, por la que se publica el Procedimiento de actuación contra la desinformación aprobado por el Consejo de Seguridad Nacional (*Tol 8.174.394*), en tanto que pueden estar afectando a la neutralidad de Internet, de las tecnologías de la información y de la comunicación permitiendo un control, una gestión de la misma (y de las redes sociales) en tanto al concreto entendimiento del orden público y no sólo a la seguridad nacional. A ello hemos de sumarle la posibilidad de gestionar la red en atención a situaciones de emergencia (pensemos en un supuesto en el que sea prioritario comunicar a los ciudadanos una alerta ante un desastre natural, una catástrofe, ante una amenaza inminente, etc.).

Mientras que la eficacia y eficiencia de la red entendida como gestión preventiva frente a la saturación de la red (*malware, spam*) y/o debida a la escasez de infraestructura, no ha de confundirse con el tráfico preferente, sino que responde a una gestión de tráfico permitida en tanto que cumple una serie de requisitos jurídicos mínimos como son: la justificación objetiva y razonable, la no arbitrariedad de las medidas a implementar, la proporcionalidad y adecuación de las mismas al fin perseguido, la información y transparencia sobre el conjunto de la gestión; esto es, la necesidad, la proporcionalidad y la no discriminación pueden justificar que, ante situaciones de congestión o saturación del tráfico o debido a la escasez de la infraestructura, se permita la quiebra de la neutralidad[361], que, en todo caso, deberán motivase o justificarse[362].

---

360 Real Decreto-ley 14/2019, de 31 de octubre, por el que se adoptan medidas urgentes por razones de seguridad pública en materia de administración digital, contratación del sector público y telecomunicaciones (*Tol 564.825*). Este es analizado por COTINO HUESO, L., "ONLINE-OFFLINE. Las garantías para el acceso a internet y para la desconexión, bloqueo, filtrado y otras restricciones de la red y sus contenidos", *Revista de Derecho Político,*108, 2020, pp.35-37.

361 A modo de ejemplo la gestión del tráfico de las redes a consecuencia de la Covid-19 y el teletrabajo.

362 Como defendí en: ÁLVAREZ ROBLES, T., "Las garantías de los derechos fundamentales en y desde la red: El contexto español: consideración especial do contexto español", *Revista Chilena de Derecho y Tecnología,*11,1, 2022, pp.5-40.

Esa justificación a la gestión del tráfico que supone la limitación al principio de neutralidad sólo puede darse cuando se produzcan esos escenarios de forma puntual y temporal, que se deba a una circunstancia excepcional, y siempre con el límite de los derechos y libertades fundamentales (como se explicita en el Reglamento de la Internet abierta). Fuertes López[363] apunta a su vez a una triple consideración respecto a la gestión del tráfico: la eficacia de la medida al fin pretendido; la opción menos gravosa o que menos incida en los derechos[364]; y la compensación entre el perjuicio causado y el beneficio obtenido.

La última de las excepciones apuntadas, la limitación contractual, supondría atender a una voluntad del usuario de limitar ciertos contenidos[365]. Si bien, se exigen una serie de premisas: el consentimiento expreso del contratante; la información necesaria, clara, pertinente, accesible; y que no suponga un perjuicio para otras empresas, un abuso de posición, pactos colusorios, ni desventajas de mercado[366]. Y a este último respecto habrá de tenerse en consideración, como hemos señalado al referirnos a la STJUE de 15 septiembre del 2020[367], no únicamente al acuerdo y/o práctica comercial de forma individualizada, sino en su conjunto, a fin de evitar abusos, oligopolios, etc. En suma, debe atenderse al usuario final desde una perspectiva antes mencionada, que va más allá del propio consumidor último del servicio y alcanza a quien distribuye información, contenidos y servicios en la Red, a quienes esos acuerdos o prácticas del proveedor del servicio pueden perjudicar. Pues estas prácticas y acuerdos que pueden derivar en último término no sólo en

---

363 FUERTES LÓPEZ, M., *Neutralidad de la red: ¿realidad o utopía?*, *op. cit.*, p.152.

364 Debiendo resaltar en este supuesto la intimidad y el secreto de las comunicaciones. Y junto a ellos la libertad de expresión e información, la privacidad y protección de datos. Y en cuanto a la incidencia en la libertad de expresión y comunicación recomendamos a Sánchez Barrilao, por cuanto analiza la neutralidad de la red en sentido formal y material SÁNCHEZ BARRILAO, J. F., "El Internet en la era Trump. Aproximación constitucional a una nueva realidad", *Revista Estudios en derecho a la Información*, Universidad Nacional Autónoma de México-UNAM, México, 2020; y como contraponente a las tesis defensoras de la neutralidad de la red recomendamos la lectura de ALVARADO ESCOBAR, O., "Neutralidad de Red y Libertad de expresión: una relación en debate", *op.cit.*

365 En este sentido hemos de llamar la atención ante la posibilidad de que este tipo de prácticas acabe por permitir en un futuro una Internet de dos velocidades (rápida, lenta, de más calidad o de menos calidad), por acabar aceptando las tesis de los detractores de la neutralidad en atención a priorizar o posibilitar ciertas calidades o servicios, el crear redes particulares inteligentes o diversificarlas en atención a los servicios que a su vez posibiliten una vuelta al sistema oligopolista de quienes tienen estas capacidades frente a quienes no pueden ofrecer esos servicios.

366 Como sostiene FUERTES LÓPEZ, M., *Neutralidad de la red: ¿realidad o utopía?*, *op. cit.*, pp.105-107.

367 Ver a los efectos los párrafos 33 a 38 STJUE asuntos acumulados C-807/18 y C-39/19 (Telenor Magyarország Zrt./Nemzeti Média- és Hírközlési Hatóság Elnöke), de 15 de septiembre de 2020 (*Tol 8.076.279*).

la reducción de servicios y contenidos, sino en la limitación de los derechos y en la afectación de ese sistema innovador de Internet, de su pluralismo[368].

En resumen, la garantía del principio de neutralidad de forma agregada desde los Estados hasta el ámbito internacional posibilita un ecosistema digital abierto, libre, plural, igualitario y facilita el resto de los derechos tanto analógicos como digitales. Por el contrario, si no se produce una defensa de este principio se va a favorecer el surgimiento de monopolios tecnológicos, se va a dinamitar la innovación tecnológico-digital, los contenidos estarán controlados, dejarán de ser plurales, y lo más importante, se favorecerá la discriminación y el control social, tanto por las grandes tecnológicas, como por los gobiernos[369].

2.4.2. El Derecho de acceso universal a Internet: un derecho de naturaleza ordinaria

> *Artículo 81.Derecho de acceso universal a Internet.*
>
> *"1. Todos tienen derecho a acceder a Internet independientemente de su condición personal, social, económica o geográfica.*
>
> *2. Se garantizará un acceso universal, asequible, de calidad y no discriminatorio para toda la población.*
>
> *3. El acceso a Internet de hombres y mujeres procurará la superación de la brecha de género tanto en el ámbito personal como laboral.*
>
> *4. El acceso a Internet procurará la superación de la brecha generacional mediante acciones dirigidas a la formación y el acceso a las personas mayores.*
>
> *5. La garantía efectiva del derecho de acceso a Internet atenderá la realidad específica de los entornos rurales.*
>
> *6. El acceso a Internet deberá garantizar condiciones de igualdad para las personas que cuenten con necesidades especiales".*

El artículo 81 de la Ley Orgánica 3/2018 (Tol 6.933.570) recoge de forma explícita el derecho de acceso universal a Internet. Esta será la primera vez que veamos en una ley orgánica el compromiso expreso y manifiesto del legislador español con el derecho que nos ocupa. No obstante, hemos de recordar que pese a la naturaleza orgánica de la norma el derecho de acceso

---

[368] Esta es la postura que defienden entre otros: ÁLVAREZ ROBLES, T., "Garantía de los derechos digitales (comentario al Título X y a los Arts. 79-86)", *op. cit.; FUERTES LÓPEZ, M., "Urge explicar al Tribunal de Justicia de la Unión Europea el principio de neutralidad de la Red", op. cit; o SÁNCHEZ BARRILAO, J. F., "El Internet en la era Trump. Aproximación constitucional a una nueva realidad", op. cit.*

[369] Y en este sentido nos referimos a la Digital Service Act europea por cuanto alude a la moral o al discurso cívico y posibilita que desde las cláusulas generales de la contratación se gestionen o moderen contenidos.

a Internet tendrá un carácter ordinario que condicionará su sistema de garantías, tal y como ocurría con el derecho a la neutralidad de Internet o tal y como veremos que sucede con el derecho a la seguridad digital.

El reconocimiento de este derecho surge, en cierto grado, como consecuencia de las obligaciones y responsabilidades asumidas por el Estado con los ámbitos supra e internacionales desde los años 2000 en adelante, como ha quedado expuesto (vid. supra apartado 2.2.).

Este precepto recogerá un derecho programático, un principio rector, de naturaleza ordinaria que se asentará sobre el principio de igualdad y no discriminación, relacionándose con el principio de neutralidad previamente analizado, en aras a eliminar las brechas digitales desde un enfoque múltiple (atendiendo a brechas de acceso y de uso en atención a criterios de género, generacionales, territoriales y de necesidad especial) y previendo un sistema de garantías institucionales que se asienta principalmente sobre dos planes (Plan de acción y Plan de acceso a Internet) que proyectan distintas políticas en el corto plazo.

El artículo 81 comienza reconociendo a todos un genérico derecho de acceso a internet "1. Todos tienen derecho a acceder a Internet independientemente de su condición personal, social, económica o geográfica", sin especificar quienes conforman ese "todos", quienes son los *sujetos tenedores del derecho de acceso a Internet*: personas físicas, jurídicas, públicas y/o privadas. Esta situación nos obliga a relacionarlo con lo visto en el apartado anterior al analizar la neutralidad y en concreto con el concepto de usuario final y ampliarlo a quienes han quedado fuera de este por verse afectados por las brechas digitales.

Continúa, en su segundo apartado, concretando que el derecho de acceso lo es al servicio universal a Internet (conforme a la Ley General de Telecomunicaciones) en unas condiciones de asequibilidad, calidad y no discriminación[370].

Los apartados 3 a 6 del artículo 81 se centran en garantizar ese acceso y uso a todos, prestando especial atención, al género, para que se produzca una igualdad entre mujeres y hombres, tanto en el ámbito personal como en

370 A este último respecto cabe señalar que en 2021 España ocupaba el puesto 25 en precio del servicio de acceso a Internet, en comparación con el resto de los Estados europeos que analizaban en el ya mencionado informe DESI. Así mismo, la calidad a la que se refiere la norma orgánica hemos de relacionarla con los mandatos europeos de banda ancha que han sido recogidos en la normativa de telecomunicaciones y que actualmente se sitúan en 100Mbps, recordamos que España ocupa el puesto 3 en conectividad global conforme al informe DESI 2022. Mientras la no discriminación debemos de entenderla desde el principio de neutralidad previamente estudiado y en relación con los preceptos subsiguientes que se preocupan de las brechas digitales.

el laboral[371]; a la edad[372], preocupándose especialmente de los mayores; a los entornos rurales[373]; y, finalmente, a las personas con necesidades especiales[374].

De una lectura conjunta del artículo 81 y en su relación con el 97, podemos inferir que el legislador orgánico es consciente que el derecho de acceso a In-

---

371 Algunos de los ejemplos de estas brechas en 2023: brecha por edades y actividades en Internet: el 92,8% de las mujeres españolas de 16 a 74 años usa Internet al menos una vez a la semana, apenas dos décimas por debajo de los hombres. Por encima de los 75 años se observan mayores diferencias ya que hay más hombres usuarios semanales de Internet (44,6%) que mujeres (39,7%%).Las actividades en línea donde más diferencias hay en favor de los hombres en el caso español son las relacionadas con el ocio. Ellos lo utilizan más para juegos (6,9 p.p. más en hombres que en mujeres) y escuchar música (4,4 p.p.);ellas, para actividades relacionadas con la salud como concertar citas con el médico (6.4 p.p.) o acceder a registros médicos (5.4 p.p.). Menos mujeres STEM y especialistas TIC. En España, el 17,8% de la población ocupada con formación STEM son mujeres. Otro dato que muestra la desigualdad de género en este tipo de estudios es que, en 2020, en España había 12,3 graduadas en STEM por cada mil habitantes de entre 20 y 29 años, frente a 29,2 graduados. Además, las mujeres son minoría en los estudios universitarios y de formación profesional del ámbito de las ingenierías y la informática. Estas diferencias se reflejan en el mercado laboral. En 2021, tan sólo el 19,4% del total de especialistas TIC en España eran mujeres. Del total de la población ocupada, un 6,2% son hombres especialistas TIC, mientras que sólo el 1,7% son mujeres TIC. «Informe Brecha digital de género 2023, ONTSI» [en línea], (2023), <https://www.ontsi.red.es/es/publicaciones/brecha-digital-de-genero-2023>. [Consulta: 15/06/2023.]

372 Al igual que en el resto de Europa, en España existen brechas significativas entre colectivos sociodemográficos y socioeconómicos. En función de la edad, 58 puntos de desventaja entre la población mayor frente a la más joven. De ocupación laboral, 49 puntos entre población no activan y estudiantes, y del nivel de estudios, 47 puntos entre personas sin estudios y personas con nivel alto de estudios. Como se pone de manifiesto en el informe «Competencias Digitales. Monográficos España Digital, ONTSI, 2023» [en línea], (2023), <https://www.ontsi.red.es/es/publicaciones/competencias-digitales>. [Consulta: 15/06/2023.]

373 La evolución de la brecha rural de cobertura digital en España ha pasado de ser en 2018 un 42,5% a ser en 2022 de 8,8% según las afirmaciones del secretario general de transición ecológica y reto demográfico realizadas en la clausura del IV Congreso de Despoblación el 17 de febrero de 2023.

374 Las personas con necesidades especiales tienen el derecho a que el proveedor les facilite dispositivos especiales de accesibilidad, las webs de las administraciones públicas deben estar adaptadas de forma que se permitan todas las funcionalidades y contenidos en igualdad de condiciones siendo una obligación europea desde el 12 de febrero de 2022, conforme a la Directiva (UE) 2016/2102 de Accesibilidad Web (*Tol 5.899.103*), a través de la Decisión de Ejecución (UE) 2021/1339 de la Comisión, de 11 de agosto de 2022. Consecuencia de esa directiva sería el Real Decreto 1112/2018, de 7 de septiembre, sobre accesibilidad de los sitios web y aplicaciones para dispositivos móviles del sector público (*Tol 6.790.013*). Información del estado actual de las administraciones públicas disponible en la web del Observatorio de Accesibilidad, [en línea], <https://administracionelectronica.gob.es/pae_Home/pae_Estrategias/pae_Accesibilidad/pae_Observatorio_de_Accesibilidad.html>. [Consulta: 15/06/2023.]

ternet sólo es posible desde unas condiciones de igualdad y no discriminación del conjunto de la sociedad que hacen preciso no sólo el conocimiento efectivo de las brechas digitales (que en la actualidad se sitúan principalmente en el uso, en las competencias, y en menor medida en el acceso), sino también su reducción o eliminación a través de políticas públicas, garantías institucionales, pues las garantías jurídicas y normativas se ven mermadas en esta ley[375].

En suma, el *contenido* de este derecho poliédrico y de carácter transversal, al que van a tener que atender las políticas públicas, se circunscribe a los siguientes aspectos: la presencia de dos esferas que comportan la *capacitación y la infraestructura*, esto es, la habilitación o formación para su manejo y uso del entorno de Internet, *alfabetización digital* y *la posesión de las propias tecnologías* necesarias para acceder a Internet (red física, terminal, dispositivo, cable, satélite, etc.)[376]. No obstante, en este artículo 81 la norma orgánica se olvida de prestar atención al contenido al que se accede, o la defensa de la no censura y la regulación del control de contenidos, quizá aludiendo a la neutralidad[377].

Entender el contenido necesario del derecho de acceso a Internet que nosotros tratamos de defender pasaría por realizarnos las siguientes preguntas ¿qué sucede si soy una persona capacitada, con conocimientos suficientes para utilizar las tecnologías de la información y de la comunicación, tecnologías digitales, y para poder navegar por la red, si esa red nos aporta un sinfín de contenidos, pero no tengo la tecnología necesaria (pc, tablet, smartphone, etc.) y/o la infraestructura (red física o satélite)?, ¿qué ocurriría si tengo esas tecnologías e infraestructura a mi disposición y el ciberespacio está provisto de toda clase de contenidos pero no tengo la capacidad o el conocimiento para utilizar esas tecnologías, para navegar? Finalmente, ¿qué sucede si tengo tanto los conocimientos necesarios como las tecnologías y la infraestructura, pero accedo a un universo vacío, censurado, cuyos contenidos están controlados, imposibilitados o son inexistentes?

En otras palabras, el derecho de acceso universal a Internet que se prevé en la ley orgánica no se completa si teniendo infraestructura y tecnologías y pudiendo acceder a todo tipo de contenidos no se tienen los conocimientos para utilizar las tecnologías de la información y de la comunicación, las tecno-

---

375 RALLO LOMBARTE, A., "Una nueva generación de derechos digitales", *op. cit.*, pp.111-113.

376 ÁLVAREZ ROBLES, T., "Derechos digitales: especial interés en los derechos de acceso a Internet y a la ciberseguridad como derechos constitucionales sustantivos", *op. cit.*, pp.140-141.

377 Se advierte tímidamente recogida alguna alusión a los contenidos en una pluralidad de preceptos en artículos como el 85, 87, 95, 96, fundamentalmente relacionados con el honor, la intimidad, el testamento digital. E indirectamente en el artículo 84 l advertir la protección de los menores.

logías digitales, para navegar por Internet. Este sería el caso de una persona que dispone de un pc y de conexión a Internet en España, pero no sabe cómo usar esa tecnología o conectarse y realizar búsquedas en Internet; quizá el de una persona que tenga que presentar su declaración de IRPF y no sepa cómo se hace ese trámite. Tampoco sería factible este derecho si teniendo las habilidades y conocimientos y una Internet repleta de contenidos, se carece de infraestructura y/o tecnologías para acceder a la red, pensemos en esos entornos rurales de León o Galicia a los que no llega la fibra y en los que la conexión satelital no es buena. Del mismo modo que no sería posible tener un derecho de acceso a Internet pleno teniendo la infraestructura (cable o satélite) y las tecnologías para acceder (smartphone, tablet u ordenador) pero al acceder lo hacemos a una Internet vacía o censurada, como sucede en Estados en los que hay revueltas populares, conflictos sociales, guerras, etc. y se corta o bloquea la red de Internet, pensemos en India, Ucrania, Irán, Myanmar, Bangladesh, Jordania, Liba o Sudán. En todos estos casos atendemos a las distintas brechas digitales de forma integral.

En otras palabras, el derecho de acceso a Internet, que se contiene en el artículo 81 de Ley Orgánica 3/2018 (*Tol 6.933.570*) debe asentarse, al menos, en tres pilares: capacitación/educación; infraestructura/tecnologías y conexión; y contenidos/gobernanza:

- Conexión: infraestructura y tecnologías que posibilitan el acceso al ciberespacio y que se encuentra preeminentemente regulado por la normativa sectorial de las telecomunicaciones.
- Capacitación-educación: referente a la educación digital y a la adquisición de las competencias (básicas, específicas y avanzadas) necesarias para desarrollarnos en el ecosistema tecnológico-digital.
- Gobernanza-contenidos: normativa que incide en los contenidos, en las libertades informativas, en la libertad de expresión.

Contenido que se cimenta en el principio de neutralidad, transversal, y que se complementa con el derecho a la ciberseguridad, presentes en otros artículos. Así, los fundamentos jurídicos que configuran el derecho de acceso a Internet son los relativos a la infraestructura (art. 149.1. 1ª, 13ª y 21ª CE), al contenido (art. 20 CE, con la especial relevancia del apartado 1.a y 2) y a la capacitación (art. 27 CE).

En todo caso, el artículo 81 de la Ley Orgánica de Protección de Datos Personales y garantía de derechos digitales(*Tol 6.933.570*), acertadamente se centra en la lucha contra las brechas digitales, y lo hace desde un enfoque múltiple: personal (género, edad, necesidad especial), social, económico y/o geográfico, que se perfecciona con las políticas públicas previstas en el artículo 97 en el cual se contiene el Plan de Acceso a Internet, y el Plan de Actuación.

El concreto Plan de Acceso a Internet establece 3 objetivos principales que desarrollan el derecho de acceso universal a Internet[378]:

- *La superación de la brecha digital* (en atención a: la edad, el género, el entorno rural, las necesidades especiales o la pertenencia a un colectivo vulnerable, la economía) proponiendo un bono social como una de las respuestas.
- *La existencia de espacios de conexión de acceso público.*
- *La alfabetización digital, educción digital* (junto al artículo 83), siendo este uno de los objetivos que habrían de ser prioritarios.

Mientras que el Plan de Acceso a Internet se centra en *educación digital, la formación y la concienciación*, tal y como analizaremos al estudiar el concreto derecho a la educación digital previsto en la misma (art. 83), con el fin de que *los menores hagan un uso equilibrado y responsable* de las tecnologías que permita garantizar su *adecuado desarrollo de la personalidad y de preservar su dignidad, los valores constitucionales y los derechos fundamentales.*

Con lo apuntado hasta el momento podemos afirmar que la efectiva implementación del derecho de acceso a Internet previsto en la norma orgánica exige un compromiso serio de desarrollo normativo y presupuestario, que posibiliten las políticas públicas, evitando la dependencia exclusiva de las voluntades de los ejecutivos. Además de un compromiso social mediante la consecución de un verdadero sistema de garantías, conforme al apartado IV del Preámbulo (conferir al derecho de acceso a Internet un rango constitucional).

Con lo apuntado hasta el momento podríamos apuntar dos *consecuencias* del artículo 81[379]:

- Que atendamos a un derecho programático, equiparable a un principio rector, esto es, dependiente en exceso de las voluntades de los ejecutivos, un derecho a futuro (con la garantía, eso sí, del compromiso supranacional de la Unión Europea). A este respecto cabe señalar que la crisis de la Covid-19 viene impulsando la implementación del precepto en este ámbito de derecho legal-prestacional sin llegar por el momento al carácter fundamental del mismo.
- O bien, que, a través de la interpretación del Tribunal Constitucional, ante un posible conflicto planteado en relación con otro precepto de naturaleza fundamental, se decida su conversión en derecho fundamental de configuración legal (siguiendo el ejemplo del derecho a la protección

---

378 ÁLVAREZ ROBLES, T., "Garantía de los derechos digitales (comentario al Título X y a los Arts. 79-86)", *op. cit.*, p. 302.

379 *Ibidem.*

de datos o del derecho al olvido[380]), como el mejor de los escenarios planteado en el medio plazo y con el refuerzo de la Ley General de Telecomunicaciones (*Tol 9.093.453*). En este supuesto podemos predecir que se produciría, seguramente, a través de la conexión con el artículo 18.4 CE, dado que el derecho de acceso a Internet se deriva de la normativa orgánica de protección de datos; del artículo 20.1 CE, en tanto que se relaciona constitucionalmente con las libertades de expresión e información, no sólo desde la doctrina científica constitucional, sino también en la doctrina del Tribunal Europeo de Derechos Humanos conforme a lo ya expuesto; o con relación al artículo 27 CE referente a la educación, por su vinculación con la educación digital (art. 83 que analizaremos posteriormente y Ley General de Telecomunicaciones conforme al contenido mínimo esencial del servicio de acceso universal a Internet previsto en el Anexo III en el que, recordemos, figura el acceso a herramientas básicas de formación y educación en línea).

Cierto es que, la opción más plausible en el corto plazo es la primera, el reconocimiento del derecho de acceso a Internet a través de las distintas normas, un desarrollo normativo o garantía normativa (tanto del precepto que nos encontramos analizando como por lo ya apuntado del reconocimiento del contenido mínimo del servicio de acceso universal a Internet contenido en el anexo III de la Ley General de Telecomunicaciones), que a su vez se va a reflejar en la implementación de unas políticas públicas, tal y como veremos posteriormente, unas garantías institucionales y económicas[381]. Todo ello es causa de esa naturaleza ordinaria prevista en la disposición final primera en relación con el precepto 97, pese a la querencia del apartado IV del Preámbulo de la norma de constitucionalizar en derecho de acceso a Internet.

2.4.3. El derecho a la seguridad digital: la ciberseguridad como el anverso del derecho a Internet y a las tecnologías

> *Artículo 82. Derecho a la seguridad digital.*
>
> *"Los usuarios tienen derecho a la seguridad de las comunicaciones que transmitan y reciban a través de Internet. Los proveedores de servicios de Internet informarán a los usuarios de sus derechos".*

---

380 Si bien, con la especial diferencia de que en esta ocasión no existe un tratado, convenio, internacional que recoja el derecho de acceso a Internet, pero sí un impulso europeo en esta dirección, como hemos venido analizando.

381 Estas garantías o este reconocimiento del derecho de acceso a Internet se han visto evidenciadas con la crisis de la Covid-19 y el paso apresurado al ecosistema tecnológico-digital, concretamente con los fondos NextGeneration y los planes de recuperación.

El artículo 82 de la Ley Orgánica 3/2018, de 5 de diciembre, de Protección de Datos Personales y garantía de los derechos digitales (*Tol 6.933.570*), contiene el derecho a la seguridad digital entendido por el legislador como la seguridad de las comunicaciones[382] que se producen en la red de Internet, y que actualmente podríamos relacionar con la ciberseguridad[383]. Desde este precepto la norma orgánica ahonda en el concreto interés del legislador[384] que trataría de responder al Tribunal Constitucional (SSTC 114/1984, 49/1999, 70/2002, 123/2002, 132/2002, 56/2003, 184/2003, 281/2006;230/2007)[385] (*Tol 79.403; Tol 81.121; Tol 258.605; Tol 258.655; Tol 258.664; Tol 254.941; Tol 528.614; Tol 1.001.088; Tol 1.179.100)*, para lo cual se centra en los usuarios, a quienes confiere ese derecho a la seguridad de las comunicaciones en Internet, y en los proveedores del servicio, a quienes se obliga a prestar información relativa a los derechos de los usuarios. Hemos de conocer que los proveedores de servicios de intermediación se pueden clasificar como: empresas que brindan conexión a Internet a sus clientes (ISP); prestadores de servicios de alojamiento de datos; o buscadores y proveedores de enlaces.

---

382 Sobre intervención de las comunicaciones recomendamos a OCÓN GARCÍA, J., *Derecho fundamental al secreto y tecnologías avanzadas de comunicación*, Centro de Estudios Políticos y Constitucionales, Madrid, 2021.

383 En este sentido conviene aludir al término ciberseguridad (ciber-seguridad) como una seguridad que aúna la seguridad de la información (no sólo la informática), de redes, de software, aplicación, etc. y que implica la protección del software, hardware, los datos, empresas, instituciones y a las personas (no sólo a los expertos), contra ataques, amenazas, daños, robos, fraudes, etc. De este modo sobrepasamos el concepto originario de "ciber" (Norbert Wiener, 1947 Cibernética o control y comunicación en el animal y en la Máquina) y nos situamos en una etapa actual cercana a su uso en relación con las tecnologías de la información y de la comunicación, con el ecosistema tecnológico-digital.

384 ENMIENDA NÚM. 303 "Artículo 83. Derecho a la seguridad digital. Los usuarios tienen derecho a que se garantice la privacidad y seguridad de las comunicaciones y de las informaciones que circulan en Internet. Los operadores, plataformas y proveedores de servicios y contenidos deben informar a los usuarios de sus derechos y establecer sistemas de denuncia de fácil uso y comprensión".

385 "La protección del derecho de las comunicaciones tiene una entidad propia, diferenciada de su vinculación con el derecho a la intimidad, ya que las comunicaciones deberán resultar protegidas con independencia de su contenido, esto es, ya se trate de comunicaciones de carácter íntimo o de otro género. el 18.3 de la CE consagra la libertad de las comunicaciones y garantiza su secreto, sea cual fuere la forma de interceptación, mientras dure el proceso de comunicación, en el marco de comunicaciones indirectas, es decir, que empleen medios técnicos, y frente a terceros ajenos a la comunicación, SSTC 114/1984, 49/1999, 70/2002, 184/2003, 281/2006. En este marco, el secreto de la comunicación se vulnera no sólo con la interceptación de la misma, sino también con el simple conocimiento antijurídico de lo comunicado. Además, el secreto cubre, tanto el contenido de la comunicación, como la identidad subjetiva de los interlocutores, SSTC 123/2002, 56/2003, 230/2007". Perales E. "Comentario al artículo 18 CE", 2023 en la web del Congreso de los Diputados. En igual sentido OCÓN GARCÍA, J., *Derecho fundamental al secreto y tecnologías avanzadas de comunicación, op. cit.*, pp.88-91.

Deteniéndonos en el título del propio artículo 82, la seguridad digital, y centrándonos en el concepto de seguridad, podremos observar cómo ésta constituye, junto a la libertad (art 17 CE), uno de los pilares fundamentales sobre los que se asienta nuestro Estado Social y Democrático de Derecho, su garantía se convierte en la función esencial del Estado, motivo por el cual la legislación española ha venido positivando este principio básico de seguridad en las distintas normas que derivan de varios preceptos constitucionales que dan cabida al mismo. En palabras del Preámbulo de la Ley 36/2015, de 28 de septiembre, de Seguridad Nacional (*Tol 5.439.409*): "la seguridad constituye la base sobre la cual una sociedad puede desarrollarse, preservar su libertad y la prosperidad de sus ciudadanos, y garantizar la estabilidad y buen funcionamiento de sus instituciones. La legislación española así lo reconoce e interpreta, y contiene instrumentos normativos que, partiendo del marco diseñado por la Constitución, regulan los aspectos fundamentales que han venido permitiendo a los poderes públicos cumplir con sus obligaciones en esta materia".

De este modo, comenzaríamos por el artículo 17 CE[386], en cuyo apartado primero se contempla un derecho fundamental a la seguridad: "Toda persona tiene derecho a la libertad y a la seguridad", si bien será desarrollado con relación a la detención preventiva o provisional, con el hábeas corpus, la retención, etc.; continuaríamos con el artículo 18 CE desde la observancia de la inviolabilidad del domicilio y al secreto de las comunicaciones, junto con el artículo 55 CE que contiene el límite si se declaran los estados de excepción

---

386 La seguridad que brinda el Estado habrá de ser analizada desde los distintos marcos en los que operan las fuerzas y cuerpos de seguridad del Estado junto a las fuerzas armadas que tradicionalmente venían consolidados en la dicotomía ad-intra (Ministerio del Interior: Policía Nacional, Guardia Civil, Policías autonómicas, principalmente) ad-extra (Ministerio de Defensa: Fuerzas Armadas) y que es completada de forma transversal con la ofrecida por los servicios de inteligencia (Centro Nacional de Inteligencia). A este respecto, cabe clarificar esa distinción competencial e incluso normativa que realiza nuestra Constitución al positivar estas instituciones separadamente: así en el artículo 8 CE se recogen las Fuerzas armadas (Ejército de tierra, Armada y Ejército de Aire) cuya misión es la garantía de la soberanía e independencia de España, la defensa de su integridad territorial y del ordenamiento constitucional (principalmente a través de la Ley Orgánica 4/1981, de 1 de junio, de los estados de alarma, excepción y sitio y de la Ley Orgánica 9/2011, de 27 de julio, de derechos y deberes de los miembros de las Fuerzas Armadas); mientras que el artículo 104 CE contempla las Fuerzas y Cuerpos de seguridad (Policía Nacional, Guardia Civil, policías autonómicas), cuya misión consiste en proteger el libre ejercicio de los derechos y libertades y garantizar la seguridad ciudadana (que se concreta en la Ley Orgánica 2/1986, de 13 marzo, de Fuerzas y Cuerpos de Seguridad). ÁLVAREZ ROBLES, T.: «*Introducción a la actividad de inteligencia.* Comunicación mesa 2- La actividad de inteligencia: Congreso de la asociación de constitucionalistas de España: "seguridad y libertad" Universidad de Santiago de Compostela, 4 Y 5 de abril de 2019» [en línea], (2019), <https://www.acoes.es/congreso-xvii/wp-content/uploads/sites/3/2019/04/Introducci%C3%B3n-a-la-actividad-de-inteligencia.pdf>. [Consulta: 15/06/2023.]

o sitio (excepción colectiva) o en casos de terrorismo o pertenencia a banda armada (excepción personal/individual), y concluiríamos con la seguridad jurídica constitucionalizada como principio del artículo 9.3 CE[387].

Centrándonos ahora en el ámbito propio del artículo, esto es, en la seguridad de las comunicaciones que pretende la defensa de la privacidad y que guarda relación con la limitación de derechos y libertades que acabamos de apuntar; la privacidad vendría a realizar un guiño a la Ley Orgánica 13/2015, de 5 de octubre, de modificación de la Ley de Enjuiciamiento Criminal para el fortalecimiento de las garantías procesales y la regulación de las medidas de investigación tecnológica- LECrim (*Tol 5.497.670*), que positiva las garantías de creación jurídica (legalidad, necesidad, proporcionalidad) con relación a la interceptación de las comunicaciones, los registros de dispositivos, informáticos, etc., en tanto que inciden en el ámbito de la intimidad protegida en el artículo 18 de la Carta Magna. Es así como, el artículo 82 de la Ley Orgánica 3/2018 (*Tol 6.933.570*) pareciera reiterar el interés del legislador por lo contenido en la norma mencionada y en el Libro II, Título VIII de la LECrim "de las medidas de investigación limitativas de los derechos reconocidos en el artículo 18 de la Constitución". A su vez hemos de relacionarlo con la disposición adicional undécima de la norma orgánica, relativa a la privacidad de las comunicaciones en la cual se establece el carácter supletorio, siempre que no suponga nuevas obligaciones, en su relación con las normas de derecho interno e internacional[388].

El artículo 18.1 de la Constitución Española, contiene el derecho fundamental a la intimidad personal y familiar, que hemos de relacionar con la dignidad y el libre desarrollo de la personalidad[389], como derecho personalísimo, del artículo 10.1 de la misma. Artículo 18.1 CE que, si bien no explicita o define el derecho a la intimidad, si lo extiende desde la consideración individual al ámbito familiar. Es así que, en este primer acercamiento a la institución de la intimidad, podemos conceptualizarla como una esfera propia, privada, interna o interior, reservada de las miradas e injerencias de terceros no autorizados o consentidos en el ámbito personal y/o familiar[390]. Por lo tanto, será la percep-

---

387 ÁLVAREZ ROBLES, T., "Garantía de los derechos digitales (comentario al Título X y a los Arts. 79-86)", *op. cit.*, pp.304-306.

388 *Ibidem*, p. 309.

389 Igualmente hemos de considerarlo con los derechos al honor y la propia imagen contenidos en el precepto 18.1 CE. ALEGRE MARTÍNEZ, M. Á. "Artículo 18 CE: la protección constitucional de la individualidad", en *Derechos fundamentales: aspectos básicos y actuales*, Andavira, Santiago de Compostela, 2017, pp.218-221.

390 En este sentido se pronuncia el Tribunal Constitucional en Sentencias 231/1988, FJ 5-10, y 197/1991, JF 1-4, ambas sobre casos mediáticos. Sentencia 231/1988, de 2 de diciembre. Recurso de amparo 1.247/1986. Contra Sentencia de la Sala Primera del Tribunal Supremo que anula la dictada en apelación por la Audiencia Territorial de Madrid. en autos

ción de esas características de la esfera íntima la que condicionará a su vez a la intimidad[391]. De tal manera que podemos definir el derecho a la intimidad[392] como el "derecho de la persona a salvaguardar su intimidad de toda intromisión ilegítima, que se produzca tanto en el ámbito espacial en el cual se desarrolle habitualmente su vida personal o colectiva, como en el ámbito donde fluya la información que le concierna"[393]. Así, a través de esa protección, se pretende garantizar una cierta mínima calidad de vida[394] ahora extendida al

---

sobre vulneración del derecho a la intimidad. BOE núm. 307, de 23 de diciembre de 1988. ECLI:ES:TC:1988:23 (*Tol 80.134*) y Sentencia 197/1991. de 17 de octubre. Recurso de amparo 492/1989. Diario «Ya» contra Sentencias de la Audiencia Territorial de Madrid y del Juzgado de Primera Instancia núm. 3 de Madrid sobre intromisión ilegítima en el honor y en la intimidad. Supuesta vulneración del derecho a comunicar libremente información veraz: El derecho a la intimidad como límite a la libertad de información. BOE núm. 274, de 15 de noviembre de 1991. ECLI:ES:TC:1991:197 (*Tol 81.885*).

391 En este sentido veremos como la condición de ese sujeto influye en la limitación de la intimidad, así lo determinaría el Tribunal Constitucional en el Fundamento Jurídico 5 de la Sentencia 151/1997, de 29 de septiembre de 1997. Recurso de amparo 3.983/1994. Contra Sentencia de la Sala Quinta del Tribunal Supremo que desestimó recurso contencioso-disciplinario militar interpuesto contra Orden ministerial por la que se separó del servicio al entonces Capitán de Artillería y hoy recurrente en amparo. Vulneración del principio de legalidad penal y del derecho a la intimidad personal y familiar: aplicación restrictiva, no fundamentada debidamente, de derechos fundamentales BOE núm. 260, de 30 de octubre de 1997. ECLI:ES:TC:1997:151 (*Tol 80.774*).

392 Partiendo de las consideraciones de intimidad como la existencia de un espacio que necesita ser protegido frente a injerencias de terceros en él y de la propia capacidad que se tiene en el mismo para decidir, desde la autonomía personal, los límites de ese espacio, debemos atender a las consideraciones derivadas de la jurisprudencia del Tribunal Constitucional, SSTC: 171/1990; 254/1993; 290/2000; 292/2000 y 58/2018 (Tol 344.513; *Tol 80.078; Tol 82.275; Tol 81.195; Tol 2.772; Tol 6.648.402*), pues a través de la misma podremos atender a una delimitación y evolución del concepto de intimidad, que el artículo 18.1 CE no define, hasta alcanzar el concepto de privacidad, que nos permitirá entender la relación con la protección de datos así como otras confrontaciones entre derechos que incidan en esta esfera, y que se recogen en el mencionado artículo 82 al referirse a la información que han de proporcionar los proveedores.

393 CARRILLO, M., "Los ámbitos del derecho a la intimidad en la sociedad de la comunicación", en *El derecho a la privacidad en un nuevo entorno tecnológico*. Colección Cuadernos y Debates, 248, Centro de Estudios Políticos y Constitucionales, Madrid, 2016, p.13.

394 "Los derechos a la imagen y a la intimidad personal y familiar reconocidos en el art. 18 de la C.E. aparecen como derechos fundamentales estrictamente vinculados a la propia personalidad, derivados sin duda de la «dignidad de la persona», que reconoce el art. 10 de la C.E., y que implican la existencia de un ámbito propio y reservado frente a la acción y conocimiento de los demás, necesario - según las pautas de nuestra cultura- para mantener una calidad mínima de la vida humana. Se muestran así esos derechos como personalísimos y ligados a la misma existencia del individuo. Ciertamente, el ordenamiento jurídico español reconoce en algunas ocasiones, diversas dimensiones o manifestaciones de estos derechos que, desvinculándose ya de la persona del afectado, pueden ejercerse por terceras personas". STC 231/1988, FJ 3, (*Tol 80.078*).

ámbito tecnológico-digital[395], siendo en todo caso conscientes de la paradoja que aquí se produce: la creciente exposición pública (redes sociales) del tradicional entorno íntimo a la vez que se demanda una mayor protección de esa esfera íntima (derechos arco, derecho a la supresión, a la desindexación)[396].

La seguridad de las comunicaciones respondería a la existencia de "un derecho al propio entorno virtual[397]. En él se integraría, sin perder su genuina sustantividad como manifestación de derechos constitucionales de *nomen iuris* propio, toda la información en formato electrónico que, a través del uso de las nuevas tecnologías, ya sea de forma consciente o inconsciente, con voluntariedad o sin ella, va generando el usuario, hasta el punto de dejar un rastro susceptible de seguimiento por los poderes públicos. Surge entonces la necesidad de dispensar una protección jurisdiccional frente a la necesidad del Estado de invadir, en las tareas de investigación y castigo de los delitos, ese entorno digital. Sea como fuere, lo cierto es que tanto desde la perspectiva del derecho de exclusión del propio entorno virtual, como de las garantías constitucionales exigidas para el sacrificio de los derechos a la inviolabilidad de las comunicaciones y a la intimidad, la intervención de un ordenador para acceder a su contenido exige un acto jurisdiccional habilitante"[398].

---

395 Tal y como se pronunciaría el Tribunal Supremo en Sentencia de 17 de abril de 2013: "En el ordenador coexisten, es cierto, datos técnicos y datos personales susceptibles de protección constitucional en el ámbito del derecho a la intimidad y la protección de datos (art. 18.4 de la CE). Pero su contenido también puede albergar -de hecho, normalmente albergará- información esencialmente ligada al derecho a la inviolabilidad de las comunicaciones. El correo electrónico y los programas de gestión de mensajería instantánea no son sino instrumentos tecnológicos para hacer realidad, en formato telemático, el derecho a la libre comunicación entre dos o más personas. Es opinión generalizada que los mensajes de correo electrónico, una vez descargados desde el servidor, leídos por su destinatario y almacenados en alguna de las bandejas del programa de gestión, dejan de integrarse en el ámbito que sería propio de la inviolabilidad de las comunicaciones. La comunicación ha visto ya culminado su ciclo y la información contenida en el mensaje es, a partir de entonces, susceptible de protección por su relación con el ámbito reservado al derecho a la intimidad, cuya tutela constitucional es evidente, aunque de una intensidad distinta a la reservada para el derecho a la inviolabilidad de las comunicaciones". STS 342/2013, 17 de abril de 2013.

396 ÁLVAREZ ROBLES, T., "Garantía de los derechos digitales (comentario al Título X y a los Arts. 79-86)", *op. cit.*, pp.310-312.

397 Esta idea ya se vislumbraría en la "Comisión de Internet", Comisión Especial sobre Redes Informáticas del Senado, donde en varias ocasiones se apunta que tanto el ordenador personal como el domicilio son inviolables y que se ha de garantizar el secreto de las comunicaciones electrónicas y la privacidad de los datos.

398 STS 342/2013, 17 de abril de 2013. Este derecho a la intimidad, derivado del entorno virtual, es modulable: "y es que, frente a lo que sucede respecto del contenido material de otros derechos, el derecho a la intimidad o, si se quiere, el espacio de exclusión que frente a otros protege el derecho al entorno virtual, es susceptible de ampliación o reducción por el propio titular. Quien incorpora fotografías o documentos digitales a un dispositivo de almacenamiento masivo compartido por varios es consciente de que la frontera que define los límites entre lo íntimo y lo susceptible de conocimiento por terceros, se difumina de

Finalmente, centrándonos en la última consideración del artículo 82, respecto a la comunicación que habrían de realizar los proveedores sobre los derechos de los usuarios, podríamos establecer la relación con el artículo 18.4, limitación al uso de la informática que derivaría en la normativa de protección de datos y, a su vez, podríamos remitirnos a la propia norma en tanto que contiene el propio *derecho de información* y *consentimiento,* como inicio del aseguramiento de los ya citados *derechos arco* (acceso, rectificación, cancelación y oposición), ampliados a la *supresión, a la limitación del tratamiento y a la portabilidad* (arts. 15 a 17 Ley Orgánica 3/2018), y que se aplican sobre los datos e informaciones, como hemos apuntado, principalmente los generados conscientemente. Y que en pro de esa seguridad necesaria se han de extender hacia aquellos que no son plenamente conscientes (como pueden ser los datos de geolocalización, de comportamiento en redes sociales, aplicaciones o webs, etc.), que en suma se reforzarían con la seguridad del también mencionado Reglamento General de Protección de Datos (*Tol 5.703.078*), en tanto que del mismo se infieren unos *derechos de no automatización de la toma de decisiones (seguridad necesaria en los algoritmos) y de no creación de perfiles de usuarios (tratamiento de datos personales)*[399].

Con ello, la dificultad que aquí se observa es relacionada con la transversalidad de la materia, con el principio de territorialidad, con las jurisdicciones, que requiere así la implicación constitucional y europea, a fin de conseguir esa limitación público-privada, y más importante, esa garantía de los derechos y libertades fundamentales.

El artículo 82 de la Ley Orgánica 3/2018 (*Tol 6.933.570*) se ocupa de este punto en su relación con Internet y el ámbito digital; así como los artículos 8 y 104 CE, encargados de la regulación de las fuerzas armadas y de las fuerzas y cuerpos de seguridad del Estado respectivamente, atendiendo también a la exclusividad derivada del artículo 149.1.4ª, 18ª, 21ª y 29ª CE, que atribuyen al Estado la competencia exclusiva sobre las bases del régimen jurídico de las administraciones públicas, sobre las telecomunicaciones y sobre la seguridad pública, respectivamente.

Desde estas consideraciones normativas, la seguridad de los ciudadanos, la seguridad nacional, se convierte en "la acción del Estado dirigida a proteger

---

forma inevitable. Desde luego, son imaginables usos compartidos de dispositivos de esa naturaleza en los que se impongan reglas de autolimitación que salvaguarden el espacio de intimidad de cada uno de los usuarios". STS 287/2017, 19 de abril de 2017.

399 A los efectos de determinar el alcance de la protección de datos personales, principio de seguridad jurídica, vertiente negativa de la libertad ideológica y derecho a la participación política, con respecto a la nulidad del precepto legal que posibilita la recopilación por los partidos políticos de datos personales relativos a las opiniones políticas de los ciudadanos, derivados de la norma que nos ocupa, véase la STC 76/2019 (*Tol 7.278.791*).

la libertad y el bienestar de sus ciudadanos, a garantizar la defensa de España y de los principios y valores constitucionales, así como a contribuir junto a nuestros socios y aliados a la seguridad internacional en el cumplimiento de los compromisos asumidos" (Estrategia de Seguridad Nacional, 2013). Esa seguridad entendida como el espacio de actuación pública que compete al Estado en sus diferentes niveles: interiores (locales, autonómicos y nacional); exteriores (UE, OTAN, ONU, etc.); así como también al ámbito privado del mismo, ha de relacionarse también con la actividad de la inteligencia, e incluso de la defensa *stricto sensu,* y con una pluralidad de ámbitos: tecnológico-digitales, ciberespaciales y analógicos[400], hasta alcanzar a la ciudadanía, "cultura de ciberseguridad".

Y se llevará a cabo mediante el diseño de las políticas de seguridad que tratarán de responder a las amenazas y riesgos desde el respeto al Estado de Derecho y con las garantías constitucionales de necesidad, proporcionalidad, legalidad, transparencia, rendición de cuentas y control democrático (Comunicación Conjunta sobre la Estrategia de la UE para la Unión de la Seguridad, COM/2020/605).

La ciberseguridad será la encargada de la defensa y seguridad centrada fundamentalmente en el ámbito ciberespacial, teniendo en cuanta distintos ámbitos de actuación: el ámbito normativo, las medidas técnicas, las organizativas, la capacidad de desarrollo y la cooperación público-privada a nivel supranacional e internacional (Global Cybersecurity Index, 2020). Desde la ciberseguridad se tratará de "fijar las directrices generales del uso seguro del ciberespacio a través del impulso de una visión integradora que garantice la seguridad y el progreso de España" (Código de Derecho a la Ciberseguridad, 2023) implicando a todas las Administraciones Públicas, a los sectores públicos y privados, y a la ciudadanía, cultura de ciberseguridad.

Esta ciberseguridad tendrá reflejo en una pluralidad normativa supranacional y nacional (a modo de ejemplo: el Reglamento sobre la ciberseguridad, la Directiva SRI 2[401], La Ley de Protección de Infraestructuras Críticas- PIC o el

---

400 ÁLVAREZ ROBLES, T., "Garantía de los derechos digitales (comentario al Título X y a los Arts. 79-86)", *op. cit.,* p.306.

401 Reglamento (UE) 2019/881 del Parlamento Europeo y del Consejo, de 17 de abril de 2019, relativo a ENISA (Agencia de la Unión Europea para la Ciberseguridad) y a la certificación de la ciberseguridad de las tecnologías de la información y la comunicación y por el que se deroga el Reglamento (UE) 526/2013 («Reglamento sobre la Ciberseguridad») (*Tol 7.267.395*); Directiva (UE) 2022/2555 del Parlamento Europeo y del Consejo de 14 de diciembre de 2022 relativa a las medidas destinadas a garantizar un elevado nivel común de ciberseguridad en toda la Unión, por la que se modifican el Reglamento (UE) 910/2014 y la Directiva (UE) 2018/1972 y por la que se deroga la Directiva (UE) 2016/1148 (Directiva SRI 2) (*Tol 9.599.578*).

Real Decreto-ley de seguridad de las redes y sistemas de información NIS[402]) que se han venido recogiendo en varios códigos electrónicos que publica el BOE, como son: el Código de Derecho de la Ciberseguridad (con normativa en materias tan relevantes como la seguridad nacional, infraestructuras críticas, normativa de seguridad, equipo de respuesta a incidentes de seguridad, telecomunicaciones y usuarios, ciberdelincuencia, protección de datos, relaciones con la administración) o el Código Ámbitos de la Seguridad Nacional Ciberseguridad (cuyos ámbitos de actuación son: la protección de datos, las ciberamenazas y seguridad en el ciberespacio, la cooperación en materia de seguridad, las infraestructuras críticas en España o el uso eficiente de las tecnologías de la información).

La ciberseguridad, además, requiere que el Estado actúe como coordinador, árbitro y ejecutor, *enforcement,* en este ámbito tecnológico-digital, cibernético y que se revisen las categorías tradicionales de seguridad *"ad-extra" y "ad-intra"* para responder a los desafíos de forma coordinada, integral, eficaz y eficientemente[403].

En suma, debemos ser conscientes de que el ciberespacio se ha convertido en el nuevo ámbito de actuación en el cual se libra la batalla por el control de las mentes, amenaza híbrida (Comunicación Conjunta sobre la Lucha contra las amenazas híbridas. Una respuesta de la Unión Europea, JOIN/2016/18),

---

402 Ley 8/2011, de 28 de abril, por la que se establecen medidas para la protección de las infraestructuras críticas (*Tol 2.084.760*); Real Decreto-ley 12/2018, de 7 de septiembre, de seguridad de las redes y sistemas de información (*Tol 6.761.467*) y el Real Decreto 43/2021, de 26 de enero, por el que se desarrolla el Real Decreto-ley 12/2018, de 7 de septiembre, de seguridad de las redes y sistemas de información (*Tol 8.275.468*).

403 Una respuesta que necesita al Estado y que se lleve a cabo un modelo de ciberseguridad como el propuesto por ENISA centrado en las siguientes líneas de acción:
- capacitación de las comunidades: desde los principios de responsabilidad compartida y cooperación trasversal e integral (total) que alcanza a las instituciones y agencias (creando un mapa institucional);
-políticas en materia de ciberseguridad: que se encuentren integradas en todos los sectores y no únicamente en limitada a la comunidad especializada de expertos técnicos, sino presente en todos los ámbitos de las políticas de la UE;
- cooperación en operaciones: cooperación eficaz que posibilite una respuesta rápida y coordinada a todos los niveles (estratégico, operativo, técnico y comunicativo) ante los crecientes desafíos;
- creación de capacidades en ciberseguridad: inversión en competencias para tener talento y conocimiento a todos los niveles, desde las personas no especializadas (cultura de ciberseguridad) hasta el personal altamente cualificado;
- soluciones confiables: detectando y mitigando los riesgos y garantizando así la fiabilidad de las soluciones digitales;
- observatorio de las nuevas tecnologías: que ayude a definir estrategias que mejore la resiliencia en ciberseguridad a nivel supranacional;
- conocimiento: información y conocimiento en todas las fases de un proceso que es continuo/cíclico: recogida, organización, resumen, análisis, comunicación y mantenimiento.

de modo que esa seguridad del Estado, ciudadana, ha de ponerse en relación con los medios de comunicación social, con las tecnologías de la información y de la comunicación, y especialmente de Internet. Ello hace que la ciberseguridad deba estar en el "plano de la alianza de Estados de soberanía influyente y en el refuerzo del pacifismo jurídico en vez de en la exclusión y confrontación"[404], máxime en el ámbito de la Unión Europea.

En definitiva, desde este protagonismo estatal de seguridad entendida desde una concepción amplia[405] se desarrollan los conceptos de seguridad jurídica, de búsqueda de protección o garantía de derechos fundamentales y se da cabida al Estado en el ámbito cibernético (tal y como apuntamos en el primer apartado) adquiriendo la seguridad un protagonismo principal. A su vez, desde la consideración del derecho de acceso a Internet (artículo 80 de la Ley Orgánica 3/2018) y desde las circunstancias o problemas que muestran los riesgos o la cara menos amable de las tecnologías de la información y de la comunicación (amenazas híbridas, ciberataques, etc.), hemos de establecer la necesidad de un derecho a la ciberseguridad, a la seguridad en el ámbito digital, pues la razón de ser del Estado es procurar la seguridad de sus ciudadanos[406], como apuntamos unas líneas más arriba. En este sentido, nos situamos en la realidad de un escenario complejo, múltiple e interrelacionado: nacional, supranacional e internacional; en la ponderación entre seguridad- ciberseguridad- y privacidad; entre el interés colectivo general y/o individual; en el trinomio libertad, seguridad y responsabilidad[407].

Con lo apuntado hasta este momento, el derecho a la ciberseguridad se nos presenta como el necesario complemento del derecho de acceso a Internet, su cara b, y se desplegaría de forma transversal e integral en sus mismos ámbitos de manera que permite garantizar la pluralidad de derechos.

---

404 BECK, U., *¿Qué es la globalización? Falacias del globalismo, respuestas a la globalización*, Paidós, Barcelona, 1998, pp.183-189.

405 Que desdibuja las concepciones de *security y safety,* como apuntan VAN DER BERG, B. Y PRINS, R.: «Security and Safety: a conceptual analysis» [en línea], (2020), <https://www.universiteitleiden.nl/en/staffmembers/bibi-van-den-berg/publications#-tab-4>. [Consulta: 15/06/2023.]

406 En este sentido, el de procurar seguridad a los ciudadanos, España está demostrando ser uno de los países más avanzados, o al menos con un gran interés, a nivel internacional. En suma, hemos de resaltar que la investigación en esta área de las tecnologías de la información y de la comunicación y en especial en el ámbito de la estandarización de seguridad es una de las preocupaciones de nuestras agencias, sirva a modo de ejemplo INCIBE, más información en su web: https://www.incibe.es/; también la revista CSO España y CSO Computerwold nos proporcionan datos relevantes sobre ese interés: CSO España, 22, enero, 2018.

407 ÁLVAREZ ROBLES, T., "Garantía de los derechos digitales (comentario al Título X y a los Arts. 79-86)", *op. cit.,* pp.307-308.

A partir de estas previsiones, el derecho a la ciberseguridad marcaría aquellos principios que actuarían como contralímites al ámbito positivo del acceso a Internet y se pretendería la clarificación de aquellas necesidades de protección en el ámbito cibernético (prevención, resiliencia, disuasión, defensa) que han supuesto hablar de derechos de diseño seguro, de ciberresiliencia, de transparencia e información, de policía e inteligencia en el ámbito cibernético, etc. El reto será llegar al consenso de esos principios básicos de seguridad, de ciberseguridad, que habrían de inspirar este derecho en su implementación y desarrollo, el establecer las pautas y contornos claros en los cuales se limitan los derechos y libertades fundamentales[408], desde los principios de legalidad, proporcionalidad y necesidad, transparencia.

En todo caso, estos límites han de responder al menos a "los requisitos que debe cumplir cualquier regulación o restricción de los derechos digitales a los proveedores y/o usuarios: a) expedición de una ley; b) legitimidad constitucional de la finalidad restrictiva; c) necesidad, idoneidad y proporcionalidad de la medida restrictiva; d) garantías judiciales de control, y; e) respeto al debido proceso"[409].

Y junto a esa visión normativa e institucionalizada de la ciberseguridad habrá de asegurar la consecución de una cultura de ciberseguridad, favorecer la educación y competencias en la seguridad digital (art. 83 LO 3/2018), que desatiende la norma orgánica que estamos analizando, que se olvida del eslabón más débil de la cadena de seguridad, la persona, al centrarse principalmente en la parte institucionalizada del derecho a la ciberseguridad, la relativa a la Administración y a las empresas.

Ese olvido del legislador orgánico ha quedado evidenciado por los datos que actualmente sitúan al Estado español en los primeros puestos del ranquin del Ciber Security Global Index así como por el hecho de que exportamos tec-

---

408 "La apuesta por unos niveles adecuados de seguridad, que guarden el pertinente equilibrio con las exigencias de la libertad, pasa por resolver con éxito los desafíos que para los derechos fundamentales suponen las nuevas tecnologías. Los poderes públicos deben jugar un papel activo en la defensa de los derechos fundamentales en la Red y a la hora de garantizar la universalización del acceso en términos de conectividad y capacidad de proceso. Asimismo, les corresponde llevar a cabo campañas de divulgación para evitar una fractura social entre los que usan de manera eficaz Internet (protegiendo, por ejemplo, su intimidad) y los que no tienen esa capacidad o posibilidad, una fractura que va más allá de la que tiene lugar entre los que acceden a la información y los que no acceden a la misma. La regulación de la Red debe ser heterogénea y de mínimos, de índole tanto pública como privada (autorregulación), y de carácter nacional e internacional. La construcción de un sistema jurídico que dé una respuesta eficaz a la compleja realidad actual requiere afrontar los distintos aspectos que presenta una concepción amplia de la seguridad". FERNÁNDEZ RODRÍGUEZ, J. J., "Derechos fundamentales, Internet y construcción de la seguridad futura", en *Seguridad y defensa hoy: construyendo el futuro*, Plaza y Valdés, Madrid, 2008, p. 28.

409 LANDA ARROYO, C., *Derecho Fundamental al Internet*, Themis, Perú, 2016, p.6.

nología, sistemas y esquemas de ciberseguridad como pueda ser el Esquema Nacional de Seguridad- ENS (sirvan como ejemplo las Jornadas STIC organizadas por el Centro Criptológico Nacional desde 2007, con Colombia y República Dominicana ya van por los III edición), a la vez que otros, como el Informe del Foro Nacional de Ciberseguridad, Motor de la Colaboración Público-Privada, 2021, nos señalan la falta de competencias a nivel ciudadano.

La importancia de esta cultura de ciberseguridad se debe a que la misma "constituye uno de los ejes centrales para alcanzar una sociedad más conocedora de las amenazas y desafíos a los que se enfrenta, atendiendo al derecho a disfrutar de un uso seguro y fiable del ciberespacio y a la obligación de contribuir a que así sea" [410].

Esa cultura de ciberseguridad que es entendida como "el conocimiento y la sensibilidad de la sociedad, en general y de cada persona en particular, de los riesgos y amenazas susceptibles de comprometerla, del esfuerzo de los actores y organismos implicados en su salvaguarda y la corresponsabilidad de todos en las medidas de anticipación, prevención, detección, protección, resistencia, colaboración y recuperación respecto a dichos riesgos y amenazas"[411].

No obstante, en lo referente a esas carencias de cultura en ciberseguridad, esto es, aquellas competencias mínimas que deberíamos tener los usuarios que nos adentramos al ecosistema tecnológico-digital, al ciberespacio, ese conocimiento de las mínimas precauciones que parece olvidar el artículo 82 de la norma orgánica, se han venido solventando a través de normas como la Ley 34/2002, de 11 de julio, de servicios de la sociedad de la información y de comercio electrónico (LSSI) (*Tol 164.416*), que ordena que las políticas de seguridad de la información en empresas alcancen a todos los miembros de las organizaciones (desde la alta dirección al conserje o a la persona que limpia las oficinas) y por distintas políticas públicas y normativa soft que se marcan como objetivo el mejorar los malos datos que tiene España al poner la lupa en sus ciudadanos.

Además, distintas instituciones se han volcado en la creación de una cultura de ciberseguridad: desde ENISA hasta la Policía Nacional, Guardia Civil, el Centro Criptológico Nacional o el Instituto Nacional de Ciberseguridad- INCIBE-[412]. Este último, el Incibe, como un pequeño ejemplo de estas políticas

---

410 Informe del Foro Nacional de Ciberseguridad, Motor de la Colaboración Público-Privada, 2021.

411 *Ibidem.*

412 A modo de ejemplo el documento publicado por ENISA en diciembre de 2022 "Cybersecurity education initiatives in the EU Member States"; o el informe de buenas prácticas publicado en marzo de 2021 por CCN-Cert "Principios y recomendaciones básicas en Ciberseguridad BP/01".

públicas, ha llevado a cabo distintas campañas, programas, proyectos de concienciación: a nivel de pequeña y mediana empresa, programas como "Protege tu empresa" o "Cybersecurity Ventures y Ciberemprende", con una línea específica de concienciación al menor, denominada "Internet Segura For Kids (IS4K)", hasta al conjunto de ciudadanos con la "Línea de Ayuda en ciberseguridad (017)" o el "Programa Cibercooperantes", desde el que se promueve la colaboración de personas particulares interesadas en la divulgación de la ciberseguridad, a través de charlas formativas con centros, asociaciones, entidades o particulares, de diferente índole que requieren de este tipo de actuaciones, destinados a toda la sociedad; siendo también relevante la labor que lleva a cano Oficina de Seguridad del Internauta (OSI).

2.4.4. El derecho a la educación digital: un pilar básico del ecosistema tecnológico-digital

> *Artículo 83. Derecho a la educación digital.*
>
> *"1. El sistema educativo garantizará la plena inserción del alumnado en la sociedad digital y el aprendizaje de un consumo responsable y un uso crítico y seguro de los medios digitales y respetuoso con la dignidad humana, la justicia social y la sostenibilidad medioambiental, los valores constitucionales, los derechos fundamentales y, particularmente con el respeto y la garantía de la intimidad personal y familiar y la protección de datos personales. Las actuaciones realizadas en este ámbito tendrán carácter inclusivo, en particular en lo que respecta al alumnado con necesidades educativas especiales.*
>
> *Las Administraciones educativas deberán incluir en el desarrollo del currículo la competencia digital a la que se refiere el apartado anterior, así como los elementos relacionados con las situaciones de riesgo derivadas de la inadecuada utilización de las TIC, con especial atención a las situaciones de violencia en la red.*
>
> *2. El profesorado recibirá las competencias digitales y la formación necesaria para la enseñanza y transmisión de los valores y derechos referidos en el apartado anterior.*
>
> *3. Los planes de estudio de los títulos universitarios, en especial, aquellos que habiliten para el desempeño profesional en la formación del alumnado, garantizarán la formación en el uso y seguridad de los medios digitales y en la garantía de los derechos fundamentales en Internet.*
>
> *4. Las Administraciones Públicas incorporarán a los temarios de las pruebas de acceso a los cuerpos superiores y a aquéllos en que habitualmente se desempeñen funciones que impliquen el acceso a datos personales materias relacionadas con la garantía de los derechos digitales y en particular el de protección de datos".*

El artículo 83 de la Ley Orgánica 3/2018, de 5 de diciembre, de Protección de Datos Personales y garantía de los derechos digitales (*Tol 6.933.570*) recoge el derecho a la educación digital.

El derecho a la educación es un derecho basilar sobre el que se sustenta el Estado Social y Democrático de Derecho motivo por el cual ha sido recogido en el artículo 27 de la Constitución española como un derecho fundamental, desarrollado por una pluralidad normativa orgánica y delimitado por el Tribunal Constitucional (verbigracia SSTC: 86/1985, 195/1989, 37/1994, 236/2007, 31/2010, 133/2010, 68/2018, 74/2018, 51/2019, 109/2019, 191/2020, etc.) (*Tol 79.501; Tol 81.766; Tol 82.445; Tol 1.179.106; Tol 880.189; Tol 2.007.388; Tol 6.662.119; Tol 6.676.862; Tol 7.200.569; Tol 8.439.701; Tol 8.441.193).*

Este derecho fundamental se asegura como un derecho prestacional[413], de igualdad y relacional, que se completa con la libertad de enseñanza. El acceso a la educación básica es, además de un derecho, una obligación constitucional (art. 27.4) caracterizado por la gratuidad, signo de su relevancia constitucional.

El Tribunal Constitucional ha señalado la importancia que tiene al vincularlo "con la garantía de la dignidad humana, dada la trascendencia que aquélla adquiere para el pleno y libre desarrollo de la personalidad, y para la misma convivencia en sociedad, que se ve reforzada mediante la enseñanza de los valores democráticos y el respeto a los derechos humanos, necesarios para establecer una sociedad democrática avanzada" (STC 236/2007, FJ8) (*Tol 1.179.106).* Así entendido, el derecho a la educación es doblemente importante puesto que no sólo se trata de ser receptor de una enseñanza (diferenciando así el derecho a la educación *stricto sensu* y la libertad de enseñanza), sino y, muy importante, de un vehículo con el cual se consigue la integración y participación en la sociedad.

Esta concepción amplia de derecho a la educación, que defiende la enseñanza de valores democráticos y de derechos constitucionales a fin de conseguir la participación en una sociedad democrática avanzada que actualmente se define como tecnológico-digital, será en la que se fije el legislador orgánico al introducir en el artículo 83 de la Ley Orgánica 3/2018 (*Tol 6.933.570*) en derecho a la educación digital en los términos que a continuación analizaremos.

La preocupación por la adaptación del sistema educativo a la realidad social se ha incorporado en las distintas reformas de las normas orgánicas que regulan las enseñanzas básicas y superiores[414], que aludirán a las nuevas tec-

---

413 El objeto de este derecho de prestación no es el acceso a cualquier tipo de enseñanzas, sino específicamente a las enseñanzas regladas , es decir, aquéllas a las que se refiere la "programación general" realizada por los poderes públicos (art. 27.5 CE) y que integran el sistema educativo, inspeccionado y homologado por ellos (art. 27.8).

414 El legislador se ha interesado por la adaptación de los currículos de los alumnos al contexto tecnológico-digital, esto es, la capacitación de quienes reciben esa enseñanza desde las edades más tempranas, a modo de ejemplo: en la educación primaria se prevé la iniciación para la utilización, el aprendizaje, de las tecnologías de la información y de la comunicación (art. 17 LOE); la educación secundaria obligatoria se propone como objetivo adquirir una

nologías y a la digitalización, e incluso habrá sido tenida en cuenta por la mencionada Comisión del Senado sobre Redes Informáticas de 1998, en la que se plantearía la incorporación de las tecnologías en la educación primaria, básica, y superior, en la que ya señalaban la necesidad de formar a los docentes en éste ámbito, y en que se advertía la futura virtualidad del sistema universitario que exigiría "cambios legislativos y sobre todo de costumbres, ya que habremos de concebir esta institución como algo que no necesariamente funcione de forma exclusivamente síncrona, sino también con criterios de no presencialidad", esto, además, hemos de relacionarlo con lo que actualmente denominamos educación a distancia en la modalidad online[415].

Este interés, en garantizar el derecho a la educación en su relación con las tecnologías de la información y de la comunicación, con el ecosistema tecnológico-digital, decimos, ha sido el recogido por el legislador orgánico en el artículo 83 de la Ley Orgánica 3/2018 (*Tol 6.933.570*), por cuanto contiene el concreto derecho a la educación digital. Precepto que habrá de relacionarse con los artículos que contemplan la protección de menores en Internet (art. 84); la protección de datos de los menores en Internet (art. 92); las políticas de impulso de los derechos digitales (art. 97) y con las disposiciones que contine el plazo de un año para la consecución de la educación digital (adicional vigésimo primera) y las encargadas de modificar la normativa educativa (finales octava y décima).

Nótese que el artículo 83 tendrá naturaleza orgánica dada su relación con el artículo 27 de la Constitución Española, a diferencia de los preceptos que hemos venido analizando en relación con la neutralidad o el acceso a Internet o la seguridad digital que tienen una naturaleza ordinaria.

En este precepto se recoge el derecho a la alfabetización digital, trata de responder a las importantes brechas digitales en capacitación (conocimiento, manejo y uso de las tecnologías digitales) de un Estado que tiende a la digitalización. Se plantea así desde un necesario conocimiento de estas brechas digitales para tomar la determinación de reducirlas, cuando no de eliminarlas, al menos desde los ámbitos normativos y de políticas públicas[416].

---

preparación básica en el campo de las tecnologías, especialmente las de la información y la comunicación (art. 23.e LOE); en bachillerato el acceso y la crítica a los contenidos científico tecnológicos, junto a los específicos de cada rama (art. 33. i, j, LOE). De igual modo, se ha previsto en la normativa referida a la formación permanente del profesorado el establecimiento de programas específicos destinados al uso de las tecnologías de la información y de la comunicación (art. 102.3 LOE). ÁLVAREZ ROBLES, T., "La educación digital: del escepticismo a su efectiva implementación en el contexto español de pandemia", en *Europa Societá Aperta*, Vol II, Editoriale Scientifica, Napoli, 2022, pp.1361-1362.

415 *Ibidem*, p.1361.

416 "España ocupa el puesto número 10 de los veintisiete países de la UE en cuanto a capital humano, ligeramente por encima de la media de la UE (45,7 %). El 64 % de la población es-

Para conseguir una sociedad digital es necesario adquirir unas las competencias digitales[417] que "implican el uso seguro, crítico y responsable de las tecnologías digitales para el aprendizaje en el trabajo y para la participación en la sociedad, así como la interacción con estas [...] [y que son] el resultado de combinar tres elementos: conocimientos, como buscar, seleccionar y evaluar fuentes de información en Internet; habilidades técnicas, como usar un ordenador, un móvil o una tableta; y actitudes, como usar las tecnologías digitales de forma responsable"[418]. Por su parte, la Unión Europea mide las competencias digitales a partir del nivel competencial en cinco áreas o dimensiones específicas: buscar e interpretar información digital; comunicarse y colaborar usando herramientas digitales; crear y publicar contenidos; conocer las implicaciones de seguridad del mundo digital; y usar herramientas digitales para resolver problemas de la vida diaria[419].

Estas competencias, en suma, se sitúan en relación con cuatro pilares de acción[420], alguno de los cuales ha dado cuenta el precepto que nos encontramos analizando.

- "El desarrollo de competencias digitales básicas para toda la ciudadanía, de forma que puedan participar activamente en la sociedad digital.
- Las competencias digitales para el empleo, para impulsar la economía digital, por ejemplo, mediante la mejora y el reciclaje de la mano de obra y de las personas solicitantes de empleo, a las que se ofrecen medidas de asesoramiento y orientación profesional.
- Las competencias digitales de los especialistas digitales, impulsando el desarrollo de competencias digitales avanzadas para los profesionales de las tecnologías digitales en todos los sectores industriales.

pañola tiene al menos competencias digitales básicas, por encima de la media de la Unión (54 %), pero aún lejos del objetivo de la Década Digital de lograr que el 80 % de la población europea tenga al menos competencias digitales básicas para 2030. El país también supera la media de la UE en los indicadores de competencias digitales y de creación de contenidos digitales al menos de nivel básico que se indican más arriba (38 % y 74 % respectivamente). A pesar de que en los últimos años se ha producido un ligero aumento de los especialistas en TIC, los resultados de España todavía se encuentran bastante por debajo de la media de la UE (4,1 % frente al 4,5 %). Esta escasez de especialistas en TIC obstaculiza la productividad, especialmente para las pymes. La brecha de género sigue siendo significativa, ya que las mujeres especialistas en TIC representan el 19 % del número total de especialistas en TIC en España, en consonancia con la media de la UE (19 %)" Índice de la Economía y la Sociedad Digitales 2022.

417 En este sentido es relevant eel artículo: VAN LAAR, E., VAN DEURSEN, A.J., VAN DIJK, J.A. & DE HAAN, J. "The relation between 21st-century skills and digital skills: A systematic literature review", *Computers in human behavior*, 72, 2017, pp.577-588.

418 Monográfico "Competencias digitales", de la ONTSI, *cit.*

419 *Ibidem.*

420 Conforme a la Coalición para el Empleo y las Competencias Digitales de la Unión Europea.

- El impulso de las competencias digitales desde el sistema educativo, que abarca su transformación digital para la enseñanza y aprendizaje de las competencias digitales desde la infancia"[421].

En definitiva, este artículo 83 de la norma orgánica trata de responder "a uno de los mayores retos: la lucha contra la desigualdad en el disfrute de los derechos económicos, políticos, sociales y culturales. Este es el motivo por el cual el artículo 83 se marca como objetivo principal la consecución de la inclusión digital entendida como la creación de un mandato a los poderes educativos de implementar los mecanismos necesarios de alfabetización digital, capacitación, aprendizaje, a fin de remover los obstáculos existentes que arrojan los datos sobre brecha digital más significativos en el contexto español, considerando, además, de forma específica a aquellas situaciones que pueden precisar de una mayor intervención pública en tanto que advirtamos una necesidad educativa especial. Centrándose en la Administración y en el propio sistema educativo que posibilita efectivamente la educación digital no sólo a nivel obligatorio, sino también en el ámbito de la educación superior"[422]. De esta forma, la administración educativa será la obligada a garantizar este derecho que se va a conceder a los estudiantes, al profesorado y al resto del personal que participa de estas administraciones.

Comenzando por el análisis del primero de los apartados del artículo 83 de la Ley orgánica 3/2018 (*Tol 6.933.570*) podemos deducir que éste concede varios derechos a los alumnos (titulares) que han de ser garantizados por el sistema educativo (obligado). Por un lado, se centra en garantizar que el sistema educativo asegure la plena inserción del alumnado en la sociedad digital; por otro lado, procura el aprendizaje de varios objetos: del consumo responsable de medios digitales y del uso crítico y seguro de estos medios digitales, a la par que sea respetuoso con la justicia social, la sostenibilidad ambiental, con la dignidad humana, los valores constitucionales, los derechos fundamentales y, particularmente, con la intimidad personal y familiar y la protección de datos personales (art. 18 CE).

Esta inserción y aprendizaje de los alumnos en el ecosistema tecnológico-digital, además, ha de realizarse de forma inclusiva y prestando mayor atención a los alumnos con necesidades educativas especiales. En este contexto, la inclusión digital trata básicamente de utilizar las tecnologías de la información y de la comunicación para mejorar la inclusión social en la sociedad del conocimiento, en una sociedad digital y de concebirlas para que todos puedan utilizarlas, máxime las personas con diversidad funcional. Uso que se

421 Tal y como se recoge en el Monográfico "Competencias digitales", de la ONTSI, *cit.*

422 ÁLVAREZ ROBLES, T., "La educación digital: del escepticismo a su efectiva implementación en el contexto español de pandemia", *op. cit.*, p. 1361.

sitúa, como apunta la norma, más allá del acceso a herramientas y servicios de tecnologías de la información y de la comunicación, e incluso más allá de la alfabetización digital, puesto que "una política de e-Inclusión debe centrarse en el empoderamiento y la participación de las personas en la sociedad del conocimiento y la economía"[423].

De este modo, el sistema educativo, en el sentido amplio del mismo (educación infantil, básica, obligatoria y enseñanza superior), ha de conseguir esa inserción digital del alumnado, prestando un mayor apoyo a las personas con necesidades educativas especiales (conforme a los compromisos asumidos por España en el Convenio de Nueva York de 2006).

Garantizar esta inclusión de todos los alumnos en la sociedad digital y ese aprendizaje de consumo responsable y de uso crítico, seguro y respetuoso de los medios digitales obligará a las Administraciones educativas a incorporar en los currículos, en el diseño de las distintas asignaturas, estas competencias digitales, prestando atención a los riesgos y violencia en la red. Para conseguir esta adaptación del sistema educativo la disposición adicional vigesimoprimera dará el plazo de un año desde la entrada en vigor de la propia norma (6 de diciembre de 2019), plazo insuficiente por cuanto se han de formar y capacitar a los profesores, modificar guías docentes, etc.

En el apartado segundo del artículo 83 se presta una especial consideración al profesorado, que sería el encargado de transmitir esas competencias digitales (básicas, avanzadas y/o especificas) al alumnado, para lo que establece la capacitación y la formación como el principal eje sobre el que pivota el resto del derecho. No obstante, acabamos de hacer la crítica en cuanto al plazo reducido de un año que se marca la norma orgánica para esta tarea. En otras palabras, ese profesorado que ha de recibir las competencias digitales y de formarse en la enseñanza y transmisión de valores constitucionales y derechos fundamentales que posteriormente ha de transmitir, primero ha de aprenderlas, interiorizarlas y, posteriormente, implementarlas en su enseñanza.

El tercero de los apartados dedicado al ámbito universitario, que se completa con la disposición final octava, que modificaba la Ley Orgánica 6/2001, de 21 de diciembre, de Universidades (*Tol 115.612*), actualmente derogada, a fin de incorporar las previsiones de este precepto, contiene un mandato a la administración de educación superior universitaria de incorporar en los planes de estudio de los títulos universitarios la formación en el uso y seguridad de los medios digitales y en los derechos fundamentales en Internet, de forma análoga a lo ya apuntado en el apartado primero.

---

423 Information and communication technology for an inclusive society – Frequently asked questions. MEMO/06/23729.

Mientras que el apartado cuarto del artículo 83, introducido en la fase de enmiendas, ordena incorporar materias relacionadas con la garantía de los derechos digitales y en particular con la protección de datos a los temarios de las pruebas de acceso a cuerpos superiores o a aquellos cuyas funciones comportan el uso o tratamiento de datos personales. Aquí la crítica se sitúa en conocer cuál es ese sistema de garantías que habrá de incorporarse a los temarios y qué derechos digitales dada la naturaleza de estos. En este orden de ideas podemos señalar a la Comunidad Valenciana como una de las Comunidades Autónomas que ha respondido a este precepto, al incorporar en el temario a sus oposiciones un apartado relativo a la protección de datos de carácter personal: normativa básica estatal y autonómica y la especial referencia a los derechos digitales y a las figuras del Responsable y el Encargado del tratamiento de datos, y el Delegado de Protección de Datos (tema 22 de la parte espacial general de derecho administrativo) y de pedir a los aspirantes que demuestren ser capaces de aplicar en su actividad profesional las herramientas digitales necesarias, tanto en lo referido a la gestión como en la relación interna y/o externa necesaria (saber hacer)[424]. La Comunidad Valenciana está tratando de llevar a cabo un nuevo sistema selección de personal basado en competencias, entre las cuales se incluyen las digitales, menos memorístico[425].

El artículo 83 se completa con las políticas públicas previstas en el artículo 97 que contiene el mandato a los Gobiernos central y autonómicos de desarrollar el Plan de Acceso a Internet en el que figura la educación como objetivo principal: "1. El Gobierno, en colaboración con las comunidades autónomas, elaborará un Plan de Acceso a Internet con los siguientes objetivos: c) fomentar medidas educativas que promuevan la formación en competencias y habilidades digitales básicas a personas y colectivos en riesgo de exclusión digital y la capacidad de todas las personas para realizar un uso autónomo y responsable de Internet y de las tecnologías digitales". Igualmente, el apartado segundo del artículo 97, establece que se habrá de aprobar "un Plan de Actuación dirigido a promover las acciones de formación, difusión y concienciación necesarias para lograr que los menores de edad hagan un uso equilibrado y responsable de los dispositivos digitales y de las redes sociales y de los servicios de la sociedad de la información equivalentes de Internet con la finalidad de garantizar su adecuado desarrollo de la personalidad y de

---

424 Orden 11/2022, de 27 de octubre, de la Consejería de Justicia, Interior y Administración Pública, por la que se convocan pruebas selectivas de acceso al cuerpo superior técnico de administración general de la Administración de la Generalitat, A1-01, sector administración general, convocatoria 3/22, turno libre general, personas con diversidad funcional y enfermedad mental, por el sistema de oposición, correspondientes a la oferta de empleo público de 2022 para personal de la Administración de la Generalitat. [2022/10010].

425 Así se recoge en *El Español* de 9 de diciembre de 2022.

preservar su dignidad y derechos" complementando así el derecho a la educación digital.

Estas políticas públicas podemos verlas en cuanto a resultados a través de varios gráficos que nos muestran una radiografía las competencias de los españoles en una línea temporal previa y posterior a la Ley orgánica:

Gráfico 2 – Nivel de Competencias Digitales Globales en España (2015-2021)

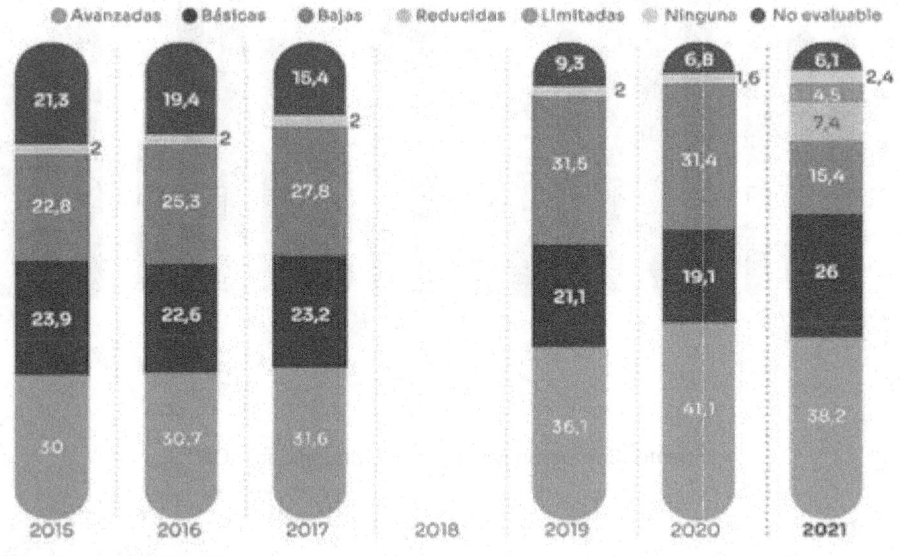

Fuente: Competencias digitales. Monográfico, ONTSI

Una comparativa sociodemográfica con las medias europeas tras haber entrado en vigor la norma:

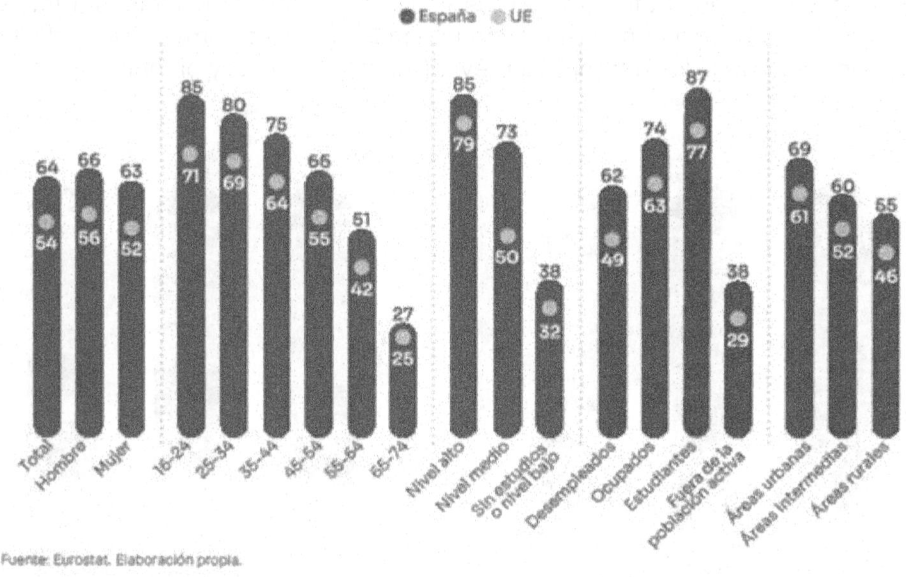

Fuente: Competencias digitales. Monográfico, ONTSI

CONCLUSIONES

Nos encontramos inmersos en una sociedad digital que influye en la configuración personal, en la dignidad, en el estatus mismo de ciudadanía. El ejercicio de derechos constitucionalmente reconocidos se encuentra estrechamente vinculado a la posesión de acceso a Internet (al ciberespacio) y a las tecnologías que lo posibilitan, así como también a la capacitación y educación digital.

El reconocimiento del derecho de acceso a Internet en el ámbito internacional de las Naciones Unidas podemos situarlo en dos momentos: en el año 2000 con la Declaración Milenio, inicio de las agendas internacionales tendentes a la consecución de un acceso a Internet equitativo, y en 2011 con el informe del Relator Especial sobre la promoción y la protección del derecho a la libertad de opinión y de expresión de fecha 16 de mayo reconociendo que el derecho de acceso a Internet ligado a la libertad de expresión y comunicación habría de ser un derecho humano garantizado por los Estados.

Consecuencia de lo anterior Internet se instituye como un bien público global, de todos los ciudadanos, y se promueve un acceso universal, ubicuo, equitativo y asequible.

En el ámbito europeo, la Unión Europea ha venido regulando el derecho de acceso a Internet siendo alguna de las muchas normas el Reglamento 2015/2021 por el que se establecen medidas en relación con el acceso a una Internet abierta (*Tol 5.567.625*) y el Reglamento General de Protección de Datos (*Tol 5.703.078*); junto al ámbito normativo la Unión también ha desarrollado una serie de planes y proyectos tendentes a la consecución de tal derecho como son: la Comunicación de la Comisión de la Internet abierta y la neutralidad de la red en Europa; el Mercado Único Digital derivando en: el proyecto e-Europe, el proyecto wifi4EU, El Plan de Acción 5G para Europa, Brújula Digital, etc.

El Tribunal de Justicia de la Unión Europea a su vez se pronuncia indirectamente sobre el derecho de acceso a Internet en sentencias relativas a la protección de datos, propiedad intelectual, libre competencia, neutralidad de la red, etc. Junto a éste el Tribunal Europeo de Derechos Humanos en su importante sentencia Ahmet Yildirim v. Turquía, 2012, (*Tol 9.062.270*) reconoce el derecho de acceso a Internet presente en los sistemas constitucionales conectado con las libertades de expresión e información (art. 10 del Convenio).

Desde la revisión jurisprudencial de ambos tribunales podemos señalar que el derecho de acceso a Internet, que habría de ser garantizado por la Unión Europea y desarrollado por los Estados miembros, ha de relacionarse en un primer momento con la libertad de expresión e información en una estrecha conexión con el principio de neutralidad. De este modo, su garantía se traduce en la prohibición de censuras previas y colaterales, la no interrupción de Internet, y desde el punto de vista de los contenidos la interdicción de la injerencia en los mismos salvo causas estrictamente previstas en la normativa, principio de legalidad.

Mientras, en la fase preventiva de vigilancia u observancia de contenidos no tendría cabida un control o monitoreo a través de técnicas de filtrado, indiscriminado y aleatorio, y por consiguiente tampoco el bloqueo generalizado de Internet.

No existe en el texto constitucional español un precepto que recoja expresamente el derecho de acceso a Internet; el Tribunal Constitucional no se ha pronunciado, hasta el momento, confirmando un derecho fundamental de configuración legal al acceso a Internet desde su vinculación con los artículos: 18.4; 20.1, 27 CE, tampoco se prevé que lo recoja a través de su incorporación por la vía del 10.2 CE en el corto plazo. Por lo que la normativa que configura el derecho de acceso a Internet es la relativa a la infraestructura (art

149.1. 1ª, 13ª y 21ª CE), al contenido (art 20 CE, con la especial relevancia del apartado 1.a y 2) y a la capacitación o educación (art. 27 CE).

Ley Orgánica 3/2018, de 5 de diciembre, de Protección de Datos Personales y garantía de los derechos digitales (*Tol 6.933.570*) introduciría los artículos 80 y 81, donde se recogen respectivamente los derechos a la neutralidad y de acceso universal a Internet. Siendo estos dos derechos los que, en gran medida, junto a la educación digital (art. 83), van a posibilitar el desarrollo del resto de derechos en el ámbito cibernético, los facilitadores de la sociedad digital, del Estado digital. La ciberseguridad (art.82) será la cara b del derecho que nos ocupa y otra de las piezas claves para posibilitar el ecosistema tecnológico-digital.

El artículo 81 de la norma orgánica, que tiene una naturaleza ordinaria, supone una apuesta decidida del legislador estatal por el derecho de acceso a Internet que se instituye en el principio de igualdad desde la lucha contra la discriminación, contra la brecha digital, desde un enfoque múltiple: personal (género, edad, necesidad especial), social, económico y/o geográfico, que se perfecciona con el artículo 97 en el cual se contiene el Plan de Acceso a Internet, marcándose 3 objetivos principales que desarrollan el derecho de acceso universal a Internet.

La significación de esta norma orgánica se debe a que España es uno de los primeros países europeos en regular jurídicamente los derechos digitales comprometiéndose a su regulación y garantía. De este modo reconoce y garantiza sus derechos, con distinta naturaleza ordinaria u orgánica, siendo que el concreto derecho de acceso a Internet goza de una naturaleza ordinaria que apunta la necesidad de una reforma constitucional tendente a su incorporación (apartado IV del Preámbulo de la norma orgánica).

Se han apuntado las dos consecuencias derivadas del artículo 81 de la Ley Orgánica de Protección de Datos y garantía de derechos digitales (*Tol 6.933.570*):

- Que atendamos a un derecho programático, equiparable a un principio rector, dependiente en exceso de las voluntades de los ejecutivos, un derecho a futuro, siendo esta opción la más plausible en el corto plazo. De este modo se produciría el reconocimiento del derecho de acceso a Internet a través de las distintas normas, un desarrollo normativo o garantía normativa (artículo 81 y reconocimiento del contenido mínimo del servicio de acceso universal a Internet recogido en el anexo III de la Ley General de Telecomunicaciones), que a su vez se va a reflejar en la implementación de unas políticas públicas, unas garantías institucionales y económicas. Todo ello es causa de esa naturaleza ordinaria prevista en la disposición final primera en relación con el precepto 97, pese a la querencia del apartado IV del Preámbulo de la norma de constitucionalizar en derecho de acceso a Internet.

- O bien, que, a través de la interpretación del Tribunal Constitucional, ante un posible conflicto planteado en relación con otro precepto de naturaleza fundamental, se decida su conversión en derecho fundamental de configuración legal (siguiendo el ejemplo del derecho a la protección de datos o del derecho al olvido), como el mejor de los escenarios planteado en el medio plazo y con el refuerzo de la Ley General de Telecomunicaciones. En este supuesto podemos predecir que se produciría, seguramente, a través de la conexión con el artículo 18.4 CE, dado que el derecho de acceso a Internet se deriva de la normativa orgánica de protección de datos; del artículo 20.1 CE, en tanto que se relaciona constitucionalmente con las libertades de expresión e información, no sólo desde la doctrina científica constitucional, sino, también, en la doctrina del Tribunal Europeo de Derechos Humanos; o con relación al artículo 27 CE referente a la educación, por su vinculación con la educación digital (art. 83 Ley Orgánica 3/2018 (*Tol 6.933.570*) y Ley General de Telecomunicaciones (*Tol 9.093.453*) conforme al contenido mínimo esencial del servicio de acceso universal a Internet previsto en el anexo III en el que figura el acceso a herramientas básicas de formación y educación en línea).

Respecto al artículo 82 de la Ley Orgánica 3/2018 (*Tol 6.933.570*), derecho a la seguridad digital, se pone de manifiesto el acierto en recoger e implementar un derecho a la ciberseguridad institucionalizado (administraciones, empresas) y la necesidad de incidir en la verdadera creación de una cultura de ciberseguridad, que tiene su base en la ciudadanía.

Finalmente, la revisión del artículo 83 de la Ley Orgánica 3/2018 (*Tol 6.933.570*), que contiene el derecho a la educación digital, se centra acertadamente en una concepción amplia de la educación. No obstante, este derecho a la educación digital precisa de una mayor implementación en el sistema educativo, no sólo por la premura que marcó la norma para su consecución, un año, sino porque los datos sobre brechas digitales que se han venido considerando aún mantienen las brechas de capacitación como unas de las más importantes en el marco nacional español. Cierto es que año a año se van mejorando las mismas.

BIBLIOGRAFÍA

ALEGRE MARTÍNEZ, M. Á. "Artículo 18 CE: la protección constitucional de la individualidad", en *Derechos fundamentales: aspectos básicos y actuales*, Andavira, Santiago de Compostela, 2017, pp.189-238.

ÁLVAREZ CONDE, E. Y TUR AUSINA, R., "Los derechos en el constitucionalismo: tipología y tutela «multilevel»"", *Revista Teoría y Realidad Constitucional*, 20, 2007.

ÁLVAREZ ROBLES, T., "Las garantías de los derechos fundamentales en y desde la red: El contexto español: consideración especial do contexto español", *Revista Chilena de Derecho y Tecnología*, 11,1, 2022, pp.5-40.

ÁLVAREZ ROBLES, T., "El Estado digital: ¿Es Internet una condición necesaria para garantizar los derechos digitales?", en *Derecho digital y nuevas tecnologías*, Parte IV Capítulo 2, Colección Estudios-Aranzadi, Thomson Reuters-Aranzadi, en 2022, pp.997-1025.

ÁLVAREZ ROBLES, T. "El voto a través de las tecnologías de la información y de la comunicación en el contexto de unas elecciones generales en España: voto electrónico, voto telemático y voto por Internet", en *Crítica interdisciplinar de los sistemas de votación electrónica: revisando la democracia digital*, EOLAS Ediciones, León, 2022.

ÁLVAREZ ROBLES, T., "La educación digital: del escepticismo a su efectiva implementación en el contexto español de pandemia", en *Europa Societá Aperta*, Vol II, Editoriale Scientifica, Napoli, 2022, pp.1356-1380.

ÁLVAREZ ROBLES, T., "El derecho de acceso a Internet en el constitucionalismo español: desde la influencia supranacional a la LO 3/2018, de protección de datos personales y garantía de los derechos digitales", en *Fodertics: Estudios sobre Derecho y nuevas Tecnologías*, Comares, Granada, 2021.

ÁLVAREZ ROBLES, T., "Garantía de los derechos digitales (comentario al Título X y a los Arts. 79-86)", en *Comentarios a la Nueva Ley de Protección de Datos: Ley Orgánica 3/2018, de 5 de diciembre, de Protección de Datos y garantía de derechos digitales*, Dilex, Madrid, 2020.

ÁLVAREZ ROBLES, T., *El derecho de acceso a Internet en el constitucionalismo español*, [Tesis Doctoral], Universidad de León, 2019.

ÁLVAREZ ROBLES, T.: «*Introducción a la actividad de inteligencia*. Comunicación mesa 2- La actividad de inteligencia: Congreso de la asociación de constitucionalistas de España: "seguridad y libertad" Universidad de Santiago de Compostela, 4 Y 5 de abril de 2019» [en línea], (2019),

<https://www.acoes.es/congreso-xvii/wp-content/uploads/sites/3/2019/04/Introducci%C3%B3n-a-la-actividad-de-inteligencia.pdf>. [Consulta: 15/06/2023.]

ÁLVAREZ ROBLES, T., "Derechos digitales: especial interés en los derechos de acceso a Internet y a la ciberseguridad como derechos constitucionales sustantivos", en *Juventud y constitución: un estudio de la Constitución española por los jóvenes en su cuarenta aniversario*, Fundación Manuel Giménez Abad de Estudios Parlamentarios y del Estado Autonómico, Zaragoza, 2018.

ÁLVAREZ ROBLES, T. Y GONZÁLEZ RABANAL, N., "Los límites de una interconectividad ilimitada: del potencial económico al reto jurídico", en *Divulgación científica e innovación mediática. Comunicar la ciencia en el ecosistema móvil*, Egregius, Sevilla, 2018.

BALAGUER CALLEJÓN, F., *La constitución del algoritmo*, Fundación Manuel Giménez Abad, Zaragoza, 2023.

BALLESTEROS MOFFA, L. Á., *La privacidad electrónica. Internet en el centro de protección*, Tirant lo Blanch, Valencia, 2005.

BARRIO ANDRÉS, M., *Formación y evolución de los derechos digitales*, Ediciones Jurídicas Olejnik, Chile, 2021.

BARRIO ANDRÉS, M., "Génesis y desarrollo de los Derechos digitales", *Revista de las Cortes Generales*, 110, 2021, pp.197-233.

BARRIO ANDRÉS, M., *Fundamentos del Derecho de Internet*, Centro de Estudios Políticos y Constitucionales, Madrid, 2020.

BAÑO LEÓN, J. M., "La distinción entre Derecho fundamental y garantía institucional en la Constitución Española", *Revista Española de Derecho Constitucional*, 8, 24, 1988, pp.155-179.

BECK, U., *¿Qué es la globalización? Falacias del globalismo, respuestas a la globalización*, Paidós, Barcelona, 1998.

BUSTAMANTE E., "Nuevas fronteras de servicio público y su función en el espacio público mundial", en *La ventana global*, Taurus, Madrid, 2002, pp.181-194.

BUSTAMANTE DONAS, J., "Hacia la cuarta generación de derechos Humanos: repensando la condición humana en la sociedad tecnológica, *CTS+I*", *Revista Iberoamericana de Ciencia, Tecnología, Sociedad e Innovación*, 1, 2001.

CALDERÓN GÓMEZ, D., "Panorámica de la desigualdad digital en España: operacionalización y dimensionamiento de las brechas digitales de accesibilidad, habilidades y formas de uso", *Arxius De Ciències Socials*, 41, 2019, pp.109-122.

CARRILLO, M., "Los ámbitos del derecho a la intimidad en la sociedad de la comunicación", en *El derecho a la privacidad en un nuevo entorno tecnológico*. Colección Cuadernos y Debates, 248, Centro de Estudios Políticos y Constitucionales, Madrid, 2016.

CASTELLS, M., "Comunicación, poder y contrapoder en la sociedad red (II). Los nuevos espacios de la comunicación", *Telos*, 75, 2008.

CASTELLS, M., *La era de la información. Economía, Sociedad y Cultura*. La Sociedad Red, Alianza Editorial, Madrid, 1997.

CELESTE, E., *Digital Constitutionalism. The Role of Internet Bills of Rights*, Routledge, London, 2022.

CELESTE, E.: «Digital constitutionalism. Mapping the constitutional response to digital technology's challenges, *HIIG Discussion Paper Series* 02, 2018» [en línea], (2018),

<https://ssrn.com/abstract=3219905>. [Consulta: 3/06/2023.]

COMPAINE, B. M., *The Digital Divide: Facing a Crisis or Creating a Myth?*, MIT Press Sourcebooks, Massachusetts, 2001.

COTINO HUESO, L., "ONLINE-OFFLINE. Las garantías para el acceso a Internet y para la desconexión, bloqueo, filtrado y otras restricciones de la red y sus contenidos", *Revista de Derecho Político*,108, 2020, pp.13-39.

COTINO HUESO, L., "La necesaria actualización de los derechos fundamentales como derechos digitales ante el desarrollo de Internet y las nuevas tecnologías", en *España constitucional. Trayectorias y perspectivas*. Vol., Centro de Estudios Políticos y Constitucionales, Madrid, 2018, pp.2347-2361.

COTINO HUESO, L., "Algunas claves para el análisis constitucional de las libertades públicas ante las nuevas tecnologías (con especial atención al fenómeno de los "blogs")", en *Estudios Jurídicos sobre la sociedad de la información y nuevas tecnologías*, Universidad de Burgos, Burgos, 2005, pp.51-76.

DE VEGA GARCÍA, P., "Mundialización y Derecho Constitucional: la crisis del Principio democrático en el constitucionalismo actual", *Revista de Estudios Políticos (Nueva Época)*,100, 1998.

DEL GUAYO CASTIELLA, Í., *Regulación*. Marcial Pons, Madrid, 2017.

FERNÁNDEZ RODRÍGUEZ, J. J., "Derechos fundamentales, Internet y construcción de la seguridad futura", en *Seguridad y defensa hoy: construyendo el futuro*, Plaza y Valdés, Madrid, 2008.

FERNÁNDEZ RODRÍGUEZ, J. J., "*Lo público y lo privado en Internet. Intimidad y libertad de expresión en la Red*," Universidad Nacional Autónoma de México, México, 2004.

FERNÁNDEZ RODRÍGUEZ, J. J., "Comunicación y servicio público (una aproximación interdisciplinar)", *Revista de Estudios Políticos (Nueva Época)*, 114, 2001, pp.169-197.

FUERTES LÓPEZ, M., "Urge explicar al Tribunal de Justicia de la Unión Europea el principio de neutralidad de la Red", *La Ley Unión Europea*, 85, 2020.

FUERTES LÓPEZ, M., *Neutralidad de la red: ¿realidad o utopía?* Marcial Pons, Madrid, 2014.

FUERTES LÓPEZ, M., *Redes inalámbricas municipales. Nuevo servicio público,* Marcial Pons, Madrid, 2005.

FUERTES LÓPEZ, M., "El acceso a Internet como servicio público local", en *Estudios Jurídicos sobre la sociedad de la información y nuevas tecnologías,* Universidad de Burgos, Burgos, 2005.

GAMERO CASADO, E., "En cuadre de la nueva legislación en el acervo del Derecho administrativo", en *Tratado de procedimiento administrativo común y régimen jurídico básico del sector público,* Tomo I, Tirant lo Blanch, Valencia, 2017.

GAMERO CASADO, E., "Panorámica de la Administración Electrónica en la nueva legislación administrativa básica", *Revista Española de Derecho Administrativo,*175, 2016.

GARCÍA COSTA, F. M., "El gobierno de Internet como reto del Derecho constitucional", *Anales de Derecho,* 24,Universidad de Murcia, 2006.

GARCÍA MEXÍA, P., "El derecho de acceso a Internet", en *Sociedad Digital y Derecho,* BOE, Madrid, 2018, pp.397-416.

GARCÍA MEXÍA, P., "El Derecho de Internet", en *El derecho de Internet,* Atelier, Barcelona, 2016.

GARCÍA MEXÍA, P., Derecho Europeo de Internet, Netbiblo, A Coruña, 2009.

GELMAN, R., *Declaration of Human Rights in Cyberspace, 1997.*

GIDDENS, A., *Un mundo desbocado. Los efectos de la globalización en nuestras vidas,* Taurus, Madrid, 2000.

GUAYO CASTIELLA, Í., *Regulación,* Marcial Pons, Madrid, 2017.

HOLLAND, B. H., In Defense of Online Intermediary Immunity: Facilitating Communities of Modified Exceptionalism, *Kansas Law Review,* 101, 56, 2007.

JARVIS J., *A Bill of Rights in Cyberspace,* 2010.

JURADO GILABERT, F., "Democracia 4.0: desrepresentación en el voto telemático de las leyes", *Revista Internacional de Pensamiento Político, I Época,* 8, 2013, pp.119-138.

KRÜGER, K., "El concepto de 'sociedad del conocimiento'", Revista bibliográfica de geografía y ciencias sociales, 683, 2006.

LANDA ARROYO, C., *Derecho Fundamental al Internet,* Themis, Perú, 2016.

LA RUE, F.; MIJATOVIĆ, D.; BOTERO MARINO, C. Y PANSY TLAKULA, F., *Declaración conjunta sobre libertad de expresión e Internet,* Organización de Naciones Unidas, la Organización para la Seguridad y la Cooperación en

Europa, la Organización de Estados Americanos y la Comisión Africana de Derechos Humanos y de los Pueblos, Washington D.C, 2011.

LA RUE, F., Informe del Relator Especial sobre la promoción y la protección del derecho a la libertad de opinión y de expresión, A/HRC/17/27, Asamblea General, Naciones Unidas, 2011.

LESSIG, L., "Commentaries. The Law of the Horse: What Cyberlaw might teach", *Harvard Law Review*, 113, 1999.

LESSIG, L., "Reading the Constitution in Cyberspace", *Emory Law Review*, 45, 1996.

LOTERO-ECHEVERRI, G.; ROMERO-RODRÍGUEZ, L. M. Y PÉREZ-RODRÍGUEZ, M. A., "Fact-checking vs. Fake news: periodismo de confirmación como recurso de la competencia mediática contra la desinformación", *Comunicación, Revista científica de comunicación aplicada*, 2, 8, 2018, pp.295–316.

MARSDEN, CH. T., "Neutralidad de la Red: Historia, regulación y futuro", *Revista de los Estudios de Derecho y Ciencia Política de la Universidad Oberta de Cataluña*, 13, 2012, pp.24-43.

MATTELART, A. Y SCHMUCLER, H., *América latina en la encrucijada telemática*, Piados, Buenos Aires, 1983.

MEFFORD, A., "Lex Informatica: Foundations of Law on the Internet", *Indiana Journal of Global Legal Studies*, 1, 5, 1997.

OCÓN GARCÍA, J., *Derecho fundamental al secreto y tecnologías avanzadas de comunicación*, Centro de Estudios Políticos y Constitucionales, Madrid, 2021.

PALAZUELOS, M. M. "La neutralidad de red. Un debate interesado sobre los derechos de los usuarios", *Telos: Cuadernos de comunicación e innovación*, 82, 2010, pp.18-30.

PÉREZ LUÑO, A. E., "Las generaciones de Derechos Humanos ante el desafío posthumanista", en *Sociedad Digital y Derecho*. Madrid: BOE, Madrid, 2018, pp.137-158.

PÉREZ LUÑO, A. E., "Nuevo derecho, nuevos derechos", *Anuario de filosofía del derecho*, 32, 2016, pp.15-36.

PÉREZ LUÑO, A. E., "Dogmática de los derechos fundamentales y transformaciones del sistema constitucional", *Teoría y Realidad Constitucional*, 20, 2007, pp.495–511.

PÉREZ LUÑO, A. E., "Las generaciones de derechos humanos", *Revista del Centro de Estudios Constitucionales*, 10, 1991, pp.49-58.

PÉREZ, J.; FÍAS, Z. Y STECK C., "Gobernanza De Internet Y Derechos Digitales", en *Sociedad Digital y Derecho*, BOE, Madrid, 2018, pp.533-573.

QUÉAU, P. "La sociedad de la información y el bien público", en *La ventana global,* Taurus, Madrid, 2002, pp.181-194.

RALLO LOMBARTE, A., "Una nueva generación de derechos digitales", *Revista de Estudios Políticos,* 187, 2020, pp.101-135.

RALLO LOMBARTE, A., "Nuevas tecnologías, nuevos derechos", en *España constitucional. Trayectorias y perspectivas.* Vol. III, Centro de Estudios Políticos y Constitucionales, Madrid, 2018, pp.2363-2379.

RODOTÁ, S., *El derecho a tener derechos,* Trotta, Madrid, 2014.

RODOTÁ, S., "A Bill of Rights for the Internet Universe", *Year XXI,* 1, 2008.

RUBIO NUÑEZ, R., "The trolls of democracyelections and new voting technologies", en *La digitalización de los partidos políticos y el uso del voto electrónico,* Thomson Reuters Aranzadi, Madrid, 2019, p. 83-108.

RUBIO NUÑEZ, R. y Leyre BURGUERA A., "Información y propaganda la comunicación política y electoral en la época del gobierno abierto", en *Derecho de la información: el ejercicio del derecho a la información y su jurisprudencia,* Centro de Estudios Políticos y Constitucionales, Madrid, 2015, pp.291-318.

SÁNCHEZ BARRILAO, J. F., "El Internet en la era Trump. Aproximación constitucional a una nueva realidad", *Revista Estudios en derecho a la Información,* Universidad Nacional Autónoma de México-UNAM, México, 2020.

SÁNCHEZ BARRILAO, J. F., "La neutralidad de Internet como objeto constitucional", en *Retos jurídicos por la sociedad digital.* Navarra: Aranzadi, Navarra, 2018.

RODRÍGUEZ PRIETO, R., "De la «neutralidad» a la «imparcialidad» en la red. Un análisis crítico de la política de la UE sobre Internet y algunas propuestas de mejora", *Cuadernos europeos de Deusto,* 57, 2017, pp.217-246.

SEIJAS VILLADANGOS, Mª. E., "Modernas tendencias en el Derecho Constitucional: hacía unos nuevos principios constitucionales", en *España constitucional. Trayectorias y perspectivas,* Centro de Estudios Políticos y Constitucionales, Madrid, 2018.

SHAPIRO, A. L., *The Disappearance of Cyberspace and the Rise of Code.* Draft 3. Septiembre, 1998.

VALERO TORRIJOS, J., "La necesaria reconfiguración de las garantías jurídicas en el contexto de la transformación digital del sector público", en *Sociedad Digital y Derecho.* BOE, Madrid, 2018, pp.375-397.

VAN DER BERG, B. Y PRINS, R.: «Security and Safety: a conceptual analysis» [en línea], (2020),

<https://www.universiteitleiden.nl/en/staffmembers/bibi-van-den-berg/publications#tab-4>. [Consulta: 15/06/2023.]

VAN LAAR, E., VAN DEURSEN, A.J., VAN DIJK, J.A. & DE HAAN, J. "The relation between 21st-century skills and digital skills: A systematic literature review", *Computers in human behavior*, 72, 2017, pp.577-588.

VELASCO NÚÑEZ, E., "Medidas restrictivas en Internet: cómo retirar contenidos ilícitos", en *El derecho en la sociedad telemática. Estudio en homenaje al profesor Valentín Carrascosa López,* Andavira Editora, Santiago de Compostela, 2012, pp.139-164.

WE ARE SOCIAL Y HOOT SUIT: «Digital 2023: La guía definitiva para un mundo digital en evolución» [en línea] , (2023),

<https://wearesocial.com/es/blog/2023/01/digital-2023/>.[Consulta: 5/06/2023.]

WU, T. Y LESSIG, "Ex Parte, Submission", *CS Docket, 2003, pp.*2-52.

WU, T., "Network Neutrality, Broadband Discrimination", *Journal of Telecommunications and High Technology Law*, 2, 2003, pp.141-179.

CAPÍTULO III:

EL FUTURO PRÓXIMO DEL DERECHO DE ACCESO A INTERNET EN EL MARCO CONSTITUCIONAL ESPAÑOL

Nos encontramos en una era tecnológico-digital que influye como nunca antes en nuestro día a día, así se hace difícil encontrar una actividad en la cual no esté presente la tecnología o el componente digital: desde una simple cita médica que pedimos con la app del sistema autonómico de salud, un trámite ante la administración de la seguridad social, la AEAT o incluso el ayuntamiento más remoto del interior de una provincia despoblada, pasando por la educación que se desarrolla con ayuda de las plataformas en las que se cuelgan apuntes, actividades, en la que tienen lugar foros de debate o en las que se crean wikis, si nos centramos en el ámbito público. Nuestra esfera privada tampoco se libra de esa excesiva dependencia de los aparatos tecnológicos que nos miden la actividad física, las horas de sueño, que posibilitan transferencias de dinero o mantener en una nube nuestros archivos, tecnologías que nos aportan un sinfín de opciones más allá de la mera comunicación, preeminentemente por redes sociales.

Además, en poco más de 30 años hemos pasado de un teléfono fijo, a uno móvil, a tener un ordenador en nuestras manos; de la era PC a plantearnos la web 4.0 o de una conexión de 1G a 5G y a diseñar y estandarizar ya la 6G.

En esta evolución tecnológico-digital y de transmisión del conocimiento, que influye directamente en el ciudadano y la sociedad, es que ha emergido el derecho de acceso a Internet como uno de los epicentros sobre el que pivota el resto del ecosistema tecnológico-digital y por ende gran parte de los denominados derechos digitales[426].

---

426 A estos efectos el índice de la economía y sociedad digitales 2020 (DESI) España señala Que España ocupa el quinto lugar en conectividad global con una cobertura del 80% en los hogares superando la media europea que se sitúa en el 34%; sin embargo, ocupa el puesto 25 respecto al precio del servicio de Internet y el 16º en capital humano de forma que el 43% de las personas entre 16 y 74 años carecen de competencias digitales básicas, situándose la media europea en el 42%. Por su parte, el informe digital 2023 España de We are sotial y Hootsuite establece que a nivel global hay casi 5.16 billones de usuarios de Internet, quienes acceden a través de sus dispositivos móviles (smartphones 92,3% y ordenadores 65,5%) una media de 6,37 horas al día, principalmente para buscar información y socializar en el caso español apunta que somos 45.12 millones de usuarios de Internet (el 94,9% de la población) y que 4,7 millones (el 85.6% de españoles) están presentes en redes sociales

Los derechos digitales serán así aquellos derechos que se desarrollan en relación con las tecnologías de la información y de la comunicación, con las tecnologías digitales, caracterizados por la influencia del entorno global y cibernético, derechos que hemos relacionado con la superación de la teoría de generación de derechos de Vasak[427].

Esta evolución en las tecnologías de la información y de la comunicación ha tenido su reflejo en las distintas normas y políticas públicas asociadas al derecho de acceso a Internet. De este modo, podemos observar, al menos, tres etapas:

- Década de los 90 hasta 2010: en esta etapa hemos situado la Declaración Milenio y las leyes orgánicas de Protección de Datos españolas: Ley Orgánica 5/1992 (*Tol 11.224*)- LORTAD, Ley Orgánica 15/1999 (*Tol 11.223*)- LOPD; así como la Ley General de Telecomunicaciones de Ley 14/2009 (*Tol 1.638.022*).
- Años 2010 a 2019: en esta época resaltamos el informe del Relator Especial sobre la promoción y la protección del derecho a la libertad de opinión y de expresión, de 16 de mayo de 2011; la sentencia del Tribunal Europeo de Derechos Humanos Ahmet Yildirim contra Turquía, en 2012 (*Tol 9.062.270*); el Reglamento General de Protección de Datos (*Tol 5.703.078*) o la Ley Orgánica 3/2018, de Protección de Datos y garantía de derechos digitales (*Tol 6.933.570*) .
- 2019 hasta la actualidad: la tercera etapa está conformada por, El Real Decreto 8/2020, de 17 de marzo, de medidas urgentes, extraordinarias para hacer frente al impacto económico y social del COVID-19 (*Tol 7.822.864*); la Ley 11/2022, de 28 de junio, General de Telecomunicaciones (*Tol 9.093.453*); la Carta de Derechos Digitales, la Declaración europea sobre los derechos y principios digitales y por las distintas agendas que impulsan las políticas públicas en el entorno tecnológico-digital, Agenda 2030 de la ONU, la Brújula Digital de la Unión Europea o las Agendas España digital 2025 y 2026.

En definitiva, hemos que situarnos en una etapa en la cual la sociedad transita de ser una sociedad de la información una sociedad influenciada por las tecnologías de la información y de la comunicación, hacía una sociedad

a las cuales dedican casi 5 horas y 45 minutos diarias de su tiempo. El índice global de ciberseguridad de 2020 posiciona a España en el cuarto puesto a nivel mundial mientras que el informe del foro nacional de ciberseguridad motor de colaboración público- privada nos señala la falta de Cultura en ciberseguridad de la sociedad española.

427 VASAK, K. (ed.), *The International dimensions of Human Rights*, UNESCO, Paris,1982.

tecnológico-digital, una sociedad que desarrolla en y desde las tecnologías de la información y de la comunicación, y especialmente en el ciberespacio[428].

En este contexto, podemos advertir dos grandes etapas en esta categoría de derechos digitales: una primera, referente al propio origen del derecho de acceso a Internet que hemos situado junto a las libertades de expresión de información y a la privacidad dónde el derecho de Protección de Datos sería referencia; y, una segunda etapa, en la cual se señalan nuevos y renovados derechos digitales como el derecho de acceso a Internet propiamente dicho, derecho a la ciberseguridad, a la desconexión digital, a la identidad en el entorno digital, o a las neurotecnologías, entre otros.

La importancia de estos derechos digitales es debida a la incidencia en los derechos de la personalidad y a que afectan a la dignidad, como pueden ser la identidad digital, la desconexión digital o los derechos de desindexación; en tanto que son posibilitadores de derechos y libertades, como ocurre con el derecho de acceso a Internet o la educación digital; y dado que se proyectan en el propio sistema democrático, la neutralidad tecnológica y de Internet o la ciberseguridad son un ejemplo.

La influencia de la tecnología de la información y de la comunicación en la sociedad hemos visto, en el primer capítulo, que ya despertaría el interés de importantes teóricos en los años 90[429] y en los años 2000[430], época en la cual surgieron distintas declaraciones y cartas de derechos relacionadas con el ciberespacio.

Por su parte, desde el ámbito institucional también se estudiaría la repercusión de las tecnologías de la información y de la comunicación y en concreto de las redes informáticas en la sociedad. Valga como ejemplo la Comisión Especial de estudio sobre las posibilidades y problemas de las redes informá-

---

428 Para entender esta evolución podemos fijarnos en las capacidades o potencialidades de las tecnologías de la información y de la comunicación. Pongamos por ejemplo el teléfono móvil que podríamos tener a inicio de los años 2000, cuando el término que utilizábamos era "sociedad de la información", este dispositivo podía utilizarse básicamente para llamar por teléfono, mandar mensajes de texto cortos (sms) tenía algún juego, si acaso una cámara de baja resolución. Si nos fijamos en los smartphones actuales estos son verdaderos ordenadores, con capacidades que no tenían algunos de los pc's de los años 90, tienen cámaras de gran resolución, contienen juegos y otras aplicaciones, podemos acceder a Internet, etc., esto muestra el avance a la "sociedad digital".

429 Recordando a algunos de los autores y de las obras mencionadas en el primer capítulo: DYSON E., GILDER G., KEYWORTH G. Y TOFFLER A., "Cyberspace and the American Dream: A Magna Carta for the Knowledge Age", *Future Insight*, 1, 2, 1994; BARLOW, J. P. "A Declaration of the Independence of Cyberspace", *Electronic Frontier Fundation,* Davos, Switzerland, 8 de febrero de 1996; o a GELMAN, R. *Declaration of Human Rights in Cyberspace, 1997.*

430 Entre otros: PÉREZ LUÑO, A. E. "Nuevo derecho, nuevos derechos", *Anuario de filosofía del derecho*, 32, 2016, pp.15-36; o GARCÍA MEXÍA, P., "El derecho de acceso a Internet", en *Sociedad Digital y Derecho*, BOE, 2018, pp.397-416.

ticas del Senado español en la VI legislatura 1998. La denominada Comisión de redes del Senado estudiaría las posibilidades y problemas de las redes informáticas, constituida el 24 de marzo de 1998 tendría por objeto el análisis de las posibilidades y problemas que en los ámbitos político, jurídico y social planteaba el desarrollo y la universalización de las redes informáticas. Atenderíamos a una suerte de carta digital en relación con el estado tecnológico de la época. No obstante, ya en la etapa constituyente se pondría de manifiesto la importancia de abordar estas cuestiones "tenemos que situarnos en el futuro [...] vendrán otras muchas técnicas —no solo la informática—, y resulta imprescindible prevenir y prepararnos para ellas adecuadamente y no quedarnos desplazados en la carrera [...]. Hay que evitar la traición de la tecnología; hay que arbitrar nuevos sistemas de valores"[431].

De esta Comisión de Redes cabe resaltar las palabras de Fernández Esteban, quien definiría el servicio universal de Internet como fundamental: "el servicio universal, que debe incluir el acceso a Internet, por supuesto. [...] es una obligación, en mi opinión, del Estado de derecho, garantizar que no habrá separación entre las personas que tienen acceso a las nuevas tecnologías y las que no, porque eso va a significar la exclusión en el mundo del siglo XXI, que va a ser un mundo en el que, como he dicho, la mayoría de las relaciones van a tener lugar en Internet". Hace ya más de dos décadas de esas palabras, tiempo en el que nos seguimos planteando las mismas preguntas con relación a distintas tecnologías. Después de la era Internet nos centramos en blockchain y hoy en las inteligencias artificiales, mañana será otra tecnología que añadir a la lista.

Cierto es que, como hemos apuntado, se han ido incorporando algunos de los derechos digitales a los catálogos de derechos de los distintos Estados siguiendo una triple vía:

- *Normativa soft*: a modo de ejemplo la Declaración Milenio 2000, la Declaración de Riga on the i2010 strategy; la Resolución del Consejo de Derechos Humanos promoción protección y disfrute de los derechos humanos en Internet de 2012, la Carta de Derechos Digitales en España, en 2021, la Declaración Europea sobre los Derechos y Principios Digitales para la Década Digital de 2022 y la Carta Iberoamericana de Principios y Derechos en los Entornos Digitales de 2023.
- *Normativa hard:* artículo 6 de la Constitución política de México; ley 27078, Ley Argentina digital; Ley brasileña 12.965, de 23 de abril de 2014 sobre el estableciendo principios, garantías, derechos y deberes

431 Constitución española. Trabajos parlamentarios, Tomo I, Madrid, Cortes Generales, 1980, pp.1068 y ss, en RALLO LOMBARTE, A., "Una nueva generación de derechos digitales", *Revista de Estudios Políticos*, 187, 2020, p. 103.

para el uso de Internet en Brasil y su modificación en 2019, Ley Orgánica 3/2018, de 5 de diciembre, de Protección de Datos Personales y garantía de los derechos digitales (*Tol 6.933.570*); ley francesa de enero del 2020 conocida como Hadopi2.

- *Reconocimiento por los Tribunales Constitucionales*: Sentencias del Tribunal Constitucional español 292/2000 (*Tol 2.772*) o 58/2018 (*Tol 6.648.402*), protección de datos personales y derecho al olvido respectivamente; el Consejo Constitucional de Francia declaró el acceso a Internet como fundamental, al igual que lo hizo la Sala Sonstitucional de Costa Rica en 2010.

Pese a lo apuntado anteriormente, volvemos a tener una etapa de inquietud por los derechos digitales, entre los que se encuentra el derecho de acceso a Internet. De este modo, vamos a estudiar a continuación dos grandes hitos que pueden marcar el futuro derecho fundamental de acceso a Internet en el marco constitucional español a corto plazo: la Carta de los Derechos digitales y la nueva Ley General de Telecomunicaciones, Ley 11/2022, de 28 de junio, General de Telecomunicaciones (*Tol 9.093.453*). La primera, la Carta, en tanto que trata de recuperar un humanismo tecnológico, y la segunda, en cuanto a qué va a señalarnos el contenido mínimo esencial que comporta el servicio de nuestro derecho de acceso a Internet.

3.1. LA LEY 11/2022, DE 28 DE JUNIO, GENERAL DE TELECOMUNICACIONES: UN SEGUNDO PASO PARA EL RECONOCIMIENTO DEL DERECHO FUNDAMENTAL DE ACCESO A INTERNET. LA DEFINICIÓN DEL CONTENIDO ESENCIAL Y EL MANTENIMIENTO DE UN DERECHO PRESTACIONAL

La nueva Ley General de Telecomunicaciones, Ley 11/2022, de 28 de junio, General de Telecomunicaciones (*Tol 9.093.453*), responde a una hoja de ruta marcada por la Unión Europea que se concreta en la Directiva (UE) 2018/1972 del Parlamento Europeo y del Consejo de 11 de diciembre de 2018 por la que se establece el Código Europeo de las Comunicaciones Electrónicas (Tol 7.152.022) y que se enmarca en el Plan de Recuperación, Transformación y Resiliencia de la economía española, Reglamento (UE) 2021/241 del Parlamento Europeo y del Consejo de 12 de febrero de 2021 por el que se establece el Mecanismo de Recuperación y Resiliencia (*Tol 8.376.875*), (componente 15 dedicado a la "conectividad digital, impulso a la ciberseguridad y despliegue del 5G"; medida C15.R1 "reforma del marco normativo de telecomunicaciones: Ley General, instrumentos regulatorios e instrumentos de aplicación, Comisión Española, 16 junio, 2021).

La Ley 11/2022, de 28 de junio, General de Telecomunicaciones[432] (*Tol*

[432] Atendemos a una ley ciertamente extensa: 114 artículos (configurados en 8 títulos), 30 disposiciones adicionales, 7 transitorias, una derogatoria, 6 finales y tres anexos:

- Título I. Disposiciones Generales: centra el objetivo y ámbito de la norma (desde la competencia exclusiva estatal conforme al precepto 149.1. 21ª CE), excluyendo del ámbito material la regulación de contenidos difundidos a través de servicios de comunicación audiovisual (medios de comunicación social), los servicios de intercambio de vídeos a través de plataforma y los servicios sobre las redes de telecomunicación que no consistan principalmente en el transporte de señales a través de dichas redes (Ley 34/2002, de 11 de julio, de servicios de la sociedad de la información y de comercio electrónico- LSSI). Incorpora principios de conectividad y acceso a las redes de muy alta capacidad y establece los servicios de telecomunicaciones que tienen la consideración de servicio público: para la seguridad y defensa nacionales, seguridad pública, seguridad vial y protección civil.
- Título II. Suministro de redes y prestación de servicios de comunicaciones electrónicas en régimen de libre competencia: destacando el derecho de acceso de los operadores de redes y recursos asociados, la regulación de la interconexión y las obligaciones que podría imponer la Comisión Nacional de los Mercados y de la Competencia. Importante la obligación de suministro de información.
- Título III. Obligaciones de servicio público y derechos y obligaciones de carácter público en el suministro de redes y en la prestación de servicios de comunicaciones electrónicas: reseñable es la delimitación de las obligaciones del servicio público (derivadas del servicio universal y las impuestas por razones de interés general, integridad y seguridad de las redes) y la definición de servicio universal a las que acompaña una serie de derechos de los operadores como el acceso de los operadores a infraestructuras de Administraciones públicas y a infraestructuras lineales bajo el régimen de declaración responsable. La garantía de acceso a comunicaciones de emergencia y al número 112 a nivel supranacional. Importante es enfatizar en los derechos de los usuarios finales no sólo mediante la previsión de salvaguardias de derechos fundamentales, sino también con la consideración del principio de no discriminación o de la garantía del secreto de las comunicaciones, de la protección de datos de carácter personal, de la transparencia, del acceso abierto a Internet, etc. Derechos de los usuarios que complementan la protección otorgada por la normativa de consumidores y usuarios y que se aplica con preferencia a ésta última, pues con la norma general de telecomunicaciones se prevé un mayor nivel de garantías, de protección (STC 72/2014) (*Tol 4.356.703*).
- Título IV. Equipos de telecomunicación: normalización técnica, vigilancia del mercado.
- Título V. Dominio público radioelectrónico: preocupado por la penetración de la red, la cobertura nacional incorporando medidas que garanticen el uso compartido del espectro por operadores móviles y que eviten restricciones indebidas en la implantación de puntos de acceso inalámbrico. La neutralidad tecnológica y de servicio en el uso del dominio público radioeléctrico.
- Título VI. La administración de las telecomunicaciones: se clarifican las competencias de la Administración General del Estado, y se centra, fundamentalmente en la Comisión Nacional de los Mercados y de la Competencia y en la implicación del Ministerio de Asuntos Económicos y Transformación Digital.
- Título VII. Tasas en materia de telecomunicaciones.
- Título VIII. Inspección y régimen sancionador: tipificación de infracciones en muy graves, graves y leves y la clasificación; la cuantía de sanciones: desde dos millones de euros hasta 20 millones de euros o 2% del volumen de negocio del último ejercicio para las infracciones muy graves, hasta 2 millones de euros o el 1% del volumen de negocio para las graves y hasta 100.000 euros ante infracciones leves; así mismo se prevén medidas cautelares.

9.093.453), se presenta como un avance normativo en la consecución de los distintos derechos tecnológico-digitales entre los que encontramos: la protección de datos de carácter personal (arts. 60 y 66), el derecho de acceso a Internet (art. 76 y disposición adicional decimoséptima, anexo III) y la neutralidad tecnológica y de servicios (art. 93). Estos derechos digitales se entienden en consonancia con lo establecido en el Reglamento (UE) 2016/679, Reglamento General de Protección de Datos (*Tol 5.703.078*), y en el título X de la Ley Orgánica 3/2018, de 5 de diciembre, de Protección de Datos Personales y garantía de los derechos digitales (*Tol 6.933.570*) previamente estudiada, como estipula la disposición adicional decimoquinta[433].

Entre los objetivos que pretende conseguir en el ecosistema tecnológico-digital se encuentra el derecho de acceso a Internet[434]. Concretamente la

---

- Disposiciones adicionales: definen términos utilizados en la ley, centradas en la interoperabilidad o en los mecanismos de información y consulta, en las ayudas públicas para banda ancha y para el desarrollo de la economía y empleo digitales y nuevos servicios digitales, la cooperación en la promoción de contenidos lícitos en redes y servicios de comunicaciones electrónicas, las garantías de los derechos digitales y las políticas de impulso de estos derechos digitales, así como se ocupa de la universalización del acceso a Internet a una velocidad mínima de 100 Mbit por segundo.
- Disposiciones transitorias: que prevén planes de precios del servicio universal y el régimen transitorio para la fijación de tasas, el registro de operadores.
- Disposiciones finales: referida a los títulos competenciales y a la habilitación para el desarrollo reglamentario o la incorporación del derecho supranacional.
- Anexos: tres anexos que se refieren a tasas en materia de telecomunicaciones, definiciones y al conjunto mínimo de los servicios que deberá soportar el servicio de acceso adecuado a Internet de banda ancha. El anexo III recoge como contenido mínimo esencial del servicio adecuado a Internet de banda ancha un conjunto de 11 servicios, cuales son:
  1. Correo electrónico
  2. Motores de búsqueda que permita la búsqueda y obtención de información de todo tipo
  3. Herramientas básicas de formación y educación en línea
  4. Prensa y noticias en línea
  5. Adquisición o encargo de bienes o servicios en línea
  6. Búsqueda de empleo y herramientas para la búsqueda de empleo
  7. Establecimiento de redes profesionales
  8. Banca por Internet
  9. Utilización de servicios de administración electrónica
  10. Redes sociales y mensajería instantánea
  11. Llamadas telefónicas y videollamadas (calidad estándar)

433 Disposición adicional decimoquinta. "Garantía de los derechos digitales. Lo dispuesto en esta ley será sin perjuicio de la aplicación de las medidas que en materia de garantía de los derechos digitales se establecen en el Reglamento (UE) 2016/679, del Parlamento Europeo y del Consejo, de 27 de abril de 2016 y en el título X de la Ley Orgánica 3/2018, de 5 de diciembre, de Protección de Datos Personales y garantía de los derechos digitales".

434 Con todo ello podemos afirmar que la Ley General de Telecomunicaciones vigente trata de conseguir la adaptación al Código Europeo de Telecomunicaciones, se interesa por la adaptación a la normativa europea y nacional de protección de datos de carácter personal, por la compatibilidad electromagnética, por el coste de la infraestructura o por la neutralidad

norma trata de acercar a empresas y ciudadanos una red de telecomunicaciones de calidad al prever implantar redes de muy alta capacidad y 5G (Estrategia de Impulso de la Tecnología 5G), que son de suma importancia en la era de la revolución tecnológico-digital que se desarrollará además de la mano del Plan Nacional para la Conectividad y las Infraestructuras Digitales de forma que se trate de subsanar las diferencias existentes entre las zonas rurales y urbanas. En definitiva, estos objetivos[435] nos muestran una unión de las normas y de las políticas públicas[436] que constituyen una suerte de derecho de acceso a Internet en su vertiente de garantías institucionales y normativa, un derecho prestacional.

Este derecho de Internet, y el resto de derechos digitales que se posibilitan como consecuencia de su tenencia, se sustentan bajo un conjunto de políticas y ayudas públicas que implican a los distintos ejecutivos estatal y autonómicos en el diseño de un Plan de acceso a Internet a fin de eliminar las brechas digitales.

Este Plan de Acceso a Internet, que se explicita en la disposición adicional decimosexta, es similar al plan de acceso recogido en el artículo 97 de la Ley Orgánica 3/2018 de Protección de Datos Personales y garantía de derechos digitales (*Tol 6.933.570*), se marcará como objetivos concretos:

---

de la red. Esta nueva ley además continúa en su precedente, la Ley 9/2014, de 9 de mayo, General de Telecomunicaciones, la cual conseguiría situar a España por encima de la media europea en penetración de Internet, en infraestructura, al alcanzar una penetración de Internet en hogares del 95,2% a una velocidad de 30 Mbps y de 87,6% a una velocidad de 100Mbps (Comisión Europea DESI 2020; 2021; 2022).

435 Entre las aportaciones más técnicas de la nueva ley podemos situar la incorporación de estudios geográficos o de coinversión, con la finalidad de fomentar la inversión en redes de muy alta capacidad; la previsión de medidas facilitadoras del uso compartido de infraestructuras y recursos asociados y del espectro radioeléctrico de dominio público (destacando la ampliación de plazos de concesiones de uso privativo de 20 hasta los 40 años); significativo será el refuerzo de la protección de derechos de consumidores finales (transparencia y regulación de contratos empaquetados), la pretendida instauración a nivel europeo de una misma tarifa de voz, el número 112 como número de emergencia europeo, la previsión del sistema de alerta públicas ante catástrofes o emergencias inminentes o en curso. Junto a ellas podemos destacar la clasificación de los servicios de comunicaciones electrónicas en servicios: de acceso a Internet, de comunicaciones interpersonales (basados o no en numeración) y de transporte de señales (transmisión máquina a máquina o radiodifusión).

436 Estas normas encuentran su reflejo, en las políticas públicas europea y española. Preeminentemente desde la Década Digital de Europa: Brújula digital 2030, centrada entre otras en, la infraestructura, en la transformación digital de empresas y servicios públicos, que serán concretados en las políticas nacionales desde el Plan España Digital 2025, en cuyo primer eje estratégico se recoge la conectividad digital, dentro del cual la medida segunda recoge la aprobación de la Ley General de Telecomunicaciones (*Tol 9.093.453*).

- Superar las brechas digitales y garantizar el acceso a Internet de los colectivos vulnerables o con necesidades especiales y de entornos familiares y sociales económicamente desfavorecidos.
- Impulsar la existencia de espacios de conexión de acceso público.
- Fomentar medidas educativas que promuevan la formación en competencias y habilidades digitales básicas de las personas y colectivos en riesgo de exclusión digital y la capacidad de todas las personas para realizar un uso autónomo y responsable de Internet y de las tecnologías digitales.

Además, en la disposición adicional decimoséptima de la Ley General de Telecomunicaciones (*Tol 9.093.453*) se prevé la concesión de ayudas públicas para el acceso al servicio de Internet, garantías económicas[437].

Finalmente, debemos apuntar la importancia de la Ley General de Telecomunicaciones (*Tol 9.093.453*) en cuanto a que será la posibilitadora del ecosistema digital por cuanto concreta por vez primera el contenido mínimo esencial del servicio adecuado a Internet de banda ancha (Anexo III en concordancia con el artículo 37.1.a)[438]) :

- correo electrónico;

---

437 Disposición adicional decimoséptima. "Coordinación de las ayudas públicas a la banda ancha y al desarrollo de la economía y empleo digitales y nuevos servicios digitales. Por real decreto se identificarán los órganos competentes y se establecerán los procedimientos de coordinación entre Administraciones y Organismos públicos, en relación con las ayudas públicas a la banda ancha, cuya convocatoria y otorgamiento deberá respetar en todo caso el marco comunitario y los objetivos estipulados en el artículo 3 y en relación con el fomento de la I + D + I y a las actuaciones para el desarrollo de la economía, el empleo digital y todos los nuevos servicios digitales que las nuevas redes de alta y muy alta capacidad permiten, garantizando la cohesión social y territorial".

438 Art. 37. "1.Se entiende por servicio universal el conjunto definido de servicios cuya prestación se garantiza para todos los consumidores con independencia de su localización geográfica, en condiciones de neutralidad tecnológica, con una calidad determinada y a un precio asequible. Los servicios incluidos en el servicio universal, en los términos y condiciones que mediante real decreto se determinen por el Gobierno, son: a)Servicio de acceso adecuado y disponible a una Internet de banda ancha a través de una conexión subyacente en una ubicación fija, que deberá soportar el conjunto mínimo de servicios a que se refiere el anexo III. La velocidad mínima de acceso a una Internet de banda ancha se fija en 10 Mbit por segundo en sentido descendente. Mediante real decreto, teniendo en cuenta la evolución social, económica y tecnológica y las condiciones de competencia en el mercado, se modificará la velocidad mínima de acceso a una Internet de banda ancha, en particular, escalando dicha velocidad mínima a 30 Mbit por segundo en sentido descendente tan pronto como sea posible en función de la extensión de las redes y del estado de la técnica, así como se determinarán sus características y parámetros técnicos, y se podrá modificar el conjunto mínimo de servicios que deberá soportar el servicio de acceso a una Internet de banda ancha a que se refiere el anexo III".

- motores de búsqueda que permita la búsqueda y obtención de *información* de todo tipo;
- herramientas básicas de *formación y educación* en línea; prensa y noticias en línea;
- adquisición o encargo de bienes o servicios en línea;
- búsqueda de *empleo* y herramientas para la búsqueda de empleo;
- establecimiento de redes profesionales;
- banca por Internet;
- utilización de servicios de *administración electrónica*;
- redes sociales y mensajería instantánea;
- llamadas telefónicas y videollamadas (calidad estándar).

El servicio de Internet que deberá ofrecerse a una velocidad mínima de 100 Mbit por segundo, a unos precios asequibles para los ciudadanos, con independencia de su localización geográfica, en aras de impulsar la cohesión social y territorial mediante el despliegue de las más modernas redes de telecomunicaciones que posibilite el acceso de los ciudadanos a los más diversos y necesarios servicios, cada vez más básicos y esenciales, que se prestan a través de estas redes, (disposición adicional trigésima). Se aúnan el principio de neutralidad y el concreto derecho de acceso a Internet para conseguir una igualdad real y efectiva en cuanto a conexión.

De este modo, si no se nos garantizan esos servicios que desde ahora definen el contenido mínimo del servicio universal (arts. 37 a 42 LGT) de Internet podremos acudir a los tribunales ordinarios intentando ejercer un teórico derecho de acceso a Internet que hasta el momento se veía extremadamente complejo[439]. En otras palabras, desde las premisas del contenido esencial del servicio de acceso a Internet, podremos tratar de conseguir un derecho fundamental de acceso a Internet de conformación legal, previsiblemente a través de preceptos constitucionales tales como el derecho a la información (art. 20.1.d) CE) o a la educación (art. 27 CE), teniendo en cuenta los servicios que configuran el contenido esencial del derecho, de forma semejante a lo acaecido con el derecho a la protección de datos de carácter personal (SSTC 290/2000; 292/2000) (*Tol 2.770; Tol 2.772*) o a la supresión de datos (STC 58/2018) (*Tol 6.648.402*) que tiene su origen en el art. 18.4 de la Constitución Española.

---

[439] Como sostuve en ÁLVAREZ ROBLES, T., "La nueva Ley General de Telecomunicaciones española: un avance en la consecución del derecho de acceso a Internet", *Blog de la Revista Internacional de Derecho Constitucional en Español-IberICONnect*, de 14 de septiembre de 2022.

En suma, la celebración es doble, en tanto que considerando la disposición adicional trigésima se da el plazo de un año desde la entrada en vigor de la norma, hasta 30 de junio de 2023, para su consecución.

Podemos afirmar que la Ley 11/2022, de 28 de junio, General de Telecomunicaciones (*Tol 9.093.453*) podrá ser la puerta que abra la constitucionalización del derecho de acceso a Internet mediante la creación de un derecho fundamental por el Tribunal Constitucional en el medio plazo, tomando como base lo previamente señalado. No hemos de olvidar que el derecho de acceso a Internet es un derecho de igualdad, relacional, sustantivo.

3- La significación de la Ley 11/2022, de 28 de junio, General de Telecomunicaciones

Desde las premisas del contenido esencial del servicio existe la posibilidad de recurso ante los tribunales ordinarios que de deriven en el corto plazo en el reconocimiento de un Derecho de acceso a internet con carácter de Derecho Fundamental

- Papel fundamental respecto a la consecución de uno de los derechos digitales, que contribuyen a la facilitación del resto, a la posibilitación del ecosistema digital: el derecho de acceso a internet/ ciberespacio.
- **Derecho de Igualdad** (art 14 CE)
- **Derecho relacional:**
  - art. 20.1.d) CE- derecho a la información; art. 27 CEderecho a la educación; (anexo III)
  - Libertad de expresión, art 20.1. a) CE; participación en asuntos públicos, art. 23 CE, protección de datos de carácter personal, art. 18.4 CE; etc.

Tamara Álvarez Robles

3.2. LAS POLÍTICAS PÚBLICAS Y LA NORMATIVA SOFT DEL DERECHO DE ACCESO A INTERNET: LAS AGENDAS, PLANES Y ESTRATEGIAS COMO GARANTÍA ECONÓMICA Y LA CARTA DE LOS DERECHOS DIGITALES COMO INSTRUMENTO PRELEGISLATIVO

3.2.1. Las garantías institucionales del derecho de acceso a Internet y a las tecnologías: las políticas públicas que van a facilitar la implementación del ecosistema tecnológico-digital

En los apartados precedentes hemos apuntado el interés de los distintos ejecutivos, del legislador español y de las instituciones europeas en desarrollar el ecosistema tecnológico-digital, en particular hemos comprobado la notoriedad que adquiría al derecho de acceso a Internet.

Al derecho de acceso a Internet y a las tecnologías de la información y de la comunicación, a tecnologías digitales, se le daría tal importancia que estaría presente en el diseño y ejecución de las distintas estrategias, planes y proyectos, en el diseño y ejecución de las políticas públicas[440].

No es oportuno detenernos ahora en el origen de las políticas públicas que se llevan a cabo a nivel internacional (relacionadas entre otras con la Declaración Milenio), ni realizar un análisis sobre la génesis y desarrollo de las mismas en el marco supranacional europeo (Mercado Único digital: la sociedad del Gigabyte; Proyecto Wifi4EU, etc.), tampoco es necesario reiterar lo expuesto cuando analizamos el derecho de acceso a Internet en relación con las dos normas que lo contienen e implementan en el marco nacional español: la Ley Orgánica de Protección de Datos y garantía de derechos digitales (*Tol 6.933.570*) y la Ley General de Telecomunicaciones (*Tol 9.093.453*), en concreto cuando aludimos al mandato a los ejecutivos, nacional y autonómicos, que deberían de posibilitar el derecho de acceso a Internet a través de la previsión y/o aplicación en una serie de políticas públicas (recordemos al artículo 97 de la Ley Orgánica 3/2018).

Se trata tan sólo de señalar la existencia de estas políticas públicas y apuntar la necesidad de que este derecho se posibilite mediante unas garantías económicas que lo apoyen, de un compromiso de gasto presupuestario que termine ejecutándose al llevarse a cabo esas políticas públicas.

Un esbozo de estas políticas públicas podría ser realizado atendiendo a los tres grandes niveles:

Desde el ámbito internacional tiene su reflejo en la Agenda 2030 de la ONU en la interrelación de diversos objetivos de desarrollo sostenible- ODS: 4 (garantizar una educación de calidad y verdaderamente inclusiva), 7, (implantar las fuentes de energía renovables y seguras), 9 (potenciar la innovación y la industria sostenible), 10 (acabar con las desigualdades entre naciones), 11(reorganizar las ciudades para que sean inclusivas y modernas) o el 12 (garantizar modalidades de consumo y producción sostenibles).

Ello en tanto que los proyectos que se desarrollan tratan de buscar una mayor eficacia, eficiencia (mejorar la productividad, los tiempos, los procesos, la reducción de emisiones) con el uso de las tecnologías de la información y de la comunicación[441]. Por ello podríamos decir que este componente tec-

---

440 Estas políticas públicas que en un primer momento se centrarían en la implementación de la infraestructura de Internet, actualmente se completan con un mayor interés en las competencias digitales, en la educación digital manteniéndose el interés en la infraestructura en entornos rurales y en el precio del servicio.

441 Como se pone de manifiesto en el artículo del ITU «Tecnologías digitales para el cumplimiento de los Objetivos de Desarrollo Sostenible de las Naciones Unidas» [en línea],

nológico-digital se puede ver de forma transversal casi en la totalidad de los ODS, y que el concreto derecho de acceso a Internet se entenderá según se pueda precisar esa presencia del objetivo en la red, a la hora de difundir las investigaciones, informaciones, en el desarrollo de una educación con las capacidades digitales, etc. Como muestra de ello también la Agenda Conectar 2030 – Una Agenda para la conexión de todos a un mundo mejor, de la Unión Internacional de Telecomunicaciones-UIT, que se centra en el cómo contribuyen los adelantos tecnológicos a acelerar el logro de los Objetivos de Desarrollo Sostenible (ODS) de las Naciones Unidas para 2030. Para lo cual se centra en el logro de cinco metas: crecimiento: permitir y fomentar el acceso a las telecomunicaciones/TIC y aumentar su utilización en favor de la economía y la sociedad digitales; integración: reducir la brecha digital y proporcionar acceso a la banda ancha para todos; sostenibilidad: gestionar los riesgos, los retos y oportunidades que plantee el rápido crecimiento de las telecomunicaciones/TIC; innovación: propiciar la innovación en materia de telecomunicaciones/TIC en favor de la transformación digital de la sociedad; y, asociación: reforzar la cooperación entre los miembros de la UIT y todas las demás partes interesadas en favor de todas las metas estratégicas de la UIT.

Por su parte, en el marco de la Unión Europea podemos observar el Dictamen del Comité Europeo de las Regiones: Cohesión digital (2022/C 498/08)[442]; Dictamen del Comité Económico y Social Europeo sobre: La transición digital en la región euromediterránea (2023/C 100/10)[443]; o la Decisión (UE) 2022/2481 del Parlamento Europeo y del Consejo de 14 de diciembre de 2022 por la que se establece el programa estratégico de la Década Digital para 2030[444]; que contiene las previsiones de la Brújula digital 2030. Se trata del camino europeo para una década digital centrada en el desarrollo de políticas públicas tendentes a reducir, cuando no a eliminar, las brechas digitales[445] sociales, particularmente las que recaen en colectivos vulnerables[446] (por eco-

---

<https://www.itu.int/es/mediacentre/backgrounders/Pages/icts-to-achieve-the-united-nations-sustainable-development-goals.aspx>. [Consulta: 13/06/2023.]

442 Dictamen del Comité Europeo de las Regiones: Cohesión digital, (2022/C 498/08), publicado el 30 de diciembre de 2022 en el DOUE.

443 Dictamen del Comité Económico y Social Europeo sobre «La transición digital en la región euromediterránea. (2023/C 100/10), publicado el 16 de marzo de 2023 en el DOUE.

444 Decisión (UE) 2022/2481 del Parlamento Europeo y del Consejo de 14 de diciembre de 2022 por la que se establece el programa estratégico de la Década Digital para 2030.

445 Brechas que se centran en el nivel local en ámbitos como la asistencia sanitaria, la educación o servicios públicos poco accesibles.

446 Un ejemplo de políticas públicas centradas en colectivos vulnerables fue el proyecto "Puesto educativo en el hogar". Este proyecto consistió en dotar a los centros docentes identificados por cada comunidad autónoma de equipamiento susceptible de ser prestado al alumnado en situación de vulnerabilidad. El Puesto Educativo en el Hogar constaba de un dispositivo tipo ordenador portátil o equivalente, con software de base incorporado, junto

nomía que impide tener servicio y tecnologías necesarias, personas mayores carentes de capacidades digitales, refugiados o extranjeros que normalmente no tienen acceso a los servicios públicos, discapacitados por cuanto propone conseguir la plena accesibilidad a servicios y tecnologías, mujeres que están infrarrepresentadas en estos sectores, etc.); territoriales (ámbitos rurales, islas, montañas, aquellas zonas más despobladas o donde el conste de llevar la infraestructura no es rentable a los prestadores del servicio por cuestiones orográficas) y de cualquier otro tipo.

Estas políticas públicas europeas, que tendrán una especial incidencia en las españolas, se van a desplegar desde la consideración de los valores europeos (democracia, libertades fundamentales y derechos humanos, la protección de datos y privacidad, la seguridad, la inclusividad y la transparencia) y su importancia radica en la necesidad de fortalecer la base económica de la Unión, de reforzar su competitividad a nivel mundial, de asegurar la soberanía digital (máxime ante las circunstancias actuales de tensiones China-USA económico-tecnológica); de facilitar la transición ecológica; de fortalecer y mejorar la calidad de vida de los europeos, de la sociedad europea digital mediante la creación de empleo y el desarrollo de capacidades digitales.

Esta Unión Europea digital se centrará así en las siguientes líneas de actuación:

- Redes: conectividad rápida a redes incluidas la fibra de alta capacidad y la 5G; instrumentos para la seguridad de la 5G, restricciones a proveedores de alto riesgo para recursos clave.
- Zonas rurales: velocidades de gigabit para todos los hogares, tanto rurales como urbanos; agricultura favorable al medio ambiente: datos sobre cosechas, semillas y uso de fertilizantes.
- Industria: infraestructura y cadenas de valor: superordenadores e informática cuántica, microprocesadores, baterías, robótica; servicios europeos en la nube seguros: los datos se almacenan y tratan en Europa.
- Ciudades: ciudades inteligentes, infraestructuras, servicios y gestión de residuos.

---

con elementos de seguridad, configurado para uso educativo además de una conexión a Internet. El Puesto Educativo en el Hogar incorporaba las aplicaciones formativas que cada administración educativa proporcione. El objetivo de la actuación era llegar al mayor número de puestos educativos en el hogar posible por comunidad autónoma, en función de la disponibilidad presupuestaria; por una parte, es necesaria la aportación de fondos FEDER por parte de Red.es, y por otra, la cofinanciación por parte de la comunidad autónoma (cuenta con un presupuesto de 229.585.700 €: Red.es aporta 183.900.000 € de FEDER y las comunidades autónomas aportan 45.665.700 €). Se realizó en las fechas de julio de 2020 a febrero de 2022.

- Movilidad: vehículos e infraestructuras, aparcamiento digital.
- Dentro y fuera de casa: eficiencia energética, redes inteligentes, Internet de las cosas (IoT).
- Comunicación segura: protección de datos, cifrado frente a las ciberamenazas; concienciación y capacidades digitales, para contrarrestar las ciberamenazas.
- En la escuela: Internet fiable y rápida, acceso a recursos educativos digitales; un plan educativo digital para ayudar a las escuelas a impartir educación a distancia de gran calidad.
- Sanidad: espacio europeo de datos sanitarios, datos para la investigación, historia clínica digital europea; sanidad electrónica, aplicaciones de inteligencia artificial para el diagnóstico y el tratamiento.
- Investigación: inteligencia artificial (IA), inversión en investigación, innovación y despliegue.
- Seguridad: acceso a los datos para la actuación judicial y policial.
- Comercio: trazabilidad de los productos gracias a la cadena de bloques.
- Empresas: reciclaje y capacitación profesional TIC, especialistas en tecnología y datos.
- Economía circular: capacidad de reparación y reciclaje de componentes electrónicos.
- Administración pública/Administración electrónica: mayor rapidez, eficiencia, comodidad y transparencia del acceso a los servicios; interoperabilidad de los datos europeos; identidad digital Identificación electrónica pública segura para toda la UE, servicios digitales transfronterizos.

Para que ello sea factible la Unión Europea libera fondos, dota de presupuesto a estas líneas, sirva como muestra de ello los fondos Next Generation EU- NGEU- correspondientes a los años 2021-2027 dotados con un presupuesto total: 7.500 millones de euros[447].

---

[447] Gasto de la UE para 2021-2027. Todos los importes en millones de euros (precios de 2018) Presupuesto total: 1.824.300:
- Marco financiero plurianual (MFP): 1 074 300
- Next Generation EU: 750 000
- Integración de los aspectos climático y digital:
- Climático: objetivo, el 30 % del gasto en todos los programas
- Digital: prioridad en todos los programas, y el 20 % del Mecanismo de Recuperación y Resiliencia.
- Mercado único, innovación y economía digital
- Horizonte Europa: 76 400
- Mecanismo «Conectar Europa» (Transporte, Energía y Sector digital): 18 400

A España, por ejemplo, le van a corresponder en torno a 500 millones de euros[448] para desplegar en el entorno rural a banda ancha de 100 Mbps (apuntada al analizar la Ley General de Telecomunicaciones), asignado con cargo al Mecanismo de Recuperación y Resiliencia (MRR) de la UE, y que se relaciona con el Programa de Universalización de Infraestructuras Digitales para la Cohesión- Demanda Rural[449]. En igual sentido le corresponden más de 3.000 millones de euros provenientes de los Fondos Next Generation EU para la digitalización de las pymes españolas a través del Kit Digital[450].

En este orden de ideas podemos señalar a las Agendas España Digital 2025 y 2026 que entre sus objetivos tienen: la conectividad digital; el impulso de la tecnología 5G; la mejora en competencias digitales, la fortaleza de la ciberseguridad (cultura de la ciberseguridad); la transformación digital del sector Público y de la empresa; el emprendimiento digital, los proyectos tractores de digitalización sectorial, situar a España como un polo de atracción de inversiones y talento del sector audiovisual, impulsar la economía del dato y la Inteligencia Artificial, o el concreto desarrollo de los Derechos Digitales.

Estas líneas de actuación, por lo tanto, se concretarán en distintas estrategias y planes como puedan ser: la Estrategia España Digital 2025; la Estrategia España Digital 2026; la Estrategia de Impulso de la Tecnología 5G; la Estrategia Nacional de Inteligencia Artificial; el Plan Nacional de Competen-

---

- Programa Espacial Europeo: 13 200
- Programa Europa Digital: 6 800
- Programa sobre el Mercado Único: 3 700
- Fondo InvestEU: 2 800

Ampliar información en el sitio web oficial del Consejo de la UE y del Consejo Europeo : <https://www.consilium.europa.eu/es/infographics/mff2021-2027-ngeu-final/> y <https://www.consilium.europa.eu/es/infographics/recovery-plan-mff-2021-2027/>. [Consulta: 13/06/2023.]

448 Más información disponible en el sitio web de la Comisión Europea: <https://ec.europa.eu/commission/presscorner/detail/es/IP_22_6171>. [Consulta: 13/06/2023.]

449 El Programa de Universalización de Infraestructuras Digitales para la Cohesión (UNICO) sirve de marco para diferentes convocatorias de ayudas, entre las que se enmarca UNICO Demanda Rural, que facilitan la universalización del acceso a la banda ancha ultrarrápida y la extensión de 5G en España. Alcanzar cobertura de banda ancha a 100 Mbps para el 100% de la población es uno de los objetivos del Plan de Recuperación, Transformación y Resiliencia y de la Agenda España Digital 2026.

450 Programa de ayudas financiado por la Unión Europea a través de los fondos Next Generation EU para la digitalización de las pymes y autónomos, que cuenta con un presupuesto de 3.067 millones de euros, se destinarán 500 millones a las pymes de entre 10 y 49 trabajadores y 2.500 millones a microempresas y autónomos. Así, cada perfil contará con un importe de subvención fijo que dependerá del tamaño de la organización, la complejidad del paquete, el sector de actividad.

cias Digitales; Plan de Digitalización de Pymes 2021-2025; El Plan de Digitalización de las Administraciones Públicas 2021-2025.

Como ejemplo de lo que supone la implementación de estas políticas públicas en relación con la dotación económica podemos apuntar que España tiene un Plan Nacional de Competencias Digitales desde 2021 con un presupuesto de 3.750 millones de euros y el objetivo de que, en 2025, el 80% de la ciudadanía disponga como mínimo de competencias básicas. Generación Digital Pyme, para formar en habilidades digitales a altos cargos de las empresas, y Agentes del Cambio, para involucrar a perfiles que actúen de catalizador de esta transformación. La inversión total prevista asciende a 356 millones de euros, siempre con la perspectiva de género presente. Además, también se cuenta con la línea ENISA de financiación a Emprendedoras Digitales, con un presupuesto de 52 millones de euros, 19 de los cuales han impactado ya en 219 proyectos liderados por mujeres en el ámbito digital. El impulso a las competencias digitales también es uno de los fundamentos del programa, estimulado por la SEDIA, que apoyará la creación de 32 cátedras universidad-empresa en inteligencia artificial y ciberseguridad, con una inversión público-privada cercana a los 50 millones de euros. Con estas políticas se pretende acercar a la ciudadanía a materias que están definiendo el futuro y en las que se debe formar todo el talento posible. Si nos centramos en la digitalización de las administraciones se ha dotado de 460.372.255 euros que conformarán los créditos presupuestarios destinados a la inversión 'Transformación digital y modernización de las Comunidades Autónomas', perteneciente al componente 11 del Plan de Recuperación, Transformación y Resiliencia (PRTR) para los años 2022 y 2023.

Vemos con ello como existe un interés en el derecho de acceso a Internet y a las tecnologías que se traduce en implementar la infraestructura allí donde aún no existe o donde existiendo no tiene la calidad suficiente (100 Mbps) y en conseguir las competencias o habilidades digitales necesarias para el uso de estas tecnologías, para navegar por la red y para sacar un mayor rendimiento del ecosistema digital.

3- Las políticas públicas de impulso de derechos digitales

- Agenda 2030 ONU
- Unión Europea: Brújula digital 2030: **el camino europeo para la década digital**
  - Capacidades digitales + infraestructura + habilidades educativas
  - Transformación digital de empresas y servicios públicos
  - **Principios digitales como** Acceso universal a Internet los servicios de Internet
- **Agenda España Digital 2025 y 2026:**
  - **Conectividad Digital**
  - **Impulso de la Tecnología 5G**
  - **Competencias Digitales**
  - **Ciberseguridad**
  - Transformación Digital del Sector Público
  - Transformación Digital de la Empresa y Emprendimiento Digital
  - Proyectos Tractores de Digitalización Sectorial
  - España, polo de atracción de inversiones y talento del Sector Audiovisual
  - Economía del Dato e Inteligencia Artificial
  - **Derechos Digitales**

- Carta de los Derechos Digitales
- Estrategia España Digital 2025
- Estrategia España Digital 2026
- Plan Nacional de Competencias Digitales
- Estrategia de Impulso de la Tecnología 5G
- Estrategia Nacional de Inteligencia Artificial
- Plan de Digitalización de Pymes 2021-2025
- El Plan de Digitalización de las Administraciones Públicas 2021-2025
- Plan nacional de competencias digitales ...

Tamara Álvarez Robles

3.2.2. La Carta de los Derechos Digitales y el derecho de acceso a Internet

Consecuencia de esas estrategias y concretamente en julio de 2021, en el marco de la Estrategia España Digital 2025, el Gobierno de España presentó la Carta de Derechos Digitales[451].

Una nueva Carta de Derechos Digitales que en principio pareciera no ser algo novedoso de este siglo XXI, por cuanto ya hemos podido señalar la existencia de distintas cartas de derechos en el ámbito cibernético, provenientes de teóricos y de instituciones en el siglo precedente[452]. Cierto es que la Carta de Derechos Digitales ha tenido una consecuencia casi inmediata por cuanto se ha recuperado y potenciado en el ámbito español el interés en los Derechos digitales y que se espera tenga en el corto plazo un mayor conocimiento

---

451 «Carta de los Derechos digitales» [en línea], (2021), <https://www.lamoncloa.gob.es/presidente/actividades/Documents/2021/140721-Carta_Derechos_Digitales_RedEs.pdf>. [Consulta: 13/06/2023.]

452 Recordemos entre otras: a la Declaración Milenio 2000; la Declaración de Riga-Declaration on the i2010 strategy- o la Resolución del Consejo de Derechos Humanos Promoción, protección y disfrute de los derechos humanos en Internet, de 2012. Para un mayor conocimiento Celeste 2022. Además, como ya hemos mencionado, la normativa soft viene influenciando en los derechos digitales y concretamente en el derecho de acceso a Internet y a las tecnologías que posibilitan el ecosistema tecnológico-digital por el cual se ha interesado el Estado español. En varias ocasiones hemos apuntado que esta es una de las vías de reconocimiento de los derechos digitales, y por ello del propio derecho de acceso a Internet y a las tecnologías.

y compromiso público-privado con sus postulados en forma de implementación de políticas públicas y de reflejo en la normativa[453].

La Carta de Derechos Digitales española tiene una naturaleza de norma *soft-law*, carece de carácter normativo, lo que se traduce en la imposibilidad de crear por sí misma obligaciones. Esta articula un marco de referencia para guiar a los futuros proyectos legislativos y el desarrollo de las políticas públicas a fin de garantizar los derechos de los ciudadanos en este nuevo contexto tecnológico-digital[454], más aún, podemos afirmar que trata de corregir y complementar a la mencionada Ley Orgánica 3/2018, de 5 de diciembre, de Protección de Datos Personales y garantía de los derechos digitales (*Tol 6.933.570*), que sí crea obligaciones a los poderes públicos, y que desde ella se pretenden superar las políticas públicas que se contenían en el precepto 97 de la misma.

Su mayor acierto es el humanismo tecnológico, el ser una Carta pensada desde la persona y alejada de la tendencia económica y de marcado que viene caracterizando el ecosistema tecnológico-digital (tecnología rápida en desarrollo, producción, y puesta a disposición del ciudadano sin realizar un verdadero análisis de riesgos sobre la persona y concretamente sobre sus derechos fundamentales)[455]. Esta humanización tecnológica, el humanismo tecnológico, trata de reconectar a las tecnologías de la información y de la comunicación, a las tecnologías digitales, con la dignidad humana (art. 10 CE) a través de la reformulación de derechos tradicionales en el entorno digital y de alejarse de esa concepción mercantilista, más preocupada de generar economía que de mejorar la vida de las personas[456].

Conforme a las consideraciones previas que aparecen en la Carta su objetivo no sería crear nuevos derechos fundamentales, pese a que sí trata derechos de nueva generación, sino perfilar los más relevantes en el entorno y los

---

453 La nueva Estrategia España Digital 2026, presentada en junio de 2022, contempla impulsar la implementación de la Carta de Derechos Digitales y la creación de un Espacio de Observación de Derechos Digitales.

454 Partiendo, entre otras normas, del Título X de la Ley Orgánica 3/2018, de 5 de diciembre, de Protección de Datos Personales y garantía de los derechos digitales (*Tol 6.933.570*).

455 "La persona y su dignidad son la fuente permanente y única de los mismos y la clave de bóveda tanto para proyectar el Ordenamiento vigente sobre la realidad tecnológica, como para que los poderes públicos definan normas y políticas públicas ordenadas a su garantía y promoción" Consideraciones previas de la Carta.

456 Apartado I.3, relativo a los Derechos y libertades en el entorno digital: "Se promoverá que en los procesos de transformación digital, el desarrollo y el uso de la tecnología digital, así como cualquier proceso de investigación científica y técnica relacionado con ellos o que los utilice instrumentalmente, se tenga presente la exigencia de garantizar la dignidad humana, los derechos fundamentales, la no discriminación, el libre desarrollo de la personalidad y orientarse al logro del bien común".

espacios digitales, así como describir derechos instrumentales o auxiliares de los primeros, de forma que nos alejaríamos de la práctica de la analogía para poder definir adecuadamente los contornos de estos derechos en el concreto entorno digital[457].

Como mencionamos, al no tener un carácter normativo lo que busca es "reconocer los novísimos retos de aplicación e interpretación que la adaptación de los derechos al entorno digital plantea, así como sugerir principios y políticas referidas a ellos en el citado contexto", "contribuir a los procesos de reflexión que se están produciendo a nivel europeo" y "liderar un proceso a nivel global para garantizar una digitalización humanista, que ponga a las personas en el centro"[458].

Génesis de la Carta de Derechos Digitales:

La Carta de Derechos Digitales fue impulsada desde el Ministerio de Asuntos Económicos y Transformación Digital, a través de la Secretaría de Estado de Digitalización e Inteligencia Artificial (SEDIA) y la Secretaría de Estado de Telecomunicaciones e Infraestructuras Digitales.

A fecha de 15 de junio de 2020 se creó un grupo de expertos, constituido por 18 personas con perfil pluridisciplinar[459], a quienes se encomendó la

---

457 En este sentido resulta interesante el trabajo de: DROR-SHPOLIANSKY, D. Y SHANY Y., "It's the End of the (Offline) World as We Know It: From Human Rights to Digital Human Rights – A Proposed Typology", *European Journal of International Law*, 32, 4, 2021, pp.1249–1282.

458 Como se pone de manifiesto en los distintos documentos de presentación de la misma y en sus consideraciones previas, que vendrían a hacer las veces de una exposición de motivos.

459 El grupo de expertos y expertas está integrado por: Borja Adsuara, profesor, abogado y consultor; Moisés Barrio, letrado del Consejo de Estado; Manuela Battaglini, CEO de Transparent Internet; Tomás de la Quadra-Salcedo, catedrático de Derecho Administrativo de la Universidad Carlos III; Susana de la Sierra, profesora titular de Derecho Administrativo de la Universidad de Castilla-La Mancha; Celia Fernández Aller, profesora de Derecho Constitucional de la Universidad Politécnica de Madrid; Enrique Goñi, del Instituto Hermes; Simona Levi, cofundadora de Xnet; Paloma Llaneza, CEO de Razona Legal Tech; Ricard Martínez, director de la Cátedra de Privacidad y Transformación Digital de la Universitat de València; Miguel Pérez Subías, presidente de la Asociación de Usuarios de Internet; José Luis Piñar, catedrático Derecho Administrativo de la Universidad CEU-San Pablo; Argelia Queralt, profesora de Derecho Constitucional, Universitat de Barcelona; Javier Ruiz Díaz, policy director de Open Rights Group; Emilia Saiz, secretaria general de United Cities and Local Governments (UCLG) y participante en CC4DR (Cities Coalition for Digital Rights de Naciones Unidas); Ofelia Tejerina, presidenta de la Asociación de Internautas; Rodolfo Tesone, diputado del Ilustre Colegio de la Abogacía de Barcelona y presidente de ENATIC; y Carissa Véliz, investigadora de Ética y Humanidades en la Universidad de Oxford. Mas información disponible en el sitio web de la Moncloa:
<https://www.lamoncloa.gob.es/serviciosdeprensa/notasprensa/asuntos-economicos/Paginas/2020/171120-derechos_digitales.aspx>. [Consulta: 13/06/2023.]

elaboración de un informe que contaría con al menos 5 puntos, y que sería presentado en mayo de 2021[460]:

- Introducción a la Carta: tratándose de una especie de exposición de motivos, donde se asienta en torno a la dignidad de la persona la humanización de las tecnologías de la información y de la comunicación, y se especifica que la carta trata de guiar un futuro tecnológico-digital cambiante y de dar cierta estabilidad jurídica.
- Principios éticos: se plantea el desafío humanista desde la consideración de brechas digitales, de los valores individuales y sociales, de lo bueno y lo malo, lo justo lo injusto o lo inmoral.
- Carta de Derechos Digitales propiamente dicha: recogiendo alguno de los derechos ya existentes en la normativa española y recepción ando nuevos derechos tal y como veremos a continuación.
- Políticas públicas: se trata de la aplicación del contenido de la Carta.
- Sistema de garantías: En este sentido se trataría de recoger mecanismos de autorregulación regulada, autoridad independiente y mecanismos jurisdiccionales, llegándose a proponer en el grupo de expertos la creación de un orden específico al ámbito tecnológico-digital.

El grupo de expertos elaboraría un primer documento que sería sometido a consulta pública[461]. En realidad, este procedimiento de elaboración de la Carta tendría dos consultas públicas:

- Una primera consulta pública hasta el 24 de julio de 2020, con el objetivo de recabar, directamente o a través de las organizaciones representativas, la opinión del conjunto de la ciudadanía sobre los problemas que se pretendían solucionar con la iniciativa, las necesidades y oportunidades, los objetivos y las posibles soluciones alternativas regulatorias y no regulatorias en este ámbito[462]. Vemos por tanto que esta primera

---

460 Acceso al «Informe del grupo de expertos» [en línea], (2021) <https://portal.mineco.gob.es/es-es/ministerio/participacionpublica/audienciapublica/Paginas/SEDIA_Carta_Derechos_Digitales.aspx>. [Consulta: 13/06/2023.]

461 Ampliar información en la web de la consulta pública del sitio web del Ministerio de Asuntos Económicos y Transformación Digital: <https://portal.mineco.gob.es/es-es/ministerio/participacionpublica/audienciapublica/Paginas/SEDIA_Carta_Derechos_Digitales.aspx>. [Consulta: 13/06/2023.]

462 Acceso al documento donde se establecen los puntos de la primera consulta pública: <https://portal.mineco.gob.es/RecursosArticulo/mineco/ministerio/participacion_publica/consulta/ficheros/CartaDerechosDigitales.pdf>. [Consulta: 13/06/2023.]
En esta consulta podemos ver entre otras cuestiones las siguientes:
1. ¿Cómo considera que nuevas tecnologías digitales afectan a los derechos y libertades ciudadanas?

consulta se da de forma previa a la redacción del borrador de la Carta de Derechos Digitales por el grupo de expertos.

- Una segunda consulta pública, desde la tenencia en consideración del documento elaborado por el grupo de expertos[463], desde el 17 de noviembre al 4 de diciembre del 2020, que sería ampliada hasta el 20 de enero de 2021 debido al interés que despertó en la sociedad, con más de 200 propuestas.

El grupo de expertos, además, se encontró liderado por el jurista de la Cuadra-Salcedo Fernández del Castillo, y en su seno se constituirían 5 grupos de trabajo a los que podrían pertenecer indistintamente los 18 expertos: grupo de marco general y contexto, a cuyo frente se encontraba Ricard Martínez y que tratada de reflexionar sobre el sentido de la Carta; grupo de consideraciones éticas, liderado por Manuela Battaglini; grupo de medidas legislativas y políticas públicas, presidido por Susana de la Sierra; grupo sobre propuesta sistemática de derechos, incluyendo fundamento y redacción en relación con Administraciones públicas, ámbitos civil y laboral, educación y seguridad, medios de comunicación y redes sociales, a cuyo frente se encontraba Borja Adsuara; y finalmente, el grupo encargado de los mecanismos de tutela y garantías, liderado por Moisés Barrio, que se centraría en la protección de los derechos, en los mecanismos de tutela y reparación[464].

El 14 de julio de 2021 tendría lugar la presentación de la Carta de Derechos Digitales.

---

2. ¿Qué consideraciones éticas cree que se deberían valorar en relación con la sociedad digital?
3. ¿Qué medidas legislativas o políticas públicas propondría?
4. ¿Qué derechos en concreto considera que se deberían incluir o ampliar?

Como posibilidades de respuesta se sugiere abordarlo desde uno o varios de los siguientes puntos de vista:

a) Sectorial (ámbito laboral, administrativo, financiero, educativo, cultural, privacidad, etc.),
b) Reflejo de las nuevas realidades tecnológicas como la inteligencia artificial o el big data.
c) En relación con las personas destinatarias, en particular los colectivos potencialmente vulnerables y las diferentes brechas (digital, de género…) que padece la sociedad.
d) Medios de comunicación y redes sociales.

5. ¿En qué ámbitos se debería profundizar e incidir para garantizar que los derechos de los que se disfruta fuera de línea sean también respetados en línea?

463 Acceso al documento de consulta pública disponible en el sitio web del Ministerio de Asuntos Económicos y Transformación Digital: <https://portal.mineco.gob.es/RecursosArticulo/mineco/ministerio/participacion_publica/audiencia/ficheros/SEDIACartaDerechosDigitales.pdf>. [Consulta: 13/06/2023.]

464 Tal y como el propio autor nos relata: BARRIO ANDRÉS, M., *Los Derechos Digitales y su Regulación en España, la Unión Europea e Iberoamérica*, Colex, A Coruña, 2023, p. 59.

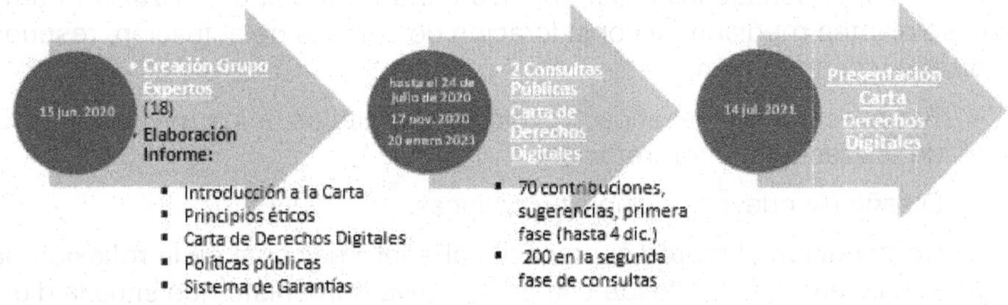

El valor de la Carta de Derechos Digitales:

La Carta no es una norma jurídica, en este sentido, no añadiría nuevas obligaciones y, por ello, sus previsiones carecen de valor normativo, su contenido es más bien de tipo ético. Si bien es cierto que, prevé nuevos derechos e /o interpretaciones respecto a la ya mencionada Ley Orgánica 3/2018 de Protección de Datos y garantía de derechos digitales (*Tol 6.933.570*), que podríamos considerar como punto de partida de la propia Carta.

Además, pretende resaltar el impacto y las consecuencias que los escenarios digitales plantean para la efectividad de los derechos y libertades, sugiriendo algunas pautas de actuación, aplicación e interpretación de los derechos en el presente y en el futuro.

Pero quizá es el aporte al humanismo tecnológico el mayor valor de la Carta, de este modo, la persona es el centro y los intereses tecnológicos y económicos pasan a un plano secundario.

La Carta, pretende el reconocimiento de los nuevos derechos digitales (desde la consideración de la Ley Orgánica 3/2018), y la interpretación de estos (a la luz de los principios que la inspiran), se marca un triple objetivo, descriptivo, prospectivo, asertivo y prescriptivo.

- Descriptivo de los contextos y escenarios digitales susceptibles de generar conflictos entre derechos, valores y bienes.
- Prospectivo al anticipar futuros escenarios que ya pueden predecirse.
- Asertivo al revalidar y legitimar los principios, técnicas y políticas que, desde la cultura de los derechos fundamentales, y prescriptivo al esta-

blecer el deber de aplicación en los entornos y espacios tecnológico-digitales presentes y futuros.

En suma, la consecución del objetivo central de una digitalización humanista se plantea mediante la consideración de 3 líneas de actuación, respuesta, diseño y contribución.

- Respuesta a los desafíos tecnológicos-digitales, a los novísimos retos de aplicación e interpretación.
- Diseño de nuevos principios y políticas.
- Contribución al marco supranacional e internacional en la reflexión del ecosistema digital desde esa perspectiva humanista que sitúa la dignidad personal en el centro del desarrollo.

Barrio Andrés[465], uno de los integrantes del grupo de expertos, establece que 5 son las finalidades de la Carta:

- Un documento de reflexión sobre derechos vigentes y los nuevos a reconocer.
- Un documento prelegislativo para la actualización del título X de la ya mencionada Ley Orgánica 3/2018.
- Un instrumento que sirve de impulso a las políticas públicas digitales.
- Un instrumento interpretativo útil de conceptos difusos para la legislación vigente.
- Una herramienta que fomenta códigos de conducta en el ámbito privado inspirados en los principios del texto.

Con todo ello, el resultado es la positivización de 26 derechos completados con otros dos preceptos que contienen las garantías y eficacia de derechos digitales, y que se articulan en torno a las siguientes 6 categorías:

- I Derechos de libertad: tratan de proteger a las personas en el entorno digital partiendo de la garantía de la dignidad personal (art. 10 CE), los derechos fundamentales la no discriminación el libre desarrollo de la personalidad y el bien común, que se instituyen como los pilares sobre los que ha de constituirse el ecosistema tecnológico- digital. En este apartado están recogidos: derechos y libertades en el entorno digital; derecho a la identidad en el entorno digital; derecho a la Protección de Datos; derecho al pseudonimato; derecho de la persona no ser locali-

465 BARRIO ANDRÉS, M.: «Conferencia del Colegio Notarial de Madrid, 16 de diciembre de 2022» [en línea], (2022), <https://www.youtube.com/watch?v=JB78uvMil9A>. [Consulta: 13/06/2023.]

zada y perfilada; derecho a la ciberseguridad y el derecho a la herencia digital.

- II Derechos de igualdad: parte de la lucha contra las distintas brechas digitales que se encargan de la protección de los colectivos más vulnerables entre los que se encuentran menores personas con diversidad funcional o mayores. Igualmente se recogen los concretos derechos que facilitan el acceso y la accesibilidad al entorno tecnológico-digital. En este apartado encontramos el derecho a la igualdad y a la no discriminación en el entorno digital; el derecho de acceso a Internet, que analizaremos a continuación; la protección de las personas menores de edad en el entorno digital; la accesibilidad universal en el entorno digital y las brechas de acceso al entorno digital.
- III Derechos de participación y conformación del espacio público: entendiendo que se produce una bidireccionalidad espacio analógico y digital, encontramos, quizá no de forma acertada, la piedra central ecosistema cuál es la neutralidad, principio que se constituye en un derecho. Así mismo, se recogen derechos digitales de la ciudadanía en sus relaciones con las distintas administraciones públicas, cobrando importancia la transparencia la rendición de cuentas y la publicidad. Los concretos derechos que contiene este apartado son: derecho a la neutralidad de Internet; libertad de expresión y libertad de información; derecho a recibir libremente información veraz; derecho a la participación ciudadana por medios digitales; derecho a la educación digital y derechos digitales de la ciudadanía en sus relaciones con las Administraciones Públicas.
- IV Derechos del entorno laboral y empresarial: en este punto encontramos los importantes derechos a la desconexión digital o la protección de la intimidad en el ámbito laboral la libertad empresarial que se recoge en dos apartados, derechos en el ámbito laboral y la empresa en el entorno digital.
- V Derechos digitales en entornos específicos: en este apartado se especifican algunos entornos relevantes al ámbito tecnológico como son el ámbito de la investigación la inteligencia artificial o sanitario. Concretamente encontramos el derecho de acceso a datos con fines de archivo en interés público, fines de investigación científica o histórica, fines estadísticos, y fines de innovación y desarrollo; el derecho a un desarrollo tecnológico y a un entorno digital sostenible; el derecho a la protección de la salud en el entorno digital; la libertad de creación y el derecho de acceso a la cultura en el entorno digital; derechos ante la inteligencia artificial; y, derechos digitales en el empleo de las neuro tecnologías.

- VI Garantía y eficacia de los derechos digitales: atendemos a una cláusula de cierre de los 5 primeros apartados. Observamos el derecho a la tutela administrativa y judicial de los derechos en los entornos digitales de acuerdo con lo dispuesto en la vigente legislación, la promoción de mecanismos de autorregulación, el control propio y procedimientos de resolución alternativa de conflictos, que se complementarán con las medidas que en su momento tome el Gobierno en el marco de sus competencias para garantizar la efectividad de la Carta. De este modo, el apartado se divide en: la garantía de los derechos en entornos digitales y la eficacia.

Con lo dicho hasta el momento, podemos asegurar que la Carta de Derechos Digitales sitúa a España a la vanguardia del reconocimiento de los derechos digitales respondiendo, en cierto modo, a esa cláusula de progreso del siglo XXI, ante una sociedad que, si no es digital, se digitaliza.

Si bien, la Carta está sujeta y se entiende sin perjuicio del ordenamiento jurídico vigente, en particular en materia de derechos, cuyas disposiciones serán de aplicación, incluyendo en particular lo establecido por leyes como: la Ley Orgánica 3/2018, de 5 de diciembre, de Protección de Datos Personales y garantía de los derechos digitales (*Tol 6.933.570*); el Real Decreto-ley 28/2020, de 22 de septiembre, de trabajo a distancia (*Tol 8.080.109*); la Ley Orgánica 1/1982, de 5 de mayo, de protección civil del derecho al honor, a la intimidad personal y familiar y a la propia imagen (*Tol 585.549*); la Ley Orgánica 2/1984, de 26 de marzo, reguladora del derecho de rectificación (*Tol 5.905*); Ley 34/2002, de 11 de julio, de servicios de la sociedad de la información y de comercio electrónico (*Tol 164.416*); Ley 11/2022, de 28 de junio, General de Telecomunicaciones (*Tol 9.093.453*); la Ley 13/2022, de 7 de julio, General de Comunicación Audiovisual (*Tol 9.105.579*); o la Ley 10/2021, de 9 de julio, de trabajo a distancia (*Tol 8.501.333*).

Con ello podemos advertir como influye en la producción normativa y en la implementación de políticas públicas, más allá de precisar un verdadero desarrollo del conjunto del sistema de garantías.

Sistema de garantías que en la carta se prevé dual: "autorregulación regulada" y "garantías extrajudiciales o parajurisdicionales de la Administración", tal y como sostiene Barrio Andrés[466]. La autorregulación regulada, se establece como una posibilidad en el que se asuma cierto autocontrol, sin que exista un único tipo o sistema, sino que se parte de la experiencia adquirida en otros sectores o ámbitos como en consumo o competencia, en la que estarían presentes desde la elaboración de estándares o nomas por autoridades de cer-

---

466 BARRIO ANDRÉS, M., *Los Derechos Digitales y su Regulación en España, la Unión Europea e Iberoamérica, op. cit.*

tificación al estilo de las ISO; hasta normas o autodeclaraciones voluntarias de cumplimiento tipo códigos de conducta. En todo caso "la autorregulación no puede suponer que el sector privado asuma tareas que pueden poner en riesgo los derechos fundamentales, sin ningún tipo de control jurisdiccional y en ocasiones sin ningún tipo de procedimiento identificación de responsables"[467]. Por su parte la segunda modalidad, las garantías extrajudiciales, suponen la presencia de la Administración, quien ejerce funciones de tutela de derechos fundamentales, a semejanza de lo que ocurre en sectores como el de las telecomunicaciones o eléctrico, y que podría tener como beneficio la "rapidez en las resoluciones y la tenacidad en las mismas siempre que se cumplan tres condiciones: a) la existencia de un proceso establecido en la ley para solucionar el conflicto, b) el posterior control de dichas decisiones por autoridad judicial y c) que la competencia parajurisdiccional atribuida por la ley sea compatible, desde el punto de vista sustantivo, con el campo de autoridad administrativa, atendiendo al principio de especialidad"[468].

La Carta como referente sirve de inspiración a otras cartas de derechos y principios, sirvan por todas la Declaración Europea sobre los Derechos y Principios Digitales para la Década Digital y la Carta Iberoamericana de Principios y Derechos en los Entornos Digitales[469], y es un documento a tener en cuenta para la futura interpretación o normación de derechos y libertades en el entorno digital, al darnos un conjunto de directrices que podrán ser tenidas en cuenta sin perjuicio de las propias concreciones dispuestas en el ordenamiento jurídico. Es coetánea de otras Cartas de derechos digitales como la italiana o la portuguesa[470].

En suma, la Carta de Derechos Digitales española se complementa con la Declaración sobre los Derechos y Principios Digitales para la Década Digital de la Unión Europea, propuesta por la Comisión Europea en enero del 2022 y firmada en diciembre del mismo año por el resto de correguladores de la Unión: Parlamento Europeo y el Consejo, a quien, como hemos apuntado

---

467 *Ibidem.*, p.104.

468 *Ibidem.*, p.105.

469 A este respecto, es interesante conocer el punto de encuentro de estas tres normas declarativas, el proyecto europeo Global Gateway: una nueva estrategia europea para impulsar vínculos inteligentes, limpios y seguros en los sectores digital, energético y del transporte, así como para potenciar los sistemas de salud, educación e investigación en todo el mundo. Esta se desarrollará hasta el año 2027 movilizarán hasta 300 000 millones de euros en inversiones para proyectos sostenibles y de alta calidad, teniendo en cuenta las necesidades de los países socios y garantizando beneficios duraderos para las comunidades locales. Esta iniciativa contribuirá a que los socios de la UE desarrollen sus sociedades y economías, pero además creará oportunidades para que el sector privado de los Estados miembros de la UE invierta y siga siendo competitivo.

470 Lei n.º 27/2021. Carta Portuguesa de Direitos Humanos na Era Digital.

unas líneas más arriba, sirve de inspiración o referencia a la normativa europea, a las estrategias y proyectos[471].

La Declaración Europea sobre los Derechos y Principios Digitales para la Década Digital se articula en torno a seis capítulos[472] que, al igual que la Carta española, tratan de situar a las personas en el centro de la transformación digital, pretende conseguir un humanismo tecnológico frente al mercado; se fija como objetivo promover la solidaridad y la inclusión en entornos digitales, garantizar la libertad de elección, incentivar la participación en el espacio público digital, y basar la actividad digital en valores de sostenibilidad, seguridad, protección y empoderamiento, así como en los valores europeos[473].

Respecto al derecho de acceso a Internet cabe señalar que en la Declaración Europea lo recoge en el capítulo II relativo a la solidaridad e inclusión donde se establecen la conectividad, un Internet asequible y de alta velocidad, y en el que se recogen la educación y las competencias digitales; también lo vemos en el capítulo IV relativo a la participación en el espacio público digital;

---

471 Declaración Europea sobre los Derechos y Principios Digitales para la Década Digital.» [en línea], (2022), <https://digital-strategy.ec.europa.eu/en/library/declaration-european-digital-rights-and-principles>. [Consulta: 13/06/2023.]

472 Los 6 capítulos son: transformación digital centrada en las personas; solidaridad e inclusión; libertad de elección; participación en el espacio público digital; seguridad, protección y empoderamiento; y sostenibilidad. En ellos se incluyen diversos derechos en torno a: conectividad; educación, formación y capacidades digitales; entorno digital justo, protegido y seguro, etc. A este respecto Barrio Andrés (2023:85) critica que estos Derechos no se "recalibran ni actualizan", "ni se les dota de una nueva dimensión digital particular", cosa que sí ocurre en la Carta española, sostiene que "no añade ningún avance sustantivo para reconocer nuevos derechos en el espacio digital y no cambia el régimen actual de la UE desde una perspectiva jurídica", quizá ello se debe a que no se basa en los Tratados.

473 Valores y principios que han sido previamente recogidos en otras normas, declaraciones, o recomendaciones que tratan temas digitales como puedan ser:
«Declaración Ministerial de Tallin 2017 sobre administración electrónica: Aceleración de la transformación digital de los gobiernos de la UE: el Plan de Acción 2016-2020» [en línea], (2016),
<https://eur-lex.europa.eu/ES/legal-content/summary/accelerating-the-digital-transformation-of-governments-in-the-eu-2016-2020-action-plan.html>. [Consulta: 3/06/2023.];
«Declaración sobre el futuro de Internet» [en línea], (2022),
<https://ec.europa.eu/commission/presscorner/detail/es/ip_22_2695>. [Consulta: 3/06/2023.]
«Declaración de Berlín sobre la sociedad digital y el gobierno digital basado en valores» [en línea], (2023),
<https://eur-lex.europa.eu/legal-content/ES/TXT/HTML/?uri=CELEX:32023C0123(01)&from=EN>. [Consulta: 3/06/2023.];
«Declaración de Lisboa: democracia digital con propósito, (2023/C 23/01)» [en línea], (2023),
<https://eur-lex.europa.eu/legal-content/ES/TXT/PDF/?uri=CELEX:32023C0123(01)&from=EN>. [Consulta: 3/06/2023.]

o en el capítulo V relativo a la seguridad, a la protección y al empoderamiento, conforme a lo estudiado.

De igual forma, la Carta de los Derechos Digitales española se complementa con la Carta Iberoamericana de Principios y Derechos en los Entornos Digitales[474]. Se trata de una Carta redactada con la presencia de 22 países, entre los que se encuentra España. Aprobada en la XXVIII Cumbre de Jefes de Estado y de Gobierno de 25 de marzo de 2023, bajo el lema "Juntos hacia una Iberoamérica justa y sostenible". Los trabajos para su materialización se han ido realizando durante 5 meses, tiempo en el cual se convocó a 80 funcionarios de los 22 países y en el que hubo un intercambio por parte de 11 reparticiones/secciones de gobierno distintas. Fueron 140 días de trabajo con ocho reuniones, una presencial, el resto virtuales, y se procesaron más de mil aportaciones.

La Carta iberoamericana tiene un carácter declarativo, al igual que ocurre con la Carta española y la Declaración europea, es un instrumento de adhesión voluntaria y no vinculante (no es un tratado que genera consecuencias jurídicas a Estados), su objeto es promover estándares y principios para ser tenidos en cuenta a la hora de adecuar y/o diseñar marcos legislativos y en el diseño e implementación de políticas públicas en entornos digitales. Al igual que la Carta española y la Declaración europea trata de posicionar a la persona en el centro del ecosistema tecnológico-digital. En ella se establece el posicionamiento común en materia tecnológica digital y se estima que será una Carta similar a la Cultural Iberoamericana[475].

La diferencia fundamental respecto a la Carta española está, ante todo, en la estructura ad hoc, novedosa: comienza con una introducción a la que le siguen 10 capítulos temáticos que se dividen en tres apartados: 1 descripción de problema, 2 posicionamiento de la región, 3 compromisos respecto al bloque temático. Los capítulos concretos son: 1. Centralidad de la persona. Derechos y deberes en entornos digitales; 2. Inclusión digital y conectividad; 3. Privacidad, confianza, seguridad de datos y ciberseguridad; 4. Acceso pleno a la educación, la cultura y la salud en entornos digitales inclusivos y seguros; 5. Especial atención a niñas, niños y adolescentes; 6. Participación social, económica y política en entornos digitales justos y sostenibles; 7. Administración pública digital; 8. Economía digital justa, inclusiva, y segura; 9. Un abordaje

---

474 «Carta Iberoamericana de Principios y Derechos en los Entornos Digitales» [en línea], (2023), <https://www.segib.org/wp-content/uploads/Carta-Iberoamericana-de-Principios-y-Derechos-en-los-Entornos-Digitales_Es.pdf>. [Consulta: 3/06/2023.]

475 «Carta Cultural Iberoamericana, 2006» [en línea], (2006), <https://oei.int/oficinas/secretaria-general/carta-cultural-iberoamericana/la-carta-cultural-iberoamericana>. [Consulta: 3/06/2023.]

de tecnologías emergentes que no renuncie a la centralidad de las personas; y 10. Asistencia y cooperación iberoamericana para la transformación digital.

En lo referente al derecho de acceso a Internet hemos de comenzar señalando que la Carta iberoamericana se refiere mayoritariamente a este como conectividad y lo relaciona estrechamente con las brechas digitales, sobresaliendo la mención a los colectivos vulnerables. Concretamente, podemos encontrarlo en el capítulo 2 "Inclusión digital y conectividad". La Carta trata de conseguir una conectividad digital significativa, universal y de calidad, motivo por el cual "debe ser un objetivo de las políticas públicas" de la región.

El capítulo 2 parte de considerar, no sólo las oportunidades sino, también, los riesgos de la transformación digital: "amenaza con replicar o reforzar exclusiones y desigualdades preexistentes y crear nuevas brechas". Por este motivo se detiene en la mención de brechas digitales tales como las que afectan a grupos más vulnerables, mujeres, la brecha etaria o la territorial. A las que trata de combatir con entornos digitales inclusivos, abiertos y centrados en el ser humano; políticas, estrategias y programas de inclusión digital; con el impulso del acceso a servicios de conectividad en condiciones no discriminatorias, asequibles y de calidad para toda la población; con el fomento de la transferencia de tecnología mediante la asistencia y cooperación técnica y financiera, así como la creación de capacidades científicas y tecnológicas para colmar la brecha digital y del desarrollo; o con el fomento del despliegue de redes móviles de nueva generación mediante planes, iniciativas y estrategias en el espacio iberoamericano que fortalezcan infraestructuras digitales y la integración de los países de la región, especialmente mediante el despliegue de redes de fibra óptica, la promoción de la conectividad, el establecimiento de puntos de intercambio de tráfico de Internet, en estricta observancia de los estándares y las recomendaciones internacionales y teniendo en cuenta los diferentes niveles de preparación de los países, así como sus legislaciones nacionales.

Con todo lo anterior será la materialización de estas Cartas en políticas públicas y su influencia en las diferentes normas las que perfeccionen el derecho de acceso a Internet que nos encontramos estudiando.

El Derecho de acceso a Internet en la Carta de Derechos Digitales: la corrección y el complemento de la Ley Orgánica 3/2018

La Carta de Derechos Digitales española se inicia considerando a la red de Internet como una parte del ecosistema tecnológico-digital importante pero no única en su interrelación con los derechos fundamentales: "la progresiva generalización de estas tecnologías y de los espacios digitales de comunicación e interrelación que ellas abren dan lugar a nuevos escenarios, contextos y conflictos que deben resolverse mediante la adaptación de los derechos y la interpretación sistemática del Ordenamiento en aras de la protección de los valores y bienes constitucionales y de la seguridad jurídica de la ciudadanía, operadores económicos y Administraciones públicas en sus respectivos ámbitos competenciales. Situaciones y escenarios que se crean con y que no se limitan a Internet que, por importante que sea, no agota ni condensa por sí misma todo el alcance y dimensiones del entorno y el espacio digital o ecosistema digital".

Tras ello, la siguiente referencia que podemos ver al derecho que nos ocupa sería la relativa a la cara b del derecho de acceso a Internet, la ciberseguridad. La ciberseguridad, al igual que ocurría en la Ley orgánica 3/2018 (*Tol 6.933.570*), tiene una entidad propia, se conforma como un derecho de libertad en el apartado VI[476], que se inicia centrándose en la seguridad de la información, y que, acertadamente, concluye apuntado la necesidad de crear una cultura de ciberseguridad.

Esa cultura de ciberseguridad que, como hemos apuntado, es entendida como "el conocimiento y la sensibilidad de la sociedad, en general y de cada persona en particular, de los riesgos y amenazas susceptibles de comprometerla, del esfuerzo de los actores y organismos implicados en su salvaguarda y la corresponsabilidad de todos en las medidas de anticipación, prevención, detección, protección, resistencia, colaboración y recuperación respecto a dichos riesgos y amenazas", y que "constituye uno de los ejes centrales para alcanzar una sociedad más conocedora de las amenazas y desafíos a los que se enfrenta, atendiendo al derecho a disfrutar de un uso seguro y fiable del ciberespacio y a la obligación de contribuir a que así sea"[477].

Podemos afirmar, por lo tanto, que esta Carta corrige o complementa a la Ley Orgánica 3/2018 (*Tol 6.933.570*), que no prestaba suficiente atención a esa vertiente social, que se centraba quizá en una mayor medida en la ciberseguridad que implica a las administraciones, empresas, y que ha hecho que

---

476 "VI Derecho a la ciberseguridad:
1. Conforme al ordenamiento jurídico, toda persona tiene derecho a que los sistemas digitales de información que utilice para su actividad personal, profesional o social, o que traten sus datos o le presten servicios, posean las medidas de seguridad adecuadas que permitan garantizar la integridad, confidencialidad, disponibilidad, resiliencia y autenticidad de la información tratada y la disponibilidad de los servicios prestados. 2. Los poderes públicos, de conformidad con la regulación europea y nacional, velarán para que las garantías expresadas en el número anterior sean satisfechas por todos los sistemas de información, ya sean de titularidad pública o privada, proporcionalmente a los riesgos a los que estén expuestos. A tal efecto podrán contar con la colaboración de la sociedad civil. 3. Los poderes públicos promoverán la sensibilización y formación en materia de ciberseguridad de toda la sociedad e impulsarán mecanismos de certificación".

477 Como se establece en el «Informe del Foro Nacional de Ciberseguridad, Motor de la Colaboración Público-Privada» [en línea], (2021), https://www.dsn.gob.es/es/documento/foro-nacional-ciberseguridad-motor-colaboraci%C3%B3n-p%C3%BAblico-privada>. [Consulta: 3/06/2023.]

ocupemos las primeras posiciones mundiales en cuanto a ciberseguridad a la par que ha supuesto que las competencias de los ciudadanos españoles en esta faceta necesitasen mejorar considerablemente. Además de aproximarse explícitamente al ámbito supranacional y de mostrar la necesaria colaboración público-privada y con la sociedad para responder a los desafíos o conseguir garantizar esta seguridad de una forma integral.

A estos efectos recordamos que el Global Cybersecurity Index 2020 otorga el 4° puesto mundial a España[478], que es un referente mundial de ciberseguridad en lo que a administraciones y empresas se refiere, mientras que el Informe del Foro Nacional de Ciberseguridad, Motor de la Colaboración Público-Privada[479] advierte de la necesidad de crear una cultura de ciberseguridad en lo tocante a sus ciudadanos.

Se trataría así de crear esas políticas públicas que enseñen a los ciudadanos a protegerse en el ecosistema digital. Cultura de ciberseguridad que puede ir desde la concienciación en los peligros que supone publicar determinados datos consciente o inconscientemente en una red social, de admitir a personas que no conocemos en las redes sociales, hasta señalar los riesgos que entraña no tener un antivirus o copias de seguridad en los dispositivos o el conectarnos a las redes abiertas, etc.[480].

Esa cultura de ciberseguridad que recoge el aparatado VI.3 de la Carta de Derechos Digitales, es desarrollada por el Foro Nacional de Ciberseguridad al proponer llevar a cabo las siguientes actuaciones: incrementar las campañas de concienciación; potenciar la corresponsabilidad y obligaciones de la sociedad en la ciberseguridad nacional; impulsar iniciativas y planes de alfabetización digital en ciberseguridad; promover la difusión de la cultura de la ciberseguridad como una buena práctica empresarial y reconocer la implicación de las empresas en la mejora de la ciberseguridad colectiva como responsabilidad corporativa; promover un espíritu crítico en favor de una información veraz y de calidad y que contribuya a la identificación de las noticias falsas y la desinformación; concienciar a directivos de organizaciones a los efectos de que habiliten los recursos necesarios y promuevan los proyectos de ciberseguridad que sus entidades puedan necesitar; promover la concienciación y formación en ciberseguridad en los centros de enseñanza adaptada a todos lo nivel de formación y especialidades; buscar y reconocer la colaboración y participación

---

478 «Global Cybersecurity Index 2020» [en línea], (2020), <https://www.itu.int/en/ITU-D/Cybersecurity/Pages/global-cybersecurity-index.aspx>. [Consulta: 3/06/2023.]

479 Informe del Foro Nacional de Ciberseguridad, Motor de la Colaboración Público-Privada, *cit.*

480 Ello se pone de manifiesto por: el CCN-Cert, Principios y recomendaciones básicas en Ciberseguridad BP/01, 2021; y por ENISA_Cybersecurity education initiatives in the EU Member States, 2022.

de medios de comunicación para lograr un mayor alcance en las campañas dirigidas a ciudadanos y menores de edad. E implementada por la Oficina de Seguridad del internauta del Instituto Nacional de Ciberseguridad-Incibe.

Continuando con la lectura de la Carta en la sección dedicada a los derechos de igualdad vemos varias referencias, directas e indirectas, al derecho de acceso a Internet y a las tecnologías.

Así, si hemos partido de considerar el derecho de acceso como un derecho de igualdad el apartado VIII de la Carta, que contiene el "Derecho a la igualdad y a la no discriminación en el entorno digital", y el apartado IX, que de forma exprese recoge el "Derecho de acceso a Internet"[481], en el apartado X "Protección de las personas menores de edad en el entorno digital" prestando atención a la garantía de que los menores hagan un uso equilibrado y responsable, se plantea un seguro en el acceso al ecosistema de Internet en tanto a la implementación de procedimientos para la verificación de la edad y a la necesidad de realizar un estudio del impacto en el desarrollo de la personalidad de personas menores derivado del acceso a entornos digitales, así como a contenidos nocivos o peligrosos, estamos aquí en la vertiente de los contenidos que configuran nuestro derecho (de modo similar a los artículos 84 y 92 de la Ley Orgánica 3/2018). Finalmente, esta sección se cierra con el apartado XI "Accesibilidad universal en el entorno digital" centrado en el acceso y uso a los entornos digitales de las personas con diversidad funcional, a la e-inclusión y el apartado XII "Brechas de acceso al entorno digital"[482] promoviendo la desaparición de cualquier brecha digital de acceso, uso y capacitación, mediante la implementación de políticas específicas dirigidas a los colectivos más afectados por estas.

---

481 "IX Derecho d acceso a Internet. 1. En las condiciones establecidas en la normativa europea y nacional sobre el servicio universal de comunicaciones electrónicas, se promoverá el acceso universal, asequible, de calidad y no discriminatorio a Internet para toda la población. 2. Los poderes públicos podrán impulsar, dentro del orden constitucional de atribución de competencias, políticas dirigidas a garantizar el acceso efectivo de todas las personas a los servicios y oportunidades que ofrecen los entornos digitales en cualquiera de sus dimensiones, garantizarán el derecho a la no exclusión digital y combatirán las brechas digitales en todas sus manifestaciones, atendiendo particularmente a la brecha territorial, así como a las brechas de género, económica, de edad y de discapacidad.

482 Apartado XII "Brechas de acceso al entorno digital 1. Se fomentará y facilitará el acceso de todos los colectivos a los entornos digitales y su uso y la capacitación para el mismo. 2. Se promoverán políticas públicas específicas dirigidas a abordar las brechas de acceso atendiendo a posibles sesgos discriminatorios basados en las diferencias existentes por franjas de edad, nivel de autonomía, grado de capacitación digital o cualquier otra circunstancia personal o social para garantizar la plena ciudadanía digital y participación en los asuntos públicos de todos los colectivos en mayor riesgo de exclusión social, en particular el de personas mayores, así como la utilización del entorno digital en los procesos de envejecimiento activo, los asuntos públicos de todos los colectivos, en particular el de personas mayores, así como la utilización del entorno digital en los procesos de envejecimiento activo".

El derecho de acceso a Internet recogido en la Carta de los Derechos Digitales, apartado IX, es similar al artículo 81 de la Ley Orgánica 3/2018 (*Tol 6.933.570*), en tanto que establece que se promoverá el acceso universal, asequible, de calidad y no discriminatorio a Internet para toda la población, al servicio universal[483]. La Carta recoge un mandato a los poderes públicos de garantizar el acceso efectivo de todas las personas a los servicios y oportunidades que ofrecen los entornos digitales en cualquiera de sus dimensiones, garantizando el derecho a la no exclusión digital y combatiendo las brechas digitales en todas sus manifestaciones, particularmente las brechas: territorial, de género, económica, de edad y de discapacidad (diversidad funcional).

El principio de neutralidad se recoge en la sección dedicada a los derechos de participación y de conformación del espacio público, concretamente en el apartado XIII "Derecho a la neutralidad de Internet"[484]. Si bien, nuevamente, completa o complementa al artículo 80 de la Ley Orgánica 3/2018 (*Tol 6.933.570*), por cuanto se remite a la normativa europea sobre el derecho de acceso a una Internet abierta y a las consideraciones que el principio tiene respecto al trato equitativo y no discriminatorio, conforme a lo ya señalado en el apartado 2.4.1. La crítica en esta ocasión la situamos en el lugar en el que se integra, por considerar más ajustado el que hubiera formado parte de los derechos de igualdad, esencia de tal principio[485].

En esta sección podemos situar el derecho de acceso a Internet en la faceta de los contenidos por cuanto se recoge el apartado XIV "Libertad de expresión y libertad de información"; el XV "Derecho a recibir libremente información veraz", e igualmente encontramos dos apartados que supondrían, como ya hemos apuntado, una de las premisas a la hora de plantear el concre-

---

483 Tal y como sostuve en ÁLVAREZ ROBLES, T., "El derecho de acceso universal a Internet en el marco normativo español: presente y futuro", *Derecho Digital e Innovación*, 7, Wolters Kluwer, 2020.

484 Apartado XIII. "Derecho a la neutralidad de Internet. 1. Se reconoce el derecho de los usuarios a la neutralidad de Internet con plena sujeción al ordenamiento jurídico. 2. Debe ser objetivo prioritario de los poderes públicos garantizar que los proveedores de servicios de acceso a Internet traten el tráfico de datos de manera equitativa sin discriminación, restricción o interferencia, e independientemente del emisor y el receptor, el contenido al que se accede o que se distribuye, las aplicaciones o servicios utilizados o prestados, o el equipo terminal empleado. Lo anterior se entiende sin perjuicio de las excepciones y limitaciones que las expresamente contempladas en la normativa europea sobre el derecho de acceso a una Internet abierta. 3. Con el fin de asegurar a usuarios finales y profesionales condiciones equitativas y transparentes de acceso a contenidos, bienes y servicios, o a la oferta de los mismos, los poderes públicos podrán controlar a los guardianes de acceso o proveedores de servicios de plataformas que por su peso significativo de mercado, sea cual fuere el origen de tal peso, pudieran condicionar dicho acceso, en los términos previstos en la normativa europea".

485 Crítica realizada por FUERTES LÓPEZ, M., "Asentar la neutralidad de la Red en la Carta de Derechos Digitales", *Derecho Digital e Innovación*, 7, Wolters Kluwer, 2020.

to derecho de acceso a Internet por cuanto se relaciona con la participación (art. 9.2 CE) concretamente los aparatados XVI "Derecho a la participación ciudadana por medios digitales" y XVIII "Derechos digitales de la ciudadanía en sus relaciones con las Administraciones Públicas"[486].

En la misma sección advertimos otro de los derechos que hemos señalado como pilares del ecosistema, el derecho a la educación tecnológico-digital, concretamente, en el apartado XVII "Derecho a la educación digital". Se trata de un apartado extenso que recoge con otras palabras gran parte del contenido del artículo 83 de la norma orgánica y que matiza o explica en qué debería contener un plan de estudios adaptado a este ecosistema tecnológico-digital y que podemos resumir como aprendizaje de derechos digitales y uso ético de herramientas digitales; fortalecimiento del pensamiento crítico o la atención a la diversidad[487]. Este apartado concluye con un mandato a los poderes públicos educativos de garantizar el derecho de acceso y uso al ecosistema digital en los siguientes términos "6. El sistema educativo garantizará, conforme a la normativa aplicable, la accesibilidad universal y facilitará el acceso del estudiantado de todos los niveles a dispositivos, materiales y recursos didácticos digitales".

Con lo visto hasta el momento podemos señalar que en España el derecho de acceso a Internet y a las tecnologías se viene implementando, en sus distintas facetas, desde un compromiso con las políticas públicas que se ha trasladado a algunas de las normas legales que se encargan de la materia de telecomunicaciones o del conjunto de derechos digitales, que a su vez es completada por normativa soft, flexible y evolutiva, en este caso por la Carta de Derechos Digitales, tal y como acabamos de exponer.

---

486 Por su importancia nos remitimos a RUBIO NÚÑEZ. R., "La tecnología en el Parlamento durante la crisis del COVID-19", *Revista Cuadernos Manuel Giménez Abad*, 8, 2020, pp.226-236; y a IBARZ MORET, A. Y RUBIO NÚÑEZ, R., *Las redes sociales en la Administración General del Estado, Comunicación, transparencia y gobierno abierto*, Instituto Nacional de Administración Pública- INAP, Madrid, 2019.

487 Apartado XVII. Derecho a la educación digital. "a) El aprendizaje de los derechos digitales y de un uso ético de las herramientas digitales en cuestiones como el uso de datos y el respeto a la privacidad, los derechos de propiedad intelectual o la identificación de información y comportamientos en la red que puedan comprometer su salud o bienestar, su huella digital, o la de terceros. b) Fortalecer el desarrollo de un pensamiento crítico que ayude a distinguir hechos objetivos de meras opiniones sin evidencias, así como a identificar noticias falsas y desinformación y a rechazar estereotipos de género y discriminatorios, discursos de odio o el ciber acoso, prestando especial atención al ciber acoso sexual. c) Fomentar la capacidad de participar en la generación de información de manera activa, creativa y, sobre todo, responsable. d) Atender la diversidad de talentos y de procesos y ritmos de aprendizaje, particularmente aquéllos que presenten necesidades específicas de apoyo educativo".

Si bien es cierto que, no puede apreciarse una consecuencia jurídica directa ante el incumplimiento de los derechos digitales contenidos en la Carta por carecer de naturaleza normativa, sí que se pueden predecir ciertos efectos jurídicos cuando se traten de la reiteración de derechos que ya se encuentran presentes o previstos en algunas normas como ocurre con nuestro derecho de acceso a Internet, pensemos por ejemplo en la Ley Orgánica 3/2018, de 5 de diciembre, de Protección de Datos Personales y garantía de los derechos digitales (*Tol 6.933.570*) o en la Ley 11/2022, de 28 de junio, General de Telecomunicaciones[488] (*Tol 9.093.453*).

En otras palabras, en España se encuentra presente un conjunto de garantías institucionales y normativas que hacen que advirtamos, como hemos apuntado, un teórico derecho de acceso a Internet, un derecho prestacional, y que no está expresamente recogido en el texto constitucional. A diferencia de lo que puede ocurrir con otros países como puede ser México, que teniendo recogido en su Constitución el derecho a las tecnologías, a Internet, sin embargo, carece de su efectiva implementación a través de estas políticas públicas. Se demuestra así la importancia que estas garantías institucionales y normativas tienen en la efectiva garantía del derecho que nos ocupa a la par que se reivindica la necesidad de unas verdaderas garantías jurídicas[489].

---

488 Junto a ellas recordamos otra normativa a la que se alude y que ha sido actualizada con posterioridad a la publicación de la Carta: el Real Decreto-ley 28/2020, de 22 de septiembre, de trabajo a distancia (*Tol 8.080.109*); la Ley Orgánica 1/1982, de 5 de mayo, de protección civil del derecho al honor, a la intimidad personal y familiar y a la propia imagen (*Tol 585.549*); la Ley Orgánica 2/1984, de 26 de marzo, reguladora del derecho de rectificación (*Tol 5.905*); Ley 34/2002, de 11 de julio, de servicios de la sociedad de la información y de comercio electrónico (*Tol 164.416*); la Ley 13/2022, de 7 de julio, General de Comunicación Audiovisual (*Tol 9.105.579*); o la Ley 10/2021, de 9 de julio, de trabajo a distancia (*Tol 8.501.333*).

489 Compartimos por tanto las tesis de Barrio Andrés "hay que seguir avanzando en las garantías jurídicas. Creo que tenemos que ir dando los pasos para crear una nueva jurisdicción para los asuntos digitales. Esto ya ha sucedido antes en otros momentos de la historia: por ejemplo, con el orden jurisdiccional social, para proteger a los trabajadores, y en otros países hay más órdenes jurisdiccionales, ya sea para proteger a los menores, los especializados en temas tributarios, etc. No olvidemos que los Tribunales actuales están pensados para la era analógica, no la digital, y trabajan con procedimientos, medios y plazos pensados para ese mundo. Por eso, esta nueva jurisdicción se diseñaría desde cero, con un nuevo paradigma procesal, y resolvería en horas o en días, no en meses o años". Newtral, 19 julio 2021.

3.3. PROPUESTA *LEGE FERENDA* ANTE LA INCORPORACIÓN DEL DERECHO DE ACCESO A INTERNET (CIBERESPACIO) EN EL TEXTO CONSTITUCIONAL

El derecho de acceso a Internet y a las tecnologías que lo posibilitan es un derecho de igualdad, constituye una condición previa para asegurar el disfrute de otros derechos que, como la educación, el empleo, la libertad de expresión, la libertad de información, sanidad, etc. se encuentran intrínsecamente relacionados con la dignidad de la persona. De este modo, dada su importancia como facilitador de derechos, libertades y principios y no únicamente desde su tradicional visión conflictiva con los mismos, se precisa de una nueva condición para que no sea regulado sólo y exclusivamente como un medio, sino también, como un ámbito[490].

Lo estudiado hasta el momento nos lleva a afirmar lo evidente: no existe en el texto constitucional un precepto que recoja expresamente el derecho de acceso a Internet y a las tecnologías de la información de la comunicación; el Tribunal Constitucional español no se ha pronunciado, hasta el momento, confirmando un derecho fundamental de configuración legal al acceso a Internet y a las tecnologías que lo posibilitan, conforme a la teoría de materias conexas (desde su posible vinculación con los artículos 18.4; 20.1 o 27 CE y en consideración de la mencionada Ley 11/2022, de 28 de junio, General de Telecomunicaciones); tampoco se prevé su recepción al ordenamiento nacional español de algún tratado internacional o norma supranacional por la vía del 10.2 CE en el corto plazo.

Será, por tanto, la relación de una pluralidad de preceptos constitucionales, previamente expuestos (participación; protección de datos, libertad de expresión, libertad de información, libertad de comunicación, educación, etc.) la que configure, en un primer momento, la concreta manifestación jurídica del derecho que nos ocupa, su marco constitucional. En otras palabras, la normativa que configura el derecho de acceso a Internet es la que desarrolla los preceptos constitucionales que se relacionan, preeminentemente, con la infraestructura (arts. 149.1. 1ª, 13ª y 21ª CE), con el contenido (arts. 20. 1.a y 2

---

490 "No solo advertimos una herramienta sino un ámbito en el cual se desenvuelve la sociedad, sociedad digital. Cierto es que ello pudiera no ser igualmente entendido en cuanto a los denominados «migrantes digitales/tecnológicos», en oposición a los «nativos», quienes en la relativización de tal circunstancia no entienden o no valoran de igual modo la consideración de Internet a la luz del acceso universal constitucionalizado". ÁLVAREZ ROBLES, T., "Derechos digitales: especial interés en los derechos de acceso a Internet y a la ciberseguridad como derechos constitucionales sustantivos", en *Juventud y constitución: un estudio de la Constitución española por los jóvenes en su cuarenta aniversario*, Fundación Manuel Giménez Abad de Estudios Parlamentarios y del Estado Autonómico, Zaragoza, 2018, p. 144.

CE), con la capacitación o educación digitales (art. 27 CE) o con la seguridad (arts. 8, 17, 18 y 104 CE).

Para su regulación y limitación, servirán de parámetro constitucional distintas leyes ya estudiadas: la Ley Orgánica 3/2018, de 5 de diciembre, de Protección de Datos Personales y garantía de los derechos digitales (*Tol 6.933.570*), y la Ley 11/2022, de 28 de junio, Ley General de Telecomunicaciones (*Tol 9.093.453*), a las que se agregará, como documento paralegislativo e interpretativo por carecer de carácter vinculante, la Carta de los Derechos Digitales y que serían completadas o apoyadas con las garantías institucionales y económicas aludidas en el apartado de las políticas públicas (estrategias y planes).

Recordemos, además, que en cuanto a la infraestructura y el servicio universal de Internet debemos partir de la previa Ley 9/2014 General de Telecomunicaciones (*Tol 4.257.160*) donde se articulaba Internet como un servicio de interés general (art 2.1) y como un servicio universal, (arts. 25 a 27), estableciendo el derecho instrumental, prestacional, de acceso al servicio de Internet. Por cuanto se mantiene en la actual redacción de la Ley 11/2022, de 28 de junio, General de Telecomunicaciones (*Tol 9.093.453*) que recoge por vez primera el contenido mínimo esencial del servicio adecuado a Internet de banda ancha (Anexo III): correo electrónico; motores de búsqueda que permita la búsqueda y obtención de información de todo tipo; herramientas básicas de formación y educación en línea; prensa y noticias en línea; adquisición o encargo de bienes o servicios en línea; búsqueda de empleo y herramientas para la búsqueda de empleo; establecimiento de redes profesionales; banca por Internet; utilización de servicios de administración electrónica; redes sociales y mensajería instantánea; llamadas telefónicas y videollamadas (calidad estándar). Servicio que deberá ofrecerse a una velocidad mínima de 100 Mbit por segundo, a unos precios asequibles para los ciudadanos, con independencia de su localización geográfica, en aras de impulsar la cohesión social y territorial mediante el despliegue de las más modernas redes de telecomunicaciones que posibilite el acceso de los ciudadanos a los más diversos y necesarios servicios, cada vez más básicos y esenciales, que se prestan a través de estas redes, (disposición adicional trigésima).

Por su parte, en la Ley Orgánica 3/2018 (*Tol 6.933.570*) referimos un cambio sustancial orientado a la sustantivación de este derecho. Se recoge el derecho de acceso a Internet en varios de sus preceptos del Título X "garantía de Derechos digitales": en el artículo 79 se contiene la garantía de los derechos y libertades consagrados en la Constitución y en los Tratados y Convenios suscritos por España en el ámbito de Internet; el artículo 80 recoge el derecho a la neutralidad de Internet; mientras que el artículo 81 se encarga del concreto derecho de acceso universal a Internet. Estos preceptos habrán de ser completados con los relativos a la educación digital (art.83), a la seguridad digital (art.82), con la implementación de las políticas públicas que los desarrollan (art. 97)

Mientras que el Real Decreto-Ley 8/2020 (*Tol 7.822.864*), recoge el mantenimiento de los servicios de comunicaciones electrónicas y la conectividad de banda ancha durante el estado de alarma, de forma que los proveedores de servicios de Internet no podían suspenderlo o interrumpirlo por razones distintas a la integridad y seguridad de las redes y servicios de comunicaciones electrónicas de acuerdo con el principio de neutralidad. Este es otro ejemplo de la importancia del derecho de acceso universal a Internet y de su sustantivación.

Con lo anterior podemos advertir *la naturaleza jurídica del actual derecho de acceso a Internet.* Los avances legislativos nos muestran la existencia del *derecho constitucional de acceso a Internet de configuración legal pero no fundamental, un derecho prestacional (garantía institucional)*, sustantivo.

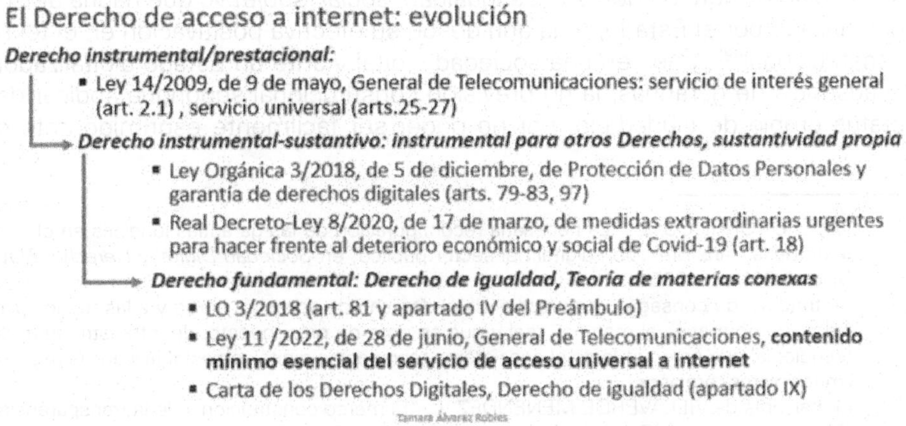

El Derecho de acceso a internet: evolución

Derecho instrumental/prestacional:

- Ley 14/2009, de 9 de mayo, General de Telecomunicaciones: servicio de interés general (art. 2.1) , servicio universal (arts.25-27)

→ ***Derecho instrumental-sustantivo: instrumental para otros Derechos, sustantividad propia***

- Ley Orgánica 3/2018, de 5 de diciembre, de Protección de Datos Personales y garantía de derechos digitales (arts. 79-83, 97)
- Real Decreto-Ley 8/2020, de 17 de marzo, de medidas extraordinarias urgentes para hacer frente al deterioro económico y social de Covid-19 (art. 18)

→ ***Derecho fundamental: Derecho de igualdad, Teoría de materias conexas***

- LO 3/2018 (art. 81 y apartado IV del Preámbulo)
- Ley 11 /2022, de 28 de junio, General de Telecomunicaciones, **contenido mínimo esencial del servicio de acceso universal a internet**
- Carta de los Derechos Digitales, Derecho de igualdad (apartado IX)

Tamara Álvarez Robles

Ante esta situación se nos plantean varias opciones:

- Mantenernos tal cual estamos y no adaptarnos al constitucionalismo del siglo XXI, ni a los compromisos internacionales: desatendiendo a la cláusula de progreso.
- Que se termine produciendo un reconocimiento por el Tribunal Constitucional de este derecho, de forma similar a lo acaecido con los derechos fundamentales a la protección de datos de carácter personal y a la supresión. En cierto modo una mutación constitucional *praeter legem*.
- Que atendamos a una verdadera reforma del texto constitucional: quizá con motivo del consenso que existe en este ámbito.

Es importante señalar que, en España no se dispone de un derecho a Internet con la categoría de fundamental, sino que, a lo sumo, se tiene un derecho legal que se deriva de una pluralidad normativa que afecta al mismo, y que a su vez no comporta un verdadero sistema de garantías normativas, jurídicas e institucionales robusto[491] que suponga tener un derecho que goce de una eficacia directa y una vinculación directa a los poderes públicos[492] (vid. supra apartado IV). Ello nos lleva a la necesidad de la incorporación del derecho de acceso a Internet y a las tecnologías que lo posibilitan en la Constitución Española insertándolo como un derecho fundamental.

De este modo, se trata no sólo de garantizar constitucionalmente el acceso al ciberespacio y a la tecnología que lo posibilita, *se trata también de proteger constitucionalmente a un derecho que posibilita otros derechos* (expresión, información, educación, trabajo, salud), de responder con ello al "voluntarismo constructivista constitucional"[493], de evitar el "mero activismo jurídico en la definición y aplicación"[494] del mismo y de afianzar este derecho en los sólidos cimientos jurídicos que respondan a la realidad constitucional del siglo XXI.

Se plantea aquí un *derecho de igualdad, social, subjetivo* que habría de ser garantizado por el Estado, más aún desde su efectiva positivación en el texto constitucional[495], pues en una sociedad digital y ante un Estado digitalizador, la ausencia de garantías, la no previsión constitucional supondría abdicar del status propio de ciudadano, por no poder ser fácilmente esgrimido ante el

---

491 VALERO TORRIJOS, J., "La necesaria reconfiguración de las garantías jurídicas en el contexto de la transformación digital del sector público", en *Sociedad Digital y Derecho*. BOE, Madrid, 2018, pp.375-396.

492 Se trata así de conseguir que trascienda el derecho de acceso a la red y a las tecnologías del plano normativo al material, real y que se dote de presupuesto, de infraestructura, de tecnología, que se eduque en el ecosistema tecnológico-digital, se establezcan las reglas y límites claros, precisos.

493 En palabras de VILLAVERDE MENÉNDEZ, I., "El marco constitucional de la transparencia", *Revista Española de Derecho Constitucional*, 116, 2019, p.169.

494 *Ibidem*. En este caso concreto podría estar relacionado con la normativa de las telecomunicaciones, de la sociedad de la información, la libertad de expresión, de información, de comunicación, la propia normativa administrativa (administración electrónica), también en la vertiente de ciberseguridad y todo ello desde la consideración supranacional, nacional e infranacional (autonómica y local) que ordena los títulos competenciales que afectan al núcleo del derecho de Internet.

495 "La ausencia de un principio o derecho constitucional de la transparencia expresamente establecido en la CE, cuyo único contenido constitucional, pues, queda constreñido a su condición de instrumento para el ejercicio de otros derechos fundamentales o la más eficiente realización de ciertos principios constitucionales, provoca esta paradójica consecuencia: la ley e incluso el reglamento podría limitar el flujo de información pública, salvo que afecten directamente a aquellos principios o a aquellos derechos fundamentales, [...]de manera que la ley y el reglamento pueden regular los iniciales espacios de libre acción resultantes de la vinculación negativa del individuo al derecho convirtiéndolos en espacio reglados incluso hasta la prohibición, salvo en el caso de que esos espacios sean objeto de un derecho fundamental" VILLAVERDE MENÉNDEZ, I., "El marco constitucional de la transparencia", *op. cit.*, pp.184-185.

poder judicial, ni ante el máximo garante de la Constitución, el Tribunal Constitucional (art. 53 CE). Sirva de ejemplo la situación de pandemia de la Covid-19 y las diferencias que se crearon entre quienes tenían acceso y quienes no a la Red y a las tecnologías, o entre quienes tenían y no capacidades digitales.

Régimen jurídico. Este derecho de acceso a Internet (al ciberespacio) y a las tecnologías que lo posibilitan, que ciertamente *tiene una naturaleza instrumental y relacional*, no dejará de tener también una *naturaleza fundamental, es un derecho de igualdad*, (en el sentido del Título I, Capítulo II, sección 1ª) siendo el *Estado el primer obligado*, las *compañías prestadoras del servicio y operadores los titulares de la responsabilidad*, custodiadas por el mismo Estado (las administraciones públicas y demás organismos), y los *ciudadanos los titulares del derecho que nos ocupa* (debiendo prestar gran atención a los colectivos vulnerables).

La necesidad de constitucionalizar el derecho de acceso a Internet o de conferir un "rango constitucional al mismo", de conformidad con el apartado IV del Preámbulo de la Ley Orgánica 3/2018 (*Tol 6.933.570*), ante una futura reforma del texto constitucional, como derecho fundamental sustantivo, se enmarca en la conveniencia de garantizar constitucionalmente los derechos y libertades (en tanto que nos situamos ante un derecho de igualdad, facilitador de una pluralidad de derechos y libertades), de posibilitar el desarrollo personal en el marco de las coordenadas vitales del siglo XXI.

La incorporación del derecho de acceso a Internet y a las tecnologías que lo posibilitan, cuando no del conjunto de los derechos digitales, responde a las palabras de quien piensa, como García Roca[496], que "cambiar las constituciones únicamente mediante mutaciones constitucionales en las leyes e interpretaciones constitucionales no es una buena alternativa, pues tiene serios límites derivados no solo del tenor literal de las normas constitucionales y de sus insuficiencias o lagunas sino también de la merma en la legitimidad democrática y eficacia de las normas constitucionales y de la confusión que se genera".

Junto a esta consideración, el refuerzo de los compromisos supranacionales adquiridos por España permitirá la evolución del derecho de acceso a Internet desde la perspectiva indicada en la Ley Orgánica 3/2018 (*Tol 6.933.570*), respondiendo así a la cláusula de progreso.

La incorporación del derecho de acceso a Internet supone una *vinculación del Estado a la garantía de los derechos y libertades y a la exigencia de límites y responsabilidades* que han de ser desarrollados bajo el paraguas del Dere-

---

496 GARCÍA ROCA, F.J., "Los riesgos de una buena Constitución vieja: tiempos de reformas y democracia de consenso", *Revista de las Cortes Generales*, 106, 2019, pp.167.

cho Constitucional. Se trata de *ir más allá de una mera garantía institucional*, que tan sólo comportaría un límite en el núcleo esencial de la institución a la que protege (arts.: 9.2, 23, 18.4 y/o 20.1 CE), a través de la determinación de un contenido esencial y de un ámbito competencial determinado, de evitar la excesiva dependencia de la imagen social, del tiempo y del lugar que pueden ocasionar la privación e incluso la inexistencia del derecho de acceso a Internet, en tanto que queda determinado por la pluralidad normativa, principalmente ordinaria, que han lugar al mismo (en sus vertientes de infraestructura y contenidos). Que se positive de forma que se constituya como un derecho útil para actuar como argumento jurídico oponible frente a otros derechos[497] y que preste especial atención a los colectivos vulnerables.

Se hace imprescindible su positivación en el texto constitucional como derecho fundamental, a fin de habilitar un título de garantía propio, que se pueda interpelar ante el Tribunal Constitucional, esto es, recurrir por la vía del amparo (art. 53CE), que su eficacia sea la directa y su desarrollo por ley orgánica. Garantía que, en otras palabras, supone atender a un contenido esencial del derecho, que nosotros vinculamos con los principios y subprincipios que configuran el mismo: accesibilidad, pluralismo, no discriminación, transparencia, seguridad y, transversalmente a ellos, neutralidad; que responden a las distintas realidades sociales, con vocación de futuro, y que se traducen en facilitar el acceso a Internet y las tecnologías que lo posibilitan[498].

Sistema de garantías. En otras palabras, el *sistema de garantías* que confiere el instituir al derecho de acceso a Internet y a las tecnologías como un derecho fundamental (Título I, Capítulo II, Sección 1ª) es, como ya hemos apuntado, triple: normativo, institucional y jurisdiccional.

- *Garantía normativa:* en tanto que contenido como derecho fundamental en la Constitución, habría de ser *completado por la normativa de carácter orgánico*, artículo 81 CE. Su *eficacia es inmediata*, habría de *respetarse su contenido esencial* y *la reforma del mismo goza de la rigidez constitucional*, artículo 168 CE. En este sentido podríamos atender a su vez a dos posibilidades en función de la reforma por la cual hayamos optado:

---

497 De forma que no atendamos a un valor constitucional que pueda poner en riesgo el mismo o dejarlo vacío de contenido, sino que resuelva el «problema constitucional» sobre el alcance y contenido del mismo y actúe, como hemos apuntado, como argumento jurídico limitador de principios y derechos. Debiendo distinguirlo, a su vez, del valor jurídico. VILLAVERDE MENÉNDEZ, I., "El marco constitucional de la transparencia", *op. cit.*, p. 174.

498 Se trata, así, de evitar que la ausencia de habilitación constitucional limite y/o prohíba el acceso a Internet mediante una ley ordinaria o incluso un reglamento afectando directamente a los principios constitucionales y/o a los derechos fundamentales en juego, que deben ser protegidos por la norma orgánica.

- Estar ante una Ley Orgánica que recoja los derechos digitales con naturaleza orgánica y no ordinaria (como sucede actualmente con la mencionada Ley Orgánica 3/2018, de 5 de diciembre de Protección de Datos Personales y garantía de los derechos digitales, en cuyo Título X 2/3 partes de los derechos tienen naturaleza ordinaria). Esta sería la opción ideal si se optase por la reforma terminológica o conceptual del artículo 18.4 CE.
- Que el legislador orgánico cree una Ley Orgánica específica para este concreto derecho de acceso a Internet. Esta sería la vía a seguir si en el artículo 18 se incorporase un precepto específico para el derecho de acceso a Internet y a las tecnologías que lo posibilitan.

En cualquiera de los supuestos habríamos de atender a la calidad normativa, con la exigencia de una verdadera participación no sólo de los letrados, juristas, filósofos, sino también del sector tecnológico-digital en su vertiente técnica.

– *Garantía institucional*: en cuanto que supone un *mandato a los poderes públicos de desarrollo e implementación*, de garantía en el sentido amplio a la vez que un límite.

  Estas garantías institucionales supondrían el desarrollo de las políticas públicas conforme a los distintos Planes, Estrategias, con una perspectiva integradora internacional, supranacional y nacional. En realidad, estas garantías son las ya existentes, sirvan de ejemplo: la Estrategia España Digital 2025 y 2026; el Plan Nacional de Competencias Digitales, la Estrategia de Impulso de la Tecnología 5G, el Plan de Digitalización de Pymes 2021-2025; la Estrategia Nacional de Inteligencia Artificial, entre otras a nivel local, autonómico o las ya apuntadas europeas. Aquí lo relevante sería advertir una dotación económica necesaria y prolongada en el tiempo.

– *Garantía jurisdiccional:* pues gozaría de la *tutela del Tribunal Constitucional*, del sistema de protección del artículo 53 CE: *preferencia y sumariedad* ante los Tribunales ordinarios y la posibilidad de presentar un *recurso de amparo constitucional.*

  Sistema de garantías que podría ser revisado a la luz de la teoría de las materias conexas que hemos apuntado en alguna ocasión y que facilitaría la garantía de los derechos digitales, máxime en los supuestos en los que se hubiese optado por no incorporar la cláusula de apertura a los mismos que nosotros defendemos.

A este respecto, las garantías jurisdiccionales, podemos partir de la tesis que plantea Barrio Andrés[499] en relación con la tutela judicial efectiva (art. 24 CE). En el corto plazo podríamos advertir la creación de tribunales especializados en las cuestiones digitales; bien un órgano central similar a la Audiencia Nacional y que se motivaría en la complejidad de las materias digitales, en la exigencia de profesionales especializados, la imposibilidad presupuestaria de replicar a todos los niveles estos tribunales, en que los litigios suelen afectar a varias partes del territorio nacional; o bien, la creación de un órgano presente en los partidos judiciales (semejanza juzgados de violencia de género). Mientras que en el largo plazo podremos estar ante un nuevo orden jurisdiccional para asuntos digitales, para lo cual se exigiría la consolidación de ese Estado digital[500].

Con ello, se busca establecer un mandato constitucional a partir del cual se configure el régimen jurídico del derecho de acceso a Internet, sustrayendo de la normativa ordinaria y reglamentaria, del ejecutivo, la voluntad de su implementación y respeto, y asegurando un sistema de garantías constitucionales que fortalezcan la posición del ciudadano[501]. Se trata de positivar un derecho de acceso a Internet que se configure no sólo con un contenido constitucional en forma de principios y subprincipios, sino que a su vez muestren la dimensión prestacional que requiere de la intervención activa del poder público y el deber de protección.

---

499 BARRIO ANDRÉS, M., "Génesis y desarrollo de los derechos digitales", *op. cit.*, pp.227-230.

500 Y que en función del sistema por el que se optase podría ser un complemento a los mecanismos de autorregulación regulada y extrajudiciales o parajurisdiccionales de la Administración. A este respecto reivindicamos la necesidad de que primero exista un marco delimitado por el Tribunal Constitucional sobre los límites a los derechos fundamentales en el ecosistema digital para que posteriormente a esa doctrina sean admisibles los postulados que hemos recogido en el apartado anterior al considerar las garantías extrajudiciales, que recordemos "suponen la presencia de la Administración, quien ejerce funciones de tutela de derechos fundamentales, a semejanza de lo que ocurre en sectores como el de las telecomunicaciones o eléctrico, y que podría tener como beneficio la "rapidez en las resoluciones y la tenacidad en las mismas siempre que se cumplan tres condiciones: a) la existencia de un proceso establecido en la ley para solucionar el conflicto, b) el posterior control de dichas decisiones por autoridad judicial y c) que la competencia parajurisdiccional atribuida por la ley sea compatible, desde el punto e vista sustantivo, con el campo de autoridad administrativa, atendiendo al principio de especialidad. BARRIO ANDRÉS, M., *Los Derechos Digitales y su Regulación en España, la Unión Europea e Iberoamérica, op. cit.*, pp.56-57.

501 Un sistema de garantías jurídicas que podrían derivar desde ese nuevo precepto y en su conexión con el art 24CE relativo a la tutela judicial efectiva en un nuevo orden jurisdiccional digital, especializado, como bien defiende BARRIO ANDRÉS, M., "Génesis y desarrollo de los derechos digitales", *op. cit.*, pp.225-230.

Pongamos como ejemplo visible de la importancia de la incardinación de estas tres garantías a México, que tiene constitucionalizado el derecho de acceso a Internet en su artículo 6 de la vigente Constitución y que, sin embargo, no materializa el mismo con las políticas públicas ni con garantías jurisdiccionales, lo que a la postre se está convirtiendo en no tener un derecho *stricto sensu,* sino semántico. En España sucede que tenemos reconocido, en cierto grado y como hemos venido apuntando, un derecho de acceso a Internet, reforzado en el sistema de garantías institucionales por cuanto a las políticas públicas de los últimos años, pero, por el momento, ausente de las garantías jurisdiccionales. Cierto es que la actual Ley General de Telecomunicaciones (*Tol 9.093.453*) podría haber abierto una puerta, por cuanto recoge el contenido esencial de servicio universal de acceso a Internet, a la reclamación y defensa del derecho de acceso a Internet, no sin poco coste para el ciudadano. Coste que se traduciría, ya no sólo en lo económico, sino en el escalón de un sistema de resolución extrajudicial de conflictos (mediaciones administrativas) que pese a su rapidez podrían dificultar plantear un amparo al Tribunal Constitucional, bien porque el resarcimiento del ciudadano sea económico, bien porque se vea ante un Goliat tecnológico y administrativo. La especial trascendencia constitucional (art. 59 LOTC) no sería tan compleja dado que en el marco constitucional español no existe doctrina al respecto y puesto que podemos relacionar este derecho con distintos preceptos constitucionales, que ya se han ido apuntando a lo largo del presente trabajo (teoría de materias conexas).

Sobre las bases argumentales anteriores, la propuesta *lege ferenda* que postulamos vinculada al derecho fundamental desde el artículo 18.4 de la Constitución española se plantea en una doble posibilidad: la reforma mediante la cual se introduzcan unos cambios terminológicos o bien se sustituya por completo la redacción, esto es, se produzca la incorporación de un nuevo precepto.

Nuestra preferencia por la primera de las opciones se debe a que, como a continuación veremos, posibilita la incorporación del resto de derechos digitales y no sólo del derecho que aquí nos ocupa. Esto hará que el artículo quede abierto y no se delimite a una exclusiva tecnología.

La modificación terminológica que defendemos consistiría en cambiar el precepto actual, artículo 18.4 CE, cuyo tenor literal es el siguiente "La ley limitará el uso de la informática para garantizar el honor y la intimidad personal y familiar de los ciudadanos y el pleno ejercicio de sus derechos" sustituyendo los términos: limitar por reformar, pues ello apunta a su vez una visión amplia, positiva, y no sólo limitativa, negativa; así como sustituir informática por tecnologías. De este modo, la nueva redacción sería "*La ley regulará el uso de las tecnologías para garantizar el honor y la intimidad personal y familiar de los ciudadanos y el pleno ejercicio de sus derechos".*

Si se optase por la segunda de las opciones, la redacción de un texto exprofeso dedicado al derecho de acceso a Internet y a las tecnologías este podría ser el siguiente:

Derecho de acceso a Internet y a las tecnologías que lo posibilitan.

1. *Toda persona tiene derecho a acceder y a usar Internet las tecnologías, con independencia de su situación personal, social, económica o geográfica.*
2. *Los poderes públicos garantizarán un acceso neutral, público, universal, asequible y de calidad basado en los principios neutralidad, accesibilidad, pluralismo, no discriminación, transparencia y seguridad.*
3. *Los poderes públicos se comprometerán a remover los obstáculos que dificulten el derecho de acceso y uso a Internet y a las tecnologías, especialmente se comprometen a combatir las brechas digitales a través de la capacitación y la educación digital.*

CONCLUSIONES

Si bien en la Ley 9/2014, de 9 de mayo, General de Telecomunicaciones (*Tol 4.584.312*) vimos cómo se recogía el derecho sustantivo de acceso al servicio de Internet, arts. 25 a 27, será la vigente Ley General de Telecomunicaciones, Ley 11/2022, de 28 de junio, General de Telecomunicaciones (*Tol 9.093.453*) la que defina el contenido mínimo esencial del servicio de Internet (anexo III): correo electrónico, herramientas básicas de formación y educación, prensa o noticias, motores de búsqueda de información, bienes y servicios, empleo, redes profesionales, banca, redes sociales, administración, llamadas y videollamadas.

Será por tanto ese contenido esencial el que en el medio plazo nos pueda permitir acudir a los tribunales y llegar al amparo constitucional. El Anexo III en concordancia con el artículo 37.1.a) y tras el plazo de un año previsto en la disposición adicional trigésima, podrán ser los preceptos que ayuden a la creación de un derecho de configuración legal de acceso a Internet, tal y como sucedió con el derecho de desindexación (mal denominado derecho a olvido en STC 58/2018) (*Tol 6.648.402*) previsiblemente vinculados al 18.4; 20 o 27 de la Constitución Española, por cuanto hemos apuntado el carácter relacional del mismo (similitud del art. 14 CE).

El Derecho de acceso a Internet será recogido por la Carta de los Derechos Digitales, apartado IX, de forma similar a la Ley Orgánica 3/2018 (*Tol*

6.933.570). La Carta establece que se promoverá el acceso universal, asequible, de calidad y no discriminatorio a Internet para toda la población y se marca como objetivo el garantizar el acceso efectivo de todas las personas a los servicios y oportunidades que ofrecen los entornos digitales en cualquiera de sus dimensiones, garantizarán el derecho a la no exclusión digital y combatirán las brechas digitales en todas sus manifestaciones, atendiendo particularmente a la brecha territorial, así como a las brechas de género, económica, de edad y de discapacidad.

No obstante, pese al reconocimiento de un teórico derecho de acceso a Internet en el marco constitucional español, conforme a lo apuntado a lo largo del trabajo, conviene incorporar un derecho de acceso a Internet y a las tecnologías de la información y de la comunicación, asentado desde principios amplios y se ha de realizar en el marco estatal, no autonómico a fin de evitar la fragmentación e la Red.

Este derecho de acceso a Internet (al ciberespacio) y a las tecnologías que lo posibilitan *tiene una naturaleza instrumental* pero también una *naturaleza fundamental*, es un derecho de igualdad, (en el sentido del Título I, Capítulo II, sección 1ª) siendo el Estado el primer obligado, las compañías prestadoras del servicio y operadores los titulares de la responsabilidad, custodiadas por el mismo Estado (las administraciones públicas y demás organismos dependientes), y los ciudadanos los titulares del derecho que nos ocupa (debiendo prestar gran atención a los colectivos vulnerables).

La propuesta de derecho de acceso a Internet (ciberespacio) que nosotros hacemos es doble:

Una reforma terminológica del artículo 18.4 CE y que es la preferente por posibilitar la incorporación de los derechos digitales en el sentido "*La ley regulará el uso de las tecnologías para garantizar el honor y la intimidad personal y familiar de los ciudadanos y el pleno ejercicio de sus derechos*".

La creación de un artículo o apartado exprofeso para el concreto derecho de acceso a Internet y a las tecnologías que lo posibilitan, con el tenor literal siguiente: Derecho de acceso a Internet y a las tecnologías:

1. *Toda persona tiene derecho a acceder a Internet, y a las tecnologías que lo posibilitan, con independencia de su situación personal, social, económica o geográfica.*
2. *Los poderes públicos garantizarán un acceso neutral, público, universal, asequible y de calidad basado en los principios de accesibilidad, pluralismo, no discriminación, transparencia y seguridad.*
3. *Los poderes públicos se comprometerán a remover los obstáculos que dificulten el derecho de acceso a Internet, a combatir la brecha digital a través de la capacitación y la educación digital.*

Este derecho gozaría de un triple nivel de garantías: normativa, institucional y jurisdiccional.

- *Garantía normativa:* en tanto que contenido como derecho fundamental en la Constitución, habría de ser *completado por la normativa de carácter orgánico*, artículo 81 CE, su *eficacia es inmediata*, habría de *respetarse su contenido esencial* y *la reforma del mismo goza de la rigidez constitucional*, artículo 168 CE.
- *Garantía institucional*: en cuanto que supone un *mandato a los poderes públicos de desarrollo e implementación*, de garantía en el sentido amplio a la vez que un límite.
- *Garantía jurisdiccional:* pues gozaría de la *tutela del Tribunal Constitucional*, del sistema de protección del artículo 53 CE: *preferencia y sumariedad* ante los Tribunales ordinarios y la posibilidad de presentar un *recurso de amparo constitucional.*

BIBLIOGRAFÍA

ALVARADO ESCOBAR, O., "Neutralidad de Red y Libertad de expresión: una relación en debate", *Thémis-Revista de Derecho*, 79, 2021, pp.51-71.

ÁLVAREZ ROBLES, T., "La nueva Ley General de Telecomunicaciones española: un avance en la consecución del derecho de acceso a Internet", *Blog de la Revista Internacional de Derecho Constitucional en Español-IberICONnect*, de 14 de septiembre de 2022.

ÁLVAREZ ROBLES, T., "El derecho de acceso universal a Internet en el marco normativo español: presente y futuro", *Derecho Digital e Innovación*, 7, Wolters Kluwer, 2020.

ÁLVAREZ ROBLES, T., "Derechos digitales: especial interés en los derechos de acceso a Internet y a la ciberseguridad como derechos constitucionales sustantivos", en *Juventud y constitución: un estudio de la Constitución española por los jóvenes en su cuarenta aniversario*, Fundación Manuel Giménez Abad de Estudios Parlamentarios y del Estado Autonómico, Zaragoza, 2018.

BARLOW, J. P.: «A Declaration of the Independence of Cyberspace", *Electronic Frontier Fundation,* Davos, Switzerland, 8 de febrero de 1996» [en línea], (1996),

<https://www.eff.org/es/cyberspace-independence>. [Consulta: 03/06/2023.]

BARRIO ANDRÉS, M., *Los Derechos Digitales y su Regulación en España, la Unión Europea e Iberoamérica,* Colex, A Coruña, 2023.

BARRIO ANDRÉS, M.: «Conferencia del Colegio Notarial de Madrid, 16 de diciembre de 2022» [en línea], (2022),

<https://www.youtube.com/watch?v=JB78uvMil9A>. [Consulta: 13/06/2023.]

BARRIO ANDRÉS, M., "Génesis y desarrollo de los derechos digitales", *Revista de las Cortes Generales*, 110, 2021, pp.197-233.

DROR-SHPOLIANSKY, D. Y SHANY Y., "It's the End of the (Offline) World as We Know It: From Human Rights to Digital Human Rights – A Proposed Typology", *European Journal of International Law*, 32, 4, 2021, pp.1249–1282,

DYSON E., GILDER G., KEYWORTH G. Y TOFFLER A., "Cyberspace and the American Dream: A Magna Carta for the Knowledge Age", *Future Insight*, 1, 2, 1994.

FUERTES LÓPEZ, M., "Asentar la neutralidad de la Red en la Carta de Derechos Digitales", *Derecho Digital e Innovación*, 7, Wolters Kluwer, 2020.

GARCÍA MEXÍA, P., "El derecho de acceso a Internet", en *Sociedad Digital y Derecho*, BOE, 2018, pp.397-416.

GARCÍA ROCA, F.J., "Los riesgos de una buena Constitución vieja: tiempos de reformas y democracia de consenso", *Revista de las Cortes Generales*, 106, 2019, pp.153-173.

GELMAN, R. *Declaration of Human Rights in Cyberspace, 1997.*

IBARZ MORET, A. Y RUBIO NÚÑEZ, R., *Las redes sociales en la Administración General del Estado, Comunicación, transparencia y gobierno abierto*, Instituto Nacional de Administración Pública- INAP, Madrid, 2019.

JARVIS J. *A Bill of Rights in Cyberspace*, 2010.

PÉREZ LUÑO, A. E. "Nuevo derecho, nuevos derechos", *Anuario de filosofía del derecho*, 32, 2016, pp.15-36.

RALLO LOMBARTE, A., "Una nueva generación de derechos digitales", *Revista de Estudios Políticos*, 187, 2020, pp.101-135.

RUBIO NÚÑEZ. R., "La tecnología en el Parlamento durante la crisis del COVID-19", *Revista Cuadernos Manuel Giménez Abad*, 8, 2020, pp.226-236.

VALERO TORRIJOS, J., "La necesaria reconfiguración de las garantías jurídicas en el contexto de la transformación digital del sector público", en *Sociedad Digital y Derecho*. BOE, Madrid, 2018, pp.375-397.

VASAK, K. (ed.), *The International dimensions of Human Rights*, UNESCO, Paris,1982.

VILLAVERDE MENÉNDEZ, I., "El marco constitucional de la transparencia", *Revista Española de Derecho Constitucional*, 116, 2019, pp.167-191.